アテンション

ベン・パー＝著
依田卓巳・依田光江・茂木靖枝＝訳
小林弘人＝日本語版解説

ATTENTION

Captivology: The Science of Capturing People's Attention

「注目」で人を動かす7つの新戦略

飛鳥新社

目次

第6章 評判トリガー

肝心なのは「なにを言うか」より「だれが言うか」 171

第7章 ミステリー・トリガー

本文中の〔〕は訳注を表す。

はじめに
――これからは、「注目《アテンション》」を制す者が夢も市場も手に入れる

情報過多時代において「注目」は希少資源だ

一五〇〇年前の古代ローマ人たちとぼくらを分けるものは、案外「集中力」かもしれない。彼らはディオクレティアヌス浴場に何時間も坐《すわ》ってローマ帝国の政治や哲学を論じたけれど、いまは夕食時でさえ、かならず誰かが携帯電話を取りだしてツイッターをチェックする。

ぼく自身も例外ではない。携帯メールとフェイスブックで育った世代の一員として、この本の執筆中にも、ソーシャルニュースサイト〈レディット〉や、Ｇｍａｉｌや、〈ネットフリックス〉〔ドラマ・映画を中心とした映像配信サービス〕を見ずにはいられない。常時ふたつのモニター画面に一五以上のウィンドウと二五以上のタブを開いている。〈ツイートデック〉というデスクトップアプリでツイッターのアカウントを六つ使い、テクノロジー、エンターテインメント、メディア、科学のニュースを追っている。モニターは、証券トレーダーが利用するブルームバーグの端末さながら、つねにすばやく最新情報を映し出す。

膨大な情報をほぼリアルタイムで手に入れられることと引き替えに、自分の「注目」の時間は削らざるをえない。誰もがそうしている。毎日引きも切らずに入ってくる大量の情報を管理するために、メール管理ツールや、カレンダー・ソフト、継続的なマルチタスク処理といった新たな習慣や対処法を取り入れている。南カリフォルニア大学の研究者によると、一九八六年の人は一日平均、新聞約四〇部に相当する情報にさらされていた。それが二〇〇六年には、四倍以上の一七四部相当になった。[1] 毎日誰かが玄関ドアのまえに新聞を一七四部置いていくことを想像してみてほしい。

ここまで情報消費量が増えた理由のひとつとして、コンテンツの作成が容易になったことがあげられる。一九八六年には、ブログも、ステータス・アップデートも、〈ユーチューブ〉や〈インスタグラム〉〔写真に特化したSNS〕もなかった。自分の意見を他人に読んでもらいたければ、地元新聞の編集部に手紙を書くしかなく、友だちと写真を共有したければ、フィルムをカメラ屋に持ちこんで現像してもらい、人数分だけ焼き増しして手渡すしかなかった。今日では、どんなものを共有するにもキーボードかタッチスクリーンがあれば事足りる。

われわれの注意力はとうていすべての情報に行き渡らなくなった。手元のデータが増えれば増えるほど、それを消費するための注意力は細切れになってしまう。その結果、「注目」は希少資源になった。ご先祖様の時代と同じく一日には一四四〇分しかないが、そこに詰めこまれる情報や気晴らしの量は格段に増えている。一方、人が注意を払える量と長さには明確な限界がある。情報の増加と人の脳の限界によって、われわれの習慣は変わった——それもときに悪い方向に。多くの人は「マルチタスク」に解を見出している。

「明らかに、人々は同時に複数の活動をできるだけ多くこなそうとしています」。カリフォルニア大学サンフランシスコ校、神経科学科長のアダム・ギャザリー博士はぼくに言う。[2] しかし研究によると、マルチタスクと注意散漫というのはよくない傾向だ。注意が一度それると、もとに戻すのに二三分かかる、とカリフォルニア大学アーバイン校の研究は指摘している。[3] 一般の人の注意は三分ごとにそれるので、この罠から逃れるのはむずかしい。[4]

マルチタスクの人の場合、もっとたいへんだ。日頃からマルチタスクをしている人は、タスクの切り替えに慣れていると思われるかもしれないが、じつはちがう。スタンフォード大学の最近の研究では、メディアのコンテンツを大量に消費する「ヘビー・メディア・マルチタスカー」はむしろ関係のない刺激に影響されやすく、タスクの切り替えにも余計な時間がかかることがわかっている。[5] ユタ大学の別の研究では、みずからを「強力なマルチタスカー」と評価した人たちは、調査された三一〇の項目についてもっとも能力の低いマルチタスカーだった。自称ヘビーなマルチタスカーは、じつはライトなマルチタスカーよりずっと注意力が散漫なのだ。[7]

要するに、「注目」が希少資源になっただけでなく、日頃の習慣によっても、うまく注意を集中できなくなっているのだ。これはぜひとも注目してもらいたい新興企業《スタートアップ》にとって、あるいは新設の図書館や、街の重要なインフラ改革に賛同を集めたい市役所にとっても、いい知らせではない。自分の考えや仕事や製品に注目してもらいたければ、やはり注目が欲しい無数の人や企業と競い合うのはもちろん、刺激だらけの世界で生きるために人類が作り上げてきた、注目をさまたげる非生産的な習慣とも闘わなければならないのだ。注目は希少であると同時に、維持しにくい。だから、注目が生じる仕組み、つまり人々がとくに意図せず、何に、なぜ注意を払うかを理解することが大切になる。

「いいものさえ作れば客は来る」？

しかし、まわりのすべてが注目を奪い合っている状況なのに、雑音のなかから自分の考えに注目してもらう努力は不要と思っている人がいまだにいる。

「いいものを作れば、お客は来る」――そう無邪気に信じている人が多すぎる。彼らの考えでは、とにかく懸命に努力してすばらしいアイデアを生み出したり、あっと驚く製品を作ったりすれば、世の人がいずれは気づいて近づいてくることになっている。自分のアイデアやプロジェクトを売りこむことは、不要どころかみっともないという含みすらある。

まったく困った考え方だ。これを見聞きするたびに、ぼくはうんざりする。たんにまちがっているだけでなく、注目はこちらから積極的に求めるものではないとみんなに信じこませるからだ。この「いいものを作れば、お客は来る」という考え方は、史上最高の知性が何十年も世に認められなかったり、さらにひどい場合には、彼らの作品がいまだに日の目を見ていなかったりする原因のひとつだ。

一九世紀の偉大な画家、フィンセント・ファン・ゴッホの絵は、彼が生きているあいだた̀っ̀た̀の一枚しか売れなかった。大陸移動説を唱えた気象学者アルフレッド・ウェゲナーは、没後二〇年たつまであざ笑われ、無視されていた。幸いふたりとも最終的に認められたが、歴史の割れ目に落ちてしまったゴッホやウェゲナー級の人物も多数いたことだろう。

当時もいまも、注目されるかどうかが肝心だ。もしあなたが教師なら、気もそぞろな生徒たちを集中させる新しい方法を発見しなければならない。企業なら自社ブランドを売りこむ方法を、慈善団体なら寄付者にまっさきに思い出してもらう大義を見つけなければならない。科学者は研究資金をまわしてくれる人の関心を惹き、俳優ならエージェントやキャスティング・ディレクターや観客につねに注目されておく必要がある。ミュージシャンだったら、みんなが買って友だちにも勧めてくれる、心に残る音楽を届けなければならない。

自分の芸術作品を認めてもらいたい？　自社製品を使ってもらいたい？　自分のコンテンツを読んだり見たりしてもらいたい？　いつか公職選挙に立候補したい？　自分の研究を認めてもらって、みんなと共有したい？　応援している慈善活動とそのスローガンをもっと多くの人に知らせたい？　ひと目惚れの相手に振り向いてもらいたい？　生徒たちに携帯電話を見るのをやめさせ、授業内容に注意を向けさせたい？

本書は、いまあげた質問のどれかにイエスと答えた人のためにある。

なぜ投資家が本書を書いたのか

この本は必要に迫られて書いた。ぼくのいるテクノロジーとスタートアップの世界では、「注目」が成功と失敗の鍵を握ることがとても多いのだ。スタートアップは忙しい投資家の興味を惹かなければならない。報道機関の関心をつなぎ止め、自社製品の宣伝文句を広めてもらうことも必要だ。ユーザーの心をつかんで、また使ってもらうことも。スタートアップは求職者の注意を惹き、彼らがチームに加わってからもしっかり働いてもらわなければならない。注目がなければ、とても魅力的な製品を持った偉大なスタートアップもつぶれてしまう。注目は偉大な企業や目標や理念を前進させる燃料なのだ。

　ぼくは創業まもないスタートアップに投資するベンチャーキャピタルの共同経営者なので、事業を軌道に乗せるための支援と、もちろん資金を求めて、多くの起業家が訪ねてくる。けれども、みずから会社を興《おこ》した経験から、スタートアップが本当に必要としているのは、報道に対応し、販促キャンペーンの計画を立て、口コミで販路を広げ、もっとも効率よく顧客を獲得し、ハリウッドのビジネスと連携するといったノウハウだということに気づいた。言い換えれば、彼らがベンチャーキャピタルに求めるのは、「注目されるための支援」なのだ。

　だからぼくは、注目のメカニズムと、注目されるための方法に興味を覚えた。なぜわれわれは社会全体でｉＰｈｏｎｅやフェイスブックなどの製品やサービスに魅了され、同じＳＮＳの〈マイスペース〉には目もくれないのか、真剣に知りたいと思った。なぜ一部のミュージシャンはビヨンセのようになり、ほかは芽が出ないのか。なぜチャリティ・ウォーターのようなＮＰＯ〔非営利団体〕は寄付集めに成功して、ほかの慈善活動はあまりうまくいかないのか。

　注目は、偉大な製品や発想を「世界を変える」ものに変える。才能に恵まれたバンドを「ビートルズ」にする。とはいえ、注目はそう簡単には得られない。人々のなかに注目の火をおこし、適切な燃料を加えて、初めて大きな焚き火になるのだ。

注目とは焚き火である

俳優で、評価の高いドキュメンタリー映画『ティーンエイジ・パパラッチ』の監督でもあるエイドリアン・グレニアーは、注目を得ることを火をおこすことにたとえてぼくにこう言った。「まず何かに火をつけなきゃならない。点火しやすい小さい落ち葉や小枝を使って火をおこす。次に少し大きな薪《まき》に移り、最後は完全な焚《た》き火になる。つまり最初は注目に点火する何かが必要で、そこからなんとか燃やしつづけるんです」[7]

グレニアーのたとえは的を射ている。焚き火と同じように、注目を継続させるには段階を踏まなければならないのだ。くわしく言うと、三段階だ。

その一——点火。すなわち「**即時の注目**」を得ること。ここで言う「即時の注目」とは、まわりの世界に対する人々のすばやい無意識の反応だ。誰かに名前を呼ばれたら、みんなすぐに反応する。同じように自動的な反応は、ベッドに巨大なクモを見つけたときとか、おいしそうなチョコチップクッキーのにおいを嗅《か》いだときにも見られる。こうした外部の刺激が人々の注目に火をつける。

その二——藁火《わらび》。ここでは「**短期の注目**」の獲得をめざす。「短期の注目」は、特定の出来事や刺激に対する人々の短期的な集中だ。ある本や映画、演説者、話題が短期の注目を獲得するとき、われわれは数分から数時間、集中する。これが注目の藁火であり、いちばん微妙な段階だ。少し風が強く吹けば藁火は消えてしまう。気を散らすものがたったひとつあるだけで（携帯電話が鳴るとか）、集中が途切れてしまうこともある。

その三——焚き火。注目のこの最後の段階では**「長期の注目」**の獲得をめざす。アイデア、製品、メッセージ、目標、仕事などに対する人々の長期的な興味だ。長期の注目が確立されると、たとえば人々は、気に入った歌手の曲がラジオでかかったときにボリュームを上げるだけでなく、アルバムを買ったりコンサートに出かけたりする。ドラマの『ゲーム・オブ・スローンズ』をたんに見ることから、原作本のシリーズも読破することにも注意を向ける。ある政治的見解に賛成するのみならず、その見解を放送するテレビ番組を見たり、普及を図るボランティア活動に加わったり、見解を支持する候補者に寄付をしたりすることに時間を費《つい》やすようになる。「長期の注目」は、人々の興味を途切れなく、深くつなぎ止めた段階だ。彼らの注目は焚き火さながら赤々と燃えつづける。

七つのトリガー

この本では、科学的な研究と、心理学者や認知科学者へのインタビューにもとづいて、注目の焚き火を燃やす方法を考えていく。映画監督のスティーブン・ソダーバーグや、フェイスブックのＣＯＯ〔最高執行責任者〕シェリル・サンドバーグなど、注目に関する達人たちが、注目の三段階をつうじて人々を動かす様子も紹介する。彼らははっきりとした特色を打ち出すか、従来の考え方を破壊することによって注目に火をつける。ユニークで役立つメッセージを送って関心をつなぎ、注目の火を大きくする。そしてターゲット顧客向けの価値を創造して、長期的な注目を生み出すのだ。

みずからおこなった調査と、注目の達人たちに直接会って話した経験から、ぼくは人々の注目を得る七つのトリガーを見つけた。予見も定量化も可能な精神反応を引き起こす、心理的、科学的な現象をまとめたものだ。これらのトリガーは人間の根本的な性質に訴えることで、注目にかかわる脳内の反応システムを動かす。アイデアや製品、目標など、多くのことに三段階の最後まで注目を集めたいなら、欠かすことのできないツールだ。

この本の核心となる七つのトリガーとは次のとおり――。

自動トリガー――色やシンボルや音などの感覚的刺激を与え、無意識的な反応を引き起こして注目させる。

フレーミング・トリガー――相手の世界観にしたがうか、それを覆すことによって注目させる。

破壊トリガー――人々の期待をあえて裏切り、注目するものを変えさせる。

報酬トリガー――内外からの報酬で人々のモチベーションを向上させる。

評判トリガー――専門家、権威者、大衆の評価を用いて信頼性を高め、相手を魅了する。

ミステリー・トリガー──謎や不確実性やサスペンスを作り出して、最後まで関心をつなぎ止める。

承認トリガー──自分を承認し、理解してくれる人には注目するものだ。そうして深い結びつきを育てる。

第2章から第8章にかけて、このトリガーをひとつずつ説明していく。それぞれの効果の科学的根拠を示し、注目の達人がこのトリガーを使って人々の注目を集め、維持し、育てているケーススタディを紹介しよう。

この本で言いたいこと──何かを世に広めたい情熱を持つ君へ

この本のための調査をしているときに、注目の達人に共通する傾向があることに気づいた。ビル・ゲイツや、任天堂のゲームクリエーターの宮本茂や、シェリル・サンドバーグのような人たちは、自身への注目ではなく、自分たちのプロジェクトや目標への注目を集めようとするのだ。名優ダニエル・デイ=ルイスや歌手のアデルがタブロイド紙の見出しに登場しないのは、彼ら自身から注目を遠ざけ、かかわる映画やアルバムや慈善活動に注目を集めるからだ。

「スポットライトを浴びるための注目と、自分以外のもののための注目があります」と、ベストセラー『内向型人間の時代』(講談社)の著者スーザン・ケインはぼくに強調した。彼女の場合、著書に注目を集めて「内向型人間」に対する世間の認識を変える、という目標があった。ケインはこれを「情熱ベースで注目を得る方法」と呼ぶ。本人が内向型人間なのでスポットライトは求めないが、自分にとって大切なことに注目を集める方法は見つけたのだ。

この本は、発言力を増したり、名声や富を求めたり、衆目の中心に立つことをめざすものではない。気が散るものだらけの世界や、ＡＤＨＤ（注意欠陥多動性障害）の増加に焦点を当ててもいない。手軽なマーケティング手法の手引書でもないし、注目に関する科学書や教科書でもない。こうしたテーマや視点で書かれた良書はほかにいくらでもある。

むしろこの本は、「注目が働く仕組み」を解き明かそうとする。業界や状況を問わず、ターゲットが誰であろうとも、彼らの注目を得るトリガーに的を絞る。注目とわれわれの関係を探り、注目によって仕事や生活のすべてが変わりうることを示す。科学と実際的な手法を用いて、メッセージや目標、製品、アイデアに注目の焚き火を燃やすことをめざす。

この本を読み終わったときに次のような疑問が解けていれば、著者としてうれしい。なぜある種の話題がいつもニュースに取り上げられるのか。なぜほかのテレビゲームのキャラクターが色あせ、忘れ去られる一方で、スーパーマリオは業界を代表する人気者になったのか。なぜ世界中がマレーシア航空三七〇便の謎の消失の話題で持ちきりになったのか。この本を読めば、次のテイラー・スウィフト〔人気カントリーミュージック歌手〕やリチャード・ブランソン〔ヴァージン・グループの創設者・会長〕になれる？　答えはノーだが、ぜひ読んで、あなたや、あなたのプロジェクト、アイデア、目標に長く注目してもらうためのツールと知識を増やしてもらいたい。

とりわけ、何かを世に広めたいという情熱を一度でも持ったことのある人の心に響く本であってほしい。本書で紹介するヒントによって、読者が雑音のなかでも認識され、大声を張り上げなくても聞いてもらえるようになることを祈っている。

第１章　注目の三段階
注目には「即時」「短期」「長期」がある

投票用紙の先頭にある候補者は当選しやすい

スタンフォード大学政治学教授で、同大学の政治心理学研究グループ長であるジョン・クロズニックが、オハイオ州とカリフォルニア州の何百という選挙結果を調査したところ、あることがわかった。地元の市議会選挙から一九九六年と二〇〇〇年の大統領選挙に至るまで、ほぼひとつの例外もなく、候補者名が投票用紙の最初にあげられることで得票が平均二パーセントか、それ以上増えていたのだ。二パーセントなんて少ないと思われるかもしれないが、その差で、エドワード・スノーデンが告発した政府による情報収集問題に対応するのは、共和党のミット・ロムニー大統領だったかもしれない。

クロズニックの調査からわかるのは、有権者が面倒くさがり屋だということではない。われわれの注目がどれほど限定されているかということだ。仕事をこなし、家族とすごし、社会や近所の活動をおこない、メールを送り、打ち合わせに参加し、それでも大統領や連邦議会議員の候補について学ぶ時間はあるかもしれないが、地元の教育委員会の委員候補について学ぶ時間や関心はないかもしれない。情報がかぎられている場合、人の脳は決定の際に自動的に近道を探る。

人類の文化で、一位や列の先頭など、「最初にいること」にはプラスの連想が働く。だから、投票用紙の最初に名前があることを、無意識のうちに候補者の好ましい資質と結びつける。たとえ投票用紙における位置が、その人の公人としての資質とはなんら関係ない場合でもだ。

こういう精神的な近道は「経験則」と呼ばれる。意識するかどうかにかかわらず、われわれの注目を左右する一般的なルールだ。すぐに影響を与えることもあれば、数年、ときには数十年かけてということもある。絵本『ウォーリーをさがせ！』でウォーリーを見つけるコツは？赤と白の縞模様を探して、ほかはすべて無視することだ。どの映画を見るべきか？〈ロッテン・トマト〉（映画レビュー集サイト）の評を参考にすればいい。集中できる時間はかぎられているので、われわれは注目を割り振るのに役立つ近道を探す。

ただ、注目といっても中身はさまざまだ。たとえば、パーティで誰かが大声を発したときに生じる注目はすぐに消え去る。その人が叫ぶのをやめれば、みなすぐにもとの会話に戻るだろう。一度は異変のほうに顔を向けるが、異変が終われば集中は続かない。われわれは関心をあることからほかのことに移す。

この本では、三種類の注目を論じる――即時、短期、長期だ。そのそれぞれについて、近道は異なる。誰かが叫ぶのを聞いたときには、即座に（たいてい無意識のうちに）その人がたんに癇癪《かんしゃく》を起こしたのか、急病なのかを判断する。前者であれば注意はすぐほかにそれるが、後者なら注目は次の段階に進み、病人を助けるために何をすべきか決める。

かぎりある注目を管理するために、人間の脳はどんな働きをしているのだろう。また、三種類の注目はふだんの生活でどんな役割を果たしているのだろう。

誰もが目を疑ったウ＊コ論文——即時の注目

もっとも基本的なレベルで、「注目」は危険や脅威に対する最初の防衛ラインだ。警戒態勢の維持は、人間を含めてあらゆる動物に備わった能力である。われわれはとくに、動く人や動物を認識するのに長《た》けている。それが生存にとっていちばんの脅威になりがちだからだ。

カリフォルニア大学サンタバーバラ校の研究者が、その考えの正しさを証明した。森や、公園にいる人々といった複雑な画像のなかの変化を被験者に探してもらう実験で、被験者が変化を見つけるか、変化はないと判断するまで、〇・二五秒ごとに複数の画像が現れたり消えたりする。[1]

驚いたことに、被験者は、植物や無生物の変化より動物や人間の変化をずっと速く正確に認識した。画像を一〇秒間見ると、人間の変化には約九五パーセント、動物の変化には八一パーセントの被験者が気づいた。その反面、同じ一〇秒間でも植物の変化を認識したケースは六〇パーセントに満たなかった。人間や動物の変化に気づく能力と、植物に対するそれには大きなちがいがある。考えてみれば当然かもしれない。シダの群生地よりオオカミの群れのほうがはるかに危険だろうから。

この研究からわかること——背景にまぎれたければ、樫《かし》の木の恰好をすればいい。冗談はさておき、もっとも大事な教訓は、人には環境に生じる重要な変化を探して特定する性質が本来備わっているということだろう。われわれはつねに注意をひとつの対象から別の対象に移しながら、危険なもの、興味深いもの、新しいものを探し、最終的にひとつに決めて注目する。そこで「即時の注目」が「短期の注目」に切り替わるのだ。

「即時の注目」はいわばボトムアップで進む。まず意識ではなく刺激によって自動的に注目する。銃声を聞けば本能的に身を屈《かが》めるし、あざやかな色の風船がいっぱい飛んでいたら空を見上げ、腐った半年前の卵のにおいには、うっと息を詰まらせる。どれも一瞬のことかもしれないが、こうした反応はわれわれの体の自動反射や、光景、音、においなどの感覚入力を短時間蓄える「感覚記憶」にもとづいている。この記憶はほんの数秒しかもたず、すぐに忘れ去られるか、あるいは「作業記憶」に移行する。[2]

とはいえ、われわれが自動的に反応するのは、音や色やにおいだけではない。何かが起きると同時に受ける精神的、感情的な印象や、直感的な反応も「即時の注目」につながる。

スイス熱帯公衆衛生研究所の疫病学者チームの例を見てみよう。彼らはある寄生虫感染の診断方法を改善し、人の便に含まれる寄生虫の卵の成長と分裂を解明しようとしていた。寄生虫病は、アフリカと東南アジアではとりわけ深刻な問題だ。正確な診断をするために、研究者はさまざまな方法を編み出していて、そのひとつである便のサンプルを凍らせる方法を、多くの現場の医療関係者に知らせたいと思っていた。ところが、研究結果をたんに発表するだけでは、熱帯病に関心のある小さな科学者集団に届くだけで、その先に広がらない。何か手を打って、実際に感染地域で事態を改善できる関係者に注目される必要があった。[3]

自分たちの仕事にただちに気づいてもらうには、どうすればいいか。もちろん、論文のタイトルを「ウ＊コの徹底分析」にするのだ。この型破りなタイトルだけでも、スミソニアン、リアル・クリア・サイエンス、ＶＩＣＥ、ｉｏ９といった雑誌やウェブサイトで紹介されるのに充分だった。

この論文の斬新で感情を刺激するタイトルは、またたく間に脚光を浴びた。これも研究でわかっていることだが、怖れ、怒り、憎しみなどのネガティブな感情のほうが、ポジティブな感情より即時の注目を喚起しやすいからだ。即時の注目は、脅威や新しい刺激の知覚と結びつきやすい。[4]

全体のなかで、即時の注目はいちばん獲得しやすい。だからこそ、注目の「点火」なのだ。たとえばわれわれは、自分の名前が呼ばれたときに反応するようにできている。呼ばれることがあらかじめわかっていないかぎり、反応してしまうのは避けられない。反応したあとで考え、無視するか、それとも意識的な行動をとるかを決めるのだ。

ただし、意識を集中して反応するには、もっと高いレベルの注目が必要だ。

限りある作業記憶をどこに向けるか——短期の注目

七六歳の白髪混じりの音楽家クライブ・ウェアリングは、注目時間が世界一短い人かもしれない。

一九八五年、クライブは指揮者兼ピアニストとして成功していた。BBCラジオ3のために作曲もし、ルネサンス期の作曲家研究の第一人者だった。が、そのすべてはヘルペス脳炎にかかったことで失われる。病は彼の脳を冒《おか》し、側頭葉、後頭葉、頭頂葉、前頭葉に文字どおり穴をあけて、脳のなかで短期記憶と長期記憶の橋渡しをする海馬を完全に破壊した。

「クライブは本当に三〇秒以下の記憶しか持てなくなりました。それが七秒になることもありました」。[5] 彼の人生と現状を取材したBBCのドキュメンタリー番組で、妻のデボラ・ウェアリングがそう語っている。「ほんの一文ほどの記憶です」

ウェアリングの症例は記憶の研究者のあいだで有名だ。「作業記憶」がないので、数秒ほどであらかたリセットしてしまう感覚的、感情的な反応に頼るしかない。注目の次の段階に移ることができないのだ。つまり、集中できない。

「短期の注目」は、言い換えれば集中のことだ。ある程度意識して、自分の時間のいくらかを何かへの集中に割り当てようと決める。新しいもの、珍しいものに気を惹かれてそうなることが多い。世界を知るというのはそういうことだ。教室のなかでも、会議場でも、森のなかでも。注目している時間は、ユーチューブのミニ動画ほどの短さから、映画『ロード・オブ・ザ・リング』ほどの長さになることもある。しかし短期の注目は、たいてい次に気を取られるものが現れるまでしか続かない。

なぜ新奇なものに集中するのか。答えは「ドーパミン」かもしれない。とくに何かを達成したときや仕事を完成させたときに分泌される脳の報酬系に作用する神経伝達物質だ。ドーパミンがモチベーションと学習に果たす役割をめぐる、ミシガン大学の研究では、ドーパミンが出ないネズミは何かを「好きになる」ことはやめないが、「欲する」ことをやめるのがわかった。ネズミのドーパミン分泌を止めると、おいしいおやつを食べる喜びは依然感じていたものの、食べたいというモチベーションが完全に消えた。ドーパミンはモチベーションにとってきわめて重要であり、それがなくなると、ネズミは食べる意欲すら失って飢餓に近づくのだ。[6]

言い換えれば、ドーパミンが欠乏すると、喜びはなくならないもののモチベーションに悪影響が及ぶ。もちろんそれは間接的に、喜びが減ることにつながる。ドーパミンがなくなっても、チョコレートを食べたときの喜びは消えないが、チョコレートを買うためにわざわざ車で店に出かけなくなる。だから、新しいもの、珍しいものを調査するときに、かならず脳内でドーパミンが分泌されるのは偶然ではない。ドーパミンはわれわれの生存に不可欠なのだ。それがなければ、何であれ新しいものを学ぼうというモチベーションが生じない。短期の注目は、モチベーションの直接の結果だ。ドーパミンがないと、集中するためのモチベーションも消える。

「われわれが目新しいものを探すのは、その種の探索行動によって資源や配偶者が見つかり、行き詰まりにならなくてすむからです」と、カリフォルニア大学サンフランシスコ校、神経科学画像センターのアダム・ガザリー博士は言う。[7]「その種の行動は生存上の優位につながります」

短期の注目を理解するには、それを支配する認知システムを理解しなければならない。まず、「作業記憶」というきわめて興味深い脳の働きについて知る必要がある。

「注目とは、作業記憶という資源を振り向ける方法です」。教育心理学と認知的負荷の研究で名高い、ニューサウスウェールズ大学のジョン・スウェラー教授は語る。「作業記憶をどこに向けるか、それが注目ということなのです」[8]

作業記憶は、短期の記憶を司る認知システムだ。指令を出すのが「中央実行系」で、(1)注意を集中させるところを選び、(2)どの短期記憶を長期記憶に移すかを決める。

中央実行系の下には三つの従属システムがある――聴覚的記憶、視覚的記憶、そしてエピソード・バッファーだ。中央実行系がどうするか決めるまで、それらが短期記憶を処理し、蓄えておく。

最初のふたつの従属システムは、聞いたことや見たことを一時的に記憶するためだけにある。聴覚的記憶は、たとえば耳にした電話番号を、何かに書き留めるまで憶えておくことを可能にする。「音韻ループ」と呼ばれることもあるのは、一連の数字や音や文を憶えておくために、必要がなくなるまで何度も頭のなかでくり返さなければならないからだ。[9]一方、短期の視覚的記憶は、色や変わった髪型、『ウォーリーをさがせ!』の場合なら赤と白の縞模様のシャツといった、目立つ特徴に頼ることが多い。というのも、作業記憶に蓄えられる細かい視覚的特徴には限界があり、一定の数を超えると詳細を忘れはじめたり、取りちがえたりするのだ。あなたのお母さんや、ほかの大切な人の顔の特徴を思い出してみてほしい。そして同じことを、ディズニーランドで見た大勢の人についてやってみる。どこからむずかしくなるかわかるだろう。ユニークな特徴を増やし、気の散るものを取り除くことが、視覚的な注目の鍵となる。

最後の従属システム、エピソード・バッファーは、見聞きしたもの、すでに知っているもの（過去の記憶）を取り上げ、まとまりのあるストーリーに仕立てて理解できるようにする。『スター・ウォーズ　エピソード6／ジェダイの帰還』を、音声なしか、以前のエピソードの情報なしで見たとする。意味ははるかにわかりにくいはずだ。エピソード・バッファーは「コンテクスト」を与え、すべてを結びつける。[10]

作業記憶について忘れてはならないのは、あくまで一時的な保管にすぎないということだ。強い風が藁火を消してしまうように、気をそらす強力なものがあると、作業記憶は知識が長期記憶に移るまえにすべて消えてしまう。そうなると、注目は発生しない。記憶は注目をうながし、注目は記憶をうながすからだ。

記憶喪失症のクライブ・ウェアリングに微積分学の授業をしても、最初から授業はなかったも同然だ。翌日にはクライブは何も憶えていない。同じことは、授業中にぼんやりとほかのことを考えている学生にも言える。その学生は逆行性健忘の人と同じくらい、次の試験に失敗するだろう。

アメリカの心理学の父と呼ばれるウィリアム・ジェイムズは、一八九〇年に記念碑的な著書『心理学原理』で次のように書いた。「意思の領域に運ばれた対象物は記憶に残り、意思にかかわりなく通りすぎたものはなんの痕跡も残さない」[11]

短期の注目は、焚き火のきっかけとして「注目のシステム」には欠かせない要素だが、その火はまだパチパチと小さく燃えているだけで、燃え盛るための太い薪が近くになければ消えてしまう。そこで出てくるのが、三番目の「長期の注目」だ。短期の注目のあいだに学んだことが、この段階でわれわれの関心と行動を導く長期的な記憶になる。

ビヨンセのメガヒットは一夜で生まれたのではない――長期の注目

二〇一三年一二月一三日、ビヨンセ・ノウルズ＝カーターは、音楽業界を一変させる爆弾を落とした。マーケティングもプロモーションもいっさいせずに、五作目のスタジオアルバムをｉＴｕｎｅｓで独占配信し、金曜の真夜中にインスタグラムの写真一枚でそのことを知らせたのだ。

この「サプライズ」アルバムは業界全体を驚かせた。わずか三時間で、このアルバム『BEYONCÉ』は八万件売れた。初日の販売数は四三万件。三日目にはダウンロードがなんと八二万八七三三件となり、ｉＴｕｎｅｓの記録を塗り替えただけでなく、一〇四カ国でヒットチャートのトップに躍り出た。

「昔の没頭する感じが懐かしいの。いまはみんなｉＰｏｄで曲を何秒か聞くだけで、音楽全体にのめりこまないでしょう」。サプライズ・アルバムについて訊かれたとき、ビヨンセはそう答えた。「シングル曲とか、過剰な宣伝ばかり。音楽とアートとファンのあいだに割りこむものが多すぎる。だから、レコードが出ることを誰にも知らせたくないと思ったの。ただ準備ができたときに発表して、私から直接ファンに届けたかったのよ」[12]

レコード会社はふつう、アルバムのマーケティングとプロモーションに何百万ドルもかける。シングル曲を発表し、予約注文を取り、ラジオで宣伝し、テレビの『サタデー・ナイト・ライブ』でアーティストに曲を演奏させる。ビヨンセはそのどれもやらなかったのに、レディ・ガガや、エミネムや、カニエ・ウェストや、ロビン・シックといった大物を上まわる記録を残すことができた。

なぜビヨンセにこんな離れ業ができたのか。はっきりとわかる要素がいくつかある。まず、このサプライズ・アルバムの発表があまりにも斬新で大胆だったので、メディアで大きく取り上げられたほか、半日で一二〇万のツイートが生じた。アルバムには一七ものミュージックビデオがついていて、ますます購買意欲をそそった。また、ファンは曲を個別に買えず、フルアルバムを買うしかなかった。そして最後に、内容そのものがほとんどのレビュワーから高評価を得た。[13]

どれも説得力のある理由だ。しかし、ビヨンセのこの五番目のアルバムの成功については、バラエティ誌のコラムニストで高名な音楽評論家のボブ・レフセッツが、いちばん的確な批評をしている。「ビヨンセは長年、懸命に働いてヒット曲を生み出し、ついに人々に注目されるようになった」。レフセッツによると、ビヨンセの最新アルバムの成功は、長年の努力とファン開拓の賜物だという。本人の努力が実って、何百何千万という人が無条件で彼女に注意を払うようになったのだ。[14]

メディアは一夜にして成功という話が大好きだ。写真共有サイトの〈ピンタレスト〉も、ゲームの〈アングリーバード〉も、韓国の人気ミュージシャン、サイの『江南スタイル』も、どこからともなく現れて、何十億ドルも稼ぐ会社や国際的な大スターになったように見える。だが、ピンタレストが二〇〇八年の創業だということをご存知だろうか。「一夜にして有名」になる三年前だ。[15] アングリーバードが、ゲーム開発会社ロビオ・エンターテインメントの五二番目のリリース作品だったことは？[16] サイがあの踊りで世界を席巻するまえに一〇年近く韓国のヒットチャートの上位をにぎわしていたことはどうだろう。

要するに、口コミによる大ブレークのまえには、たいてい何年もの準備期間があるのだ。ビヨンセは手近な勝利に飛びつかない。自分の作品も、イメージも、評判も注意深く作り上げて、アルバムやコマーシャルから服のスタイルに至るまで、手がけるものすべてについて人々の長期的な関心を高めてきた。ほかのセレブが、メディアに取り上げられたいあまりにセックス動画の「リーク」や馬鹿げた行動に走るのに対し、フェイスブックCEOのマーク・ザッカーバーグや、俳優のトム・ハンクス、ビヨンセといった人たちは、時の試練に耐えうる注目を獲得してきた。

長期の注目は、人や製品やアイデアなどに、長期にわたって注目と関心を保つことができる能力だ。ビヨンセにファンが長いこと関心を抱いているように。アングリーバードのファンも、毎日このゲームのことを考えているわけではないだろうが、ロビオから新しいゲームが出れば、まちがいなくアプリストアのチャートのトップに駆け上がる。アップルが新製品発売のお祭り騒ぎを演出したければ、いくつかの報道機関に案内状を出すだけでいい。

なぜか？　なぜわれわれの注目はひと握りの興味の対象に固定されているのだろう。答えはここでもまた、人の脳の奇跡的な記憶の構造にある。長期の注目は、長期記憶に蓄えられた知識と経験に影響されるのだ。それらが注目と関心をある方向に導く。

「既知のことによって、何に注意を向けるかが決まります」とスウェラーは言い、スマートフォンの例をあげた。「スマートフォンをよく知っている人の使い方は、いま学ぼうとしている人とはまったく異なります。慣れ親しんだものを扱うときには、注目は長期記憶から生じるのです」[17]

短期の注目とちがって、長期の注目の場合、「よく知っていること」が鍵となる。われわれはよく知っている活動や考えのために近道を作る。慣れ親しんだことや日々していることが、本能的な習慣になる場合もある。歯を磨いたりシャワーを浴びたりするのに、わざわざ考える必要はない。しかし、どちらもしなければならないので、ほとんど自動的にできる方法を身につけている。ぼくたちは、友人と長年つき合ううちに、誰がサッカー・ファンで、誰がアメフト・ファンか知っているので、ワールドカップのときに電話すべき相手と、シカゴ・ベアーズ対グリーンベイ・パッカーズの試合中に電話すべき相手がわかる。

授業計画や、宣伝キャンペーンや、長期的な関係を成功させる秘訣は、短期の注目を集め、それを長期の注目に移す効果的な方法を見つけることだ。この本のためにインタビューした注目の達人たちが言うとおり、楽しい広告を見せるだけでは不充分だ。広告はフォロワーやファン、そしてもっとも大切な売上を生み出さなければならない。篝火は自然に大きな焚き火にはならない――たくさんの薪《まき》と忍耐が必要なのだ。

三種類の注目と、達人がそれらを巧みに使う手法を理解してもらうために、注目の焚き火を見事に燃やした会社をひとつ見てみよう。誰もが知っているその会社の製品とは――スーパーマリオだ。

注目の三段階を制した「スーパーマリオ」

宮本茂は子供のような笑みを持つ細身の六〇代の日本人で、豊かな黒髪を額で分けている。この物静かで控えめな人物が、世界最高クラスの注目の達人なのだ。ゲーム愛好者のあいだでは、現代のテレビゲームの始祖と見なされている。

宮本は一九七〇年代後半にデザイナーとして任天堂に入社した。当時、同社は花札やトランプの製造という創業以来の業務からテレビゲーム分野に進もうとしているところだった。数年後、宮本はみずからのキャリアを一変させるキャラクターを生み出す――ドンキーコングとマリオだ。

太い口ひげを生やした小太りの配管工のマリオが、なぜフィクションの世界で指折りの知名度と人気を誇るキャラクターになったのか。ぼくはそれを知りたいと思い、ゲーム業界の見本市のために京都からロサンジェルスにやってきた生みの親に直接当たってみた。

第一段階の「即時の注目」で重要なのは、反応、認知、目立つことなので、さっそく彼に、どうしてマリオはこれほど際立って認知されているのかと訊いてみた。言い換えれば、マリオの何が特別なのか。すると、マリオのユニークな風貌は偶然の産物ではなかったことがわかった。

「マリオはそもそも、当時のハードウェアの限界から生まれたんですよ」と宮本は通訳を介して言った。「わずか一六ドットでマリオを描かなければならなかったんです」

最初のマリオは、合計二五六ピクセルで人間らしく見え、関心を惹く必要があった。そこで宮本のチームは、人間的に見える顔の特徴をいくつかマリオに加えた。まず「はっきりした印象を与える」大きな鼻と、その鼻の境界を示す口ひげ。次は頭だ。二五六ピクセルでユニークな髪型を作ることはまず無理だったので、任天堂のチームはマリオに赤い帽子をかぶらせた。そして最後に、いっそう目立つようにと、服はシャツではなく赤いオーバーオールにした。〈スーパーマリオブラザーズ〉以降は、それが青いオーバーオールになる。

そのユニークな外見は心に残った。大きな鼻、赤い帽子、青いオーバーオールは象徴的で、見てすぐにわかるが、目立つキャラクターは始まりにすぎなかった。宮本によると、マリオが成功した理由は、一世代ごとに新しいゲームのスタイルを示してきたことにもある。

「マリオは、そのときどきのハードウェアの最新、最高の機能を表現しています」と彼は言った。すでに述べたように、短期の注目で大切なのは、集中と目新しさだ。プレーヤーが集中できないゲームは、する価値がない。典型的なマリオのゲームでは、プレーヤーは旗竿までたどり着くとか、クッパの子分を倒すといった直近のタスクに集中し、達成するたびに、すぐに報酬が与えられる。ゴールドコイン百枚で新しいライフが得られ、〈スーパーマリオ64〉では、スター七〇個で大魔王クッパと戦える。たちまちドーパミンが分泌する。

　最高のゲームデザイナーは、短期の注目の達人だ。プレーヤーにモチベーションを与えて、到達可能な目標に向けて努力させる。ひとつ達成したら、その次。マリオのゲームでは、数分あればひとつのステージをクリアできる。ひとつのレベルを終えるのに何時間も、あるいは一日かかったら、どれだけ多くの人があきらめるか想像してみてほしい。

　とはいえ、プレーのしやすさだけがマリオ・シリーズへの愛着を生んでいるのではない。最終段階である長期の注目では、関心と、一定レベルの親しみやすさが大切になる。

「マリオの人気が高まったもうひとつの要素として、われわれが彼をスーパーヒーローにしなかったということがあります」。宮本は会話のなかでそう説明した。「どちらかというと、マリオはふつうの人です。キャラクターのデザインを見てもわかるでしょう。どこにでもいそうな男で、年齢もわからない。かえってそれがみんなの心をつかんだんです」

『ニンテンドー・イン・アメリカ』（早川書房）の著者ジェフ・ライアンは、マリオを「万能サイズのヒーロー」と表現した。シンプルで、何とでも関連づけられる。ゲームのなかではしゃべらないことも多く、プレーヤーはマリオを「自分の永遠の分身」として思い描くことができる。[18]

また、マリオのゲームはそれぞれに新しいプレーの仕組みを導入しながらも、親しみやすい。ミッションはだいたい同じで、邪悪な大魔王クッパからピーチ姫を救うことだ。ジャンプ能力やファイアボール、キノコといったマリオの力はいつも変わらない。クリボーや、ゴールドコイン、スター、クッパも同様。ゲームによってちがうのは、短期の注目を得るためのものだけで、よく知られたほかの要素が、何年にもわたる長期の注目を維持する。ゲームは変わるが、ヒーローは同じなのだ。

本書のための調査をしていた数年間で、ぼくはこのパターンを何度となく目にした。マリオの独特の風貌が即時の注目を得る。プレーの新しさと楽しさ、そして手に入りやすい報酬が作業記憶を刺激し、短期の注目を得る。愛すべきキャラクターと慣れ親しんだ形が、マリオをわれわれの長期記憶にとどめ、よって長期の注目を得る。宮本茂は辛抱強く何十年もかけて、地球の裏側からも見えるほど焚き火を大きくしたのだ。

希少な「注目」を確実に集めるには

教室いっぱいの生徒だろうと、あちこちにいるブログの読者だろうと、とにかく人の注目を集めようとするときに忘れてはならないことがある。彼らが注意を払える人やアイデアはごく少ないのだ。無数のものごとや優先順位が注目を奪い合っているのだから、集中してもらうことがむずかしいのも当然だ。

あなたのメッセージに注目の焚き火を燃やしてもらいたいなら、即時、短期、長期の注目を獲得しなければならない。まず目立つことや型破りなことで反応を引き出す。そうして即時の注目が得られたら、何かユニークで目新しく、便利なものを導入して、彼らの作業記憶をメッセージに振り向ける。短期の注目を集めることに成功したら、次は人々にとって価値あるものを作り出し、長期的な注目を獲得する。

これからの七つの章で説明する「トリガー」は、この三種類の注目を得るために最適なツールだ。自動、フレーミング、破壊、報酬、評判、ミステリー、承認のトリガーは、注目の焚き火を大きく燃やす役に立つ。即時の注目を得ることに始まって、短期の注目へと魅了し、最後に長期の注目を確立する。

残りの部分を読むときには、この三種類の注目と、注目の焚き火を燃やすための三段階を憶えておいてほしい。そうすれば、他者の注目を得る方法だけでなく、自分自身の注目の働きに関する理解も深まるだろう。

第２章　自動トリガー
「色」や「シンボル」で人間の無意識に訴えかける

ヒトもまた動物である

人間も含めてあらゆる動植物は、注目を集めたり、方向づけたり、逆にそらしたりするために感覚的な手がかりを用いる。ホタルは生物発光で異性を引き寄せる。スズメバチのあざやかな黄色はわれわれに差し迫った危険を知らせ、すぐに遠ざかるようながす。コノハムシはあえて注目されないように、単純な風景のなかにまぎれこむ。なかにはあたかも葉が少しかじられたように端が欠けた個体もいる。捕食者をだますうえでは、細部が生死の分かれ目になることもあるのだ。

われわれ人間は、デート相手を探すためにお尻を光らせたり、捕食者を脅すためにあざやかな色をまとったりはしないが、脳に組みこまれた感覚的な手がかりに大きく依存して注目の方向を決めている。それはたいてい無意識のうちに、予想外の方法で起きる。男性は女性が赤い服を着ているだけで、近くに坐って親密な質問をしがちだし、[1]人に飲み物の甘みをもっと感じさせたければ、緑の食品着色料を入れるだけでいい。[2]

何が起きているのだろう。なぜ色や形といった単純なことが、注意を払う方法に影響を与えるのだろう。

シマウマ	シマウマ	シマウマ
シマウマ		ライオン
シマウマ	シマウマ	シマウマ

フォン・レストルフ効果

もしあなたがライオンの写真とシマウマの写真を見せられたら、どちらに多くの注意を払うだろう。

デューク大学とカリフォルニア大学デイビス校の研究者たちがこれを調べた。被験者に写真の組み合わせを見せたときの目の動きを追う実験だった。ひとつはライオンとシマウマの組み合わせ、もうひとつはヘビとトカゲの組み合わせで、被験者は三×三で並ぶ写真のなかから、ある動物を見つけるよう求められる。七つの写真はそれと異なる「囮《おとり》」の動物で、中央は空けてある。たとえば、上の図のように。

結果は？　被験者は危険な動物をより早く見つけただけでなく、シマウマやトカゲを探せと言われたときでさえ、ライオンとヘビに視線を長くとどめた。彼らの注目は、脅威となりうるものに自動的に集中し、ほかのすべてを無視した。[3]

人の脳はもともとそんなふうに設定されている。自分の目標に必要のないものはすべて無視するのだ。そうしなければたちまち「方向性注意疲労（D

ＡＦ）」になってしまう。まわりの刺激が多すぎるときに起きる現象だ。ＤＡＦになると精神的疲労を感じ、気が散り、ミスが増え、何事にも腹を立てやすくなる。見たり感じたり触れたりするものすべてが、昼も夜も意識のなかで処理され、どこにも集中できなくなる状況を考えてもらいたい。誰だって頭がおかしくなるだろう。

だからわれわれは、危険を知らせて注目が必要な新しい状況を教える、顕著な感覚的手がかりに頼るのだ。脳は注意を払わなければならないものを見つけるために、色や動き、音、感触、におい、その他の感覚的手がかりを一日中探している。

ただ、すべての手がかりが等価値ではない。人混みで黒いスーツを着た男性は、赤いスーツの男性よりはるかに注意を惹きにくい。われわれには集団のなかで目立つ手がかりに注目する傾向がある。あの藪《やぶ》のなかの音はただの風だろうか。それとも襲いかかろうとする捕食者だろうか。まわりの環境のなかで不自然なものに気づいて調べ、戦うか逃げるか、いつもの生活に戻るかを決めなければならない。目立つ手がかりを探すことの根っこには、生き残りのメカニズムがある。その結果、人の記憶には、単独かほかとちがう感覚的手がかりが残りやすい。これを、心理学者で小児科医のヘドウィク・フォン・レストルフにちなんで「フォン・レストルフ効果」と呼ぶ。[4]

次に示すのは食べ物のリストだ。二〇秒間見て内容を憶え、別の紙に思い出せるだけ書き出してみてほしい。

セロリ
ズッキーニ
マンゴー
チーズ
メアリー・ポピンズ
ミルク
ブロッコリー
トマト
ミートローフ
リンゴ
スシ
ブルーベリー
チョコレート
サーモン
コーヒー
パイナップル

ほとんどの人にとって、たった二〇秒でこれほどの項目を憶えるのはかなりむずかしいだろうが、マンゴーとメアリー・ポピンズのふたつは、かならず書き出せたはずだ。なぜか？　ほかとちがって目立つ項目は記憶に残りやすいからだ。この場合には、マンゴーは文字の大きさによって目立ち、メアリー・ポピンズはコンテクスト上（これだけ食べ物ではないので）目立っている。かぎられた作業記憶で活動しなければならない世界では、直感的な手がかりがまず注目を集めることが多い。

それが注目を得る最初のトリガーだ。「自動トリガー」とは、安全と生存にかかわる光景や音などの感覚的手がかりに、無意識のうちに注意を向ける傾向を指す。スズメバチのあざやかな黄色が目立つ巣や大きな銃声は、自動的にわれわれの注目を活性化させる。潜在的な脅威やチャンスには即座に対応しなければならないからだ。

自動トリガーは、注目の第一段階、「即時の注目」に火をつける。人々に衝撃を与え、そちらを向かせる。したがって、アイデアや製品に注目を集めたければ、このトリガーの力を活用することがまず必要だ。

自動トリガーは、注目を明確なふたつの方法でとらえる。ひとつは「対比」だ。たんにほかとちがうことによって、その感覚的手がかりは注目される。対比とは、たとえば先ほどの「マンゴー」のように、単語が視覚的にまわりとちがうことを表す。暗闇で懐中電灯が光ったり、静かな午後に大きな音が響いたりしたときにわれわれが注目するのは、この対比のせいだ。

自動トリガーが注意を惹くふたつめの方法は、「連想」だ。その感覚的手がかりから連想が働く（あるいは逆に連想できない）ことによって、即時の注目が得られる。先ほどのリストでメアリー・ポピンズがひどく目立ったのは、食べ物と関連づけられなかったからだ。スズメバチの黄色や血の赤が即座にわれわれの注意を惹くのは、無意識のレベルでどちらの色も危険につながるとわかっているからだ。

この章の残りでは、自動トリガーが作用する仕組みと、人々の感覚の一部、とりわけ視覚、聴覚、触覚に自動トリガーを用いて注目を得る方法について説明する。まず、もっとも強力な視覚的手がかりである「色」からだ。

女性ヒッチハイカーが赤を着るべき理由

ハイキングで森のなかを歩いているときに小川で転び、携帯電話をなくして困り果てる。帰りの車を呼ぼうと思っていたのだ。出発地点からは遠く離れているので、近くの道路に出なければならない。そして暗くなるまえに通りがかりの車を呼びとめ、電話を貸してもらうしかない。さて、何色のシャツを着ていれば車は停まってくれるだろうか。それともシャツの色など関係ないだろうか。

著書『色の研究と応用』のなかで、ブルターニュ大学教授のニコラス・ゲガン博士が二〇代初めの女性五人にヒッチハイカーになってもらい、何も知らないドライバーに拾ってもらえるかという実験をしている。五人のおもなちがいは、着ているTシャツの色だった。黒、白、赤、青、緑、黄色のシャツで、ドライバーの注目にこれといったちがいが出るかどうか調べた。[5]

結果は非常に興味深かった。女性ドライバーは、ヒッチハイカーが黄色のシャツを着ていた場合の九・六パーセント、赤いシャツの場合の九パーセントで車を停めたが、ヒッチハイカーが緑のシャツを着ていたときには、五・二八パーセントしか停まらなかった。また、黒の五・九八パーセントも低い数字だった（青は六・六九パーセント、白は七・一二パーセント）。

しかし、もっと興味深いのは、女性ヒッチハイカーに対する男性ドライバーの反応だった。赤がダントツの一位だったのだ。赤いシャツの女性ヒッチハイカーに対して、男性ドライバーの二〇・七七パーセント、つまり五人にひとりが車を停めて乗せたのだ。黄色（一四・八九パーセント）はわずかに青（一四・一一パーセント）や白（一三・九八パーセント）よりも高く、黒と緑はここでも下位だった。

ゲガンのこの研究は、自動トリガーのふたつの要素、「対比」と「連想」をうまく説明している。女性ドライバーが女性ヒッチハイカーを拾うときの理由は、対比のようだ。灰色の道路を背景にすれば、赤と黄色がどうしても目立つ。一方、女性ヒッチハイカーが男性ドライバーの注意を惹く際には、対比はどうやらあまり重要な役割を果たしていない。男性ドライバーの頭のなかで赤い色とロマンスが無意識のうちに関連づけられ、自動的に彼らの目を惹きつけたのだ。

ロマンチックな状況において、赤はとくに注目されやすい。ロチェスター大学がおこなった別の研究では、ある人物の写真のまわりを太い赤線で囲むだけで、その人に対する他者の好感度が増した。[6] 言い換えれば、異性にもっと魅力的と思ってもらいたければ、赤い服を着るだけでいいのだ。赤を着た人の魅力が増す理由についてはさまざまな説があるけれど、一部の心理学者によると、人が性的に興奮したり興味を覚えたりしたときに赤面することと関係がある。

ここでまず言えるのは、ロマンスやセックスにかかわる活動の際には、赤を使うべきだということだろう。目立つだけでなく（対比）、無意識のうちにわれわれを刺激するからだ（連想）。しかし、より重要なのは、色と注目に関して、その色がまわりとの対比で目立つかどうか、そしてわれわれがその色から何を連想するか、の両方を考えるべきだということだ。

色の対比を利用して無意識の注目を誘導する方法について、もう少し見てみよう。

なぜアマゾンでついポチッてしまうのか

二〇〇〇年、カナダのユーザー体験（ＵＸ）デザイナー、ダン・マグレディが〈ケアロガー〉というウェブサービスを創設した。彼が長年温めてきた、糖尿病患者の健康管理を助けるプロジェクトだった。ほかから支援のない事業だったので、ケアロガーが事業を継続できるかどうかは、登録者数を最大にすることにかかっていた。そこでマグレディは、定番のＡ／Ｂテスト（サイトやアプリへの小さな変更の効果を確かめるために、ユーザーに無作為に現行のデザインと新しいデザインを試してもらって契約数や愛着度《エンゲージメント》のちがいを見る手法）で、ランディングページのあらゆる細部を最適化した。あるＡ／Ｂテストでは、「登録」のボタンの色だけを変えてみた。ひとつは緑で、もうひとつは赤。どちらも背景は薄い灰色だった。[7]

色などという単純なものが潜在顧客の注目に影響を与えるのだろうか。答えは明確にイエスだった。赤いボタンの登録数のほうが、緑のボタンより三四パーセントも多かったのだ。驚くべき差である。

しかし、ユーザー体験やユーザーインターフェイスのデザイナーはこの結果に驚かない。色をたったひとつ変えるだけでユーザーの行動に影響が出るのを、知りすぎるほど知っているからだ。マーケティング最適化企業ワイダーファンネルは、かつて巨大ソフトウェア会社ＳＡＰのランディングページの改善に取り組んだ。ＳＡＰは、体験版ダウンロードのクリック報酬型広告の成約率を、二〇パーセント上げたがっていた。ワイダーファンネルがＳＡＰのランディングページに加えた変更のなかには、「いますぐダウンロード」という巨大なオレンジ色のボタンの追加もあったが、それによって成約率は三二・五パーセント跳ね上がった。[8]

ワイダーファンネルはこのボタンをよく「ＢＯＢ」と呼ぶ。ビッグ《B》・オレンジ《O》・ボタン《B》だ。ほとんどのウェブデザイナーは、クリックしてもらいたければボタンは赤やオレンジや黄色などの暖色系にすべきだとアドバイスするだろう。閲覧者の注目を特定のボタンやリンクやアイコンに誘導したいなら、ページのほかの部分とはっきり対比させて、重要部分を目立たせるのがつねに正しいやり方だ。なぜそれがうまくいくのか？　人の生理学的な性質が関係している。

ドイツのオスナブリュック大学の神経生体心理学教授、ペーター・ケーニッヒ博士は、人が色をどのように視覚処理するかに興味を持った。より重要な観点として、とくに自然の光景において色のどういう要素が目につきやすいか。それ以前にも、人があるものに注目するとき、いちばん影響を与えるのは色の彩度（あざやかさ）だという研究はあったが、ケーニッヒの研究チームはさらに踏みこんで、どの色の対比がもっとも注目されるかを考えた。

三回おこなった実験で、彼らは被験者にウガンダの熱帯雨林の無修正の写真と、さまざまな色を除去するか修正した写真を見せた。写っていたのは人工物を含まないキバレの森の果実、葉、樹木などだった。最初の実験では、三種類の写真が被験者に示された——無修正、赤と緑を除去したもの、そして青と黄色を除去したものだ。二番目の実験は、それぞれ異なる色合いの一二枚の風景写真。三番目の実験では、最初の実験と同じだが色を修正した写真を使いながら、部分色覚異常の人たちに参加してもらった。いずれの実験でも視線追跡ソフトを用いて、被験者それぞれの注目のレベルを調べ、視線がどう動くかを確かめた。[9]

結果にはほぼ議論の余地がなかった。写真を実際に見てみればわかりやすい。たとえば、ある写真では藪のなかにあざやかな赤い実があるが、青と黄色が除去されるとその赤がいっそう際立つ。それに対して、赤と緑が除去された同じ写真では、実を見つけることはまったく不可能で、際立った特徴を見分けることも信じられないほどむずかしい。

ケーニッヒ博士の実験では、青と黄色を除去すると画像の彩度と明暗比が高まり（赤が見分けやすい）、果実などの重要なものを見つけやすくなるという効果が確認された。被験者は、赤と緑が欠けた写真はもちろん、原色どおりの写真よりも、青と黄色が欠けた写真の同じ場所にはるかに多く注目した。部分色覚異常の人ですら、青と黄色の欠けた写真の同じ場所に注目しやすい傾向があった。赤緑色覚異常だからといって、果実などの重要な情報を見つける妨げにはならなかったのだ。

色の対比は、人の脳が刺激を見つけて注目するきっかけとなる。野生のなかで命をつないでくれる赤い果実は、緑の草や森の背景から浮き出して見える。もし自然の葉の色が緑ではなく紫だったら、赤はとうてい注目を得られない。そこから、ウェブサイトの赤や黄色やオレンジのボタンが目立つ理由もわかる。サイトの背景の大多数を占める白や灰色との対比がはっきりしているのだ。確かめたければ、すぐれた最適化のテクニックで知られるアマゾン・ドットコムの商品ページを見てみるといい。黄色の「カートに入れる」ボタンと、オレンジの「１‐Ｃｌｉｃｋで今すぐ買う」ボタンがすぐ目につくだろう。

当然ながら、動物たちも何世紀ものあいだ、注目を獲得する色の対比の力とつき合ってきた。コウイカは完全に色盲であるにもかかわらず、周囲の複雑な色のパターンをまねるユニークな能力を持っている。海底にいるとまず見つからない。たんに体色を茶色に変えるだけでなく、まわりのさまざまな砂粒に合わせて、微妙な色合いの茶色になるからだ。気づかれたくない動物は（それを言えば、森に入る狩人も）カモフラージュを使ってまわりに溶けこむが、そのときいちばんの鍵になるのが色だ。

では、注目されたいときに色をどう利用すればいいだろう。答えは「適切な対比を使う」だ。自分の製品に注目させたいなら、隣に置かれる製品の色から浮き立つ色のパッケージを考える（まわりがみんな青なら、オレンジ！）。バーで注目されたければ、たいていの店の暗い色合いとは対照的な明るい色の服を着る（そういう場面で頼りになるのは赤）。専門家会合で注目を浴びたいなら、水色の襟つきシャツを着ないことだ。個人的な経験からすると、金融関係者はスーツの下にだいたい水色のシャツを着る（ぼく自身が好きなのは紫とピンク）。

そしてウェブサイトでものを売りたいなら、背景の色と反対の色を選ぶことだ。最適化企業アンバウンスは多くの顧客のケーススタディのなかで、ヨーロッパの大手小売店のために、灰色の背景の上にあった「カートに入れる」ボタンを、ダークブルーから明るい緑（オレンジでも黄色でもない）に変えてみた。ページで目立たないと誰もが思ったその明るい緑のボタンは、驚くべきことに、成約率を三五・八一パーセントも改善した。何かを目立たせたいと思ったら、注目してもらいたい項目をひとつ見つけて、それにもっとも顕著な色の対比を与えればいい。だいたい彩度が高くて温かみを感じさせる明るい色が効果を発揮する。[11]

自分の目が信じられないなら、色の対比をチェックする便利なオンラインのツールがある。〈ダス・プランクトン〉の対比ツールを使うと、さまざまな色の組み合わせを確かめられるだけでなく、色覚異常の検査もできるし、色の対比率（対比の強さを測る尺度）も教えてくれる(http://www.dasplankton.de/ContrastA/)。〈ＷｅｂＡＩＭ〉にも、二色の対比率を調べる簡便なツールがあり、ウェブ・コンテンツ・アクセシビリティ・ガイドラインの基準に当てはまるかどうかもわかる（http://webaim.org/resources/contrastchecker/）〔いずれも英語のみ〕。

もちろん、対比は色について考慮すべき一要素にすぎない。それに、場所や状況をわきまえずにオレンジや明るい緑の服を着ていけば、いずれ誰かを怒らせるか、飽きられてしまう。そこで次は、色にまつわる強力な無意識の「連想」の話をしよう。

飛び込み自殺をゼロにした奈良市の「青い照明」

ぼくは空の旅にできるだけヴァージン・アメリカ航空を利用する。格別に楽しい時をすごせるからだが、個人的に魅力を感じるのは、機上のエンターテインメント番組や、ＷｉＦｉが使えることではない。それらはほかの多くの航空会社にもある。いちばん好きなのは、客室を包むあの紫色のムード照明なのだ。

ムード照明は人の気分をよくするだけではない。文字どおり人の命を救うこともある。日本の奈良県警が犯罪防止策を検討していたとき、奈良市の職員にはある秘策があった。スコットランドのグラスゴーで青い照明に犯罪を減らす効果があったことを聞いて、市内の犯罪多発地域と鉄道駅にずらりと青い照明を配置したのだ。結果は犯罪の九パーセント減少だった。けれどもそれより驚いたのは、奈良市内の駅での飛び込み自殺が皆無になったことだった。二〇〇六年から二〇〇八年にかけて、青い照明の下で飛び込み自殺した人はゼロだった。[12]

青い照明が犯罪と自殺を減らす理由については、決め手がない。一九七〇年代からのいくつかの研究では、赤や黄色の照明を浴びた被験者は、状態・特性不安検査（ＳＴＡＩ。不安を計測する心理テスト）で高い数値を記録したが、青や緑の照明ではそれがはるかに低かった。帯域幅の狭い青の照明が季節性情動障害の治療に効果を発揮したという研究もある。別の仮説によると、ふつう警察や法執行機関と関連づけられる青い色が、無意識のレベルで犯罪を抑止する可能性もあるという。多くの文化において青は平静を表す色だ。[13]

奈良の青い照明の実験は、色が人の心理状態に大きな影響を与えることを示しているが、この知識を効果的に活かして注目を集めるにはどうすればいいだろう。オフィスの壁を青く塗る？　答えは、適切な色の対比を選ぶことほど単純ではない。その色から人々が連想することを考慮しないと、まちがった種類の注目を集めてしまうことになりかねないのだ。

赤を例にとろう。赤がロマンスやセックスと関連づけられるのは大半の文化に共通しているが、インドでは純粋さ、中国では幸運、アフリカの一部では死または活力を象徴する。また、緑は西洋人に自然と平穏を連想させるが、中国では悪魔払いや不義を意味する。まじめな話、中国では製品のパッケージを緑にしないほうがいい。[14]

とはいえ、幅広く当てはまる一般ルールもいくつかある。第一のルールは、すでに述べたように青が平静の色であることだ。実験心理学ジャーナル誌に発表された論文で、パトリシア・バルデスとカリフォルニア大学ロサンジェルス校のアルバート・メラビアンは、青、青緑、緑、青紫、赤紫、そして紫がもっとも心地よい色（または色の組み合わせ）と知覚されることを発見した。逆にもっとも不快なのは、黄緑と黄色だった。実験結果はほぼ一貫しており、色と情緒反応の関係は高いレベルで予見可能だった。[15]

第二のルールは、興奮、刺激、覚醒を高めたい場合には暖色系を使うべきだということだ。アムステルダム大学の科学者たちは、錠剤に対する患者の反応が、薬の色だけでも変わることを発見した――たとえ偽薬の場合でもだ。赤、黄色、オレンジの錠剤は刺激の効果がより強く出て、緑と青の錠剤は患者に鎮静効果をより多く与える。薬の色によって、体に影響が現れるほど知覚のしかたが変わるのだ。友だちにもっと活力を感じてもらいたいなら、赤やオレンジを目にする機会を増やすといいかもしれない。[16]

色の連想は人の気分を左右するだけではない。ブランド認知にも影響を与える。したがって、芸術作品や広告やウェブサイトを作るときには、それぞれの色が平均的な人にどんな意味を持つかを考えることがきわめて重要だ。マーケティングサイエンス学会ジャーナル誌に発表された論文によると、たんに架空のロゴの色を操作するだけで、ブランドの好感度、親近感、誠実さがいちじるしく変わった。その実験では、次の項目について色とブランドイメージのあいだに正の相関関係が認められた。それぞれ正の相関がもっとも強い色から、もっとも弱い色の順に並んでいる。

誠実さ――白、ピンク、黄色（オレンジがもっとも不誠実な色だった）
興奮――赤、オレンジ、黒（茶色が最大の負の相関）
能力――青、赤（黄色が最大の負の相関だったのには驚いた）
洗練――黒、紫、ピンク（もっとも垢抜けない色はオレンジだった）
耐久性――茶色（群を抜いて一位の相関。逆に最大の負の相関は紫で、黄色が続く）[17]

被験者がおもにアメリカ人の学生だったことには注意する必要がある。全体の七一パーセントがアメリカ文化、一六パーセントがアジア文化、一三パーセントがほかの文化で育っていた。もっとも注目される色（少なくとも意識のうえで）は文化によって異なりうる。つまり、注目を集めるだけでなく、対象となる人々に合った色を選ばなければならないのだ。

といっても、どうすれば正しい色が選べるのだろう。確実な解はないが、デイビッド・マッキャンドレスの著書『情報は美しい』に、世界の諸文化における色と情緒の相関を網羅した図がある。最高の色の相関図で、非常に参考になる（ぼくのサイト、www.Captivology.com/colorに、マッキャンドレスの図と本へのリンク、およびシンプルな色相関のツールを掲載してある）〔英語のみ〕。

最後に、自動トリガーを活用して注目を得たいときに重要なのは、色相だけではない。明度と彩度も大切だ。バルデスとメラビアンの色と情緒に関する研究では、彩度が上がると覚醒と支配性（怒りのような感情）が増すことが確認された。一方、明度が上がると喜びが増し、支配性が顕著に下がる。マーケティングサイエンス学会ジャーナル誌掲載の研究も、同様の結論に達している。高い彩度は脳で知覚される興奮、能力、耐久性を増したが、洗練と誠実さの知覚は減少させた。

コントロールや支配性の感情を生じさせて注目を集めたいなら、製品のパッケージや、着る服や（上司を説得してあなたのアイデアを採用させたいときなど）、次のキャンペーンの販促用品に、彩度の高い色を使うといい。喜びの感覚を増して注目されたいなら、どんな色相においても明度を上げることだ。

色で注目されたいときには、対比がいちばんすぐれたツールだが、対象者がその色の彩度や明度にどう反応するかを考えるのも重要だ。

ただし、注目されるための視覚的な手がかりは、色だけではない。ほかの視覚的手がかりも、連想の力によって複雑なメッセージを単純化して伝えることができる。

プライミング効果

もともとソフトウェアのバグは一般人にとって興味深い話題ではない。たいてい技術上の問題だし、ユーザーはただ修正アップデート版が出るのを待っていればいい。注目に値するバグはめったにないが、ＯｐｅｎＳＳＬのバグはちがった。フェイスブック、グーグル、ヤフーをはじめとする数多くの世界最大級のウェブサイトのサーバーと、ユーザーのブラウザーのあいだの繊細な情報のやりとりを暗号化する、オープンソースのプロトコルだ。

グーグルとフィンランドのサイバーセキュリティ企業コデノミコンの研究者たちが、ＯｐｅｎＳＳＬにまさにその種の重大なバグを発見した。暗号通信中、接続を維持するためにブラウザーとサーバー間で信号を送り合う拡張機能（「ハートビート拡張」とも呼ばれる）によって、基本知識がある開発者はサーバーのメモリーを読むことができるのだが、そこに脆弱性があったのだ。理論上は、ハッカーがそのバグを利用すれば、ユーザーのパスワードやクレジットカード番号、加えてサーバーのプライベートキーまでもれる可能性があった。なお悪いことに、そのバグはＯｐｅｎＳＳＬのプログラム内に二〇一二年の初期からまぎれこんでいた。一刻も早く人々にバグを知らせてパスワードを替えてもらい、ウェブサイトのオーナーにはバグのないＳＳＬを運用サーバーに入れてもらう必要があった。さもなくば大惨事になるかもしれない。[18]

ところが、バグの正式な呼称「ＣＶＥ‐２０１４‐０１６０」は憶えにくかった。そこでコデノミコンは非常にユニークなことをした――ＯｐｅｎＳＳＬのバグをひとつのブランドにしたのだ。そこにはブランド名、シンボル、ウェブサイトの三つが含まれていた。エンジニアのひとりが、ハートビート拡張の漏洩にちなんで「ハートブリード（心臓出血）」という名前をつけ、すぐに左右対称で真っ赤なハートの五カ所から血が垂れているシンボルを作った。同時にできたサイト〈ハートブリード・ドットコム〉には、バグに関するわかりやすいＱ＆Ａとその仕組み、またなぜそれがインターネット・セキュリティにとって深刻な脅威なのかが示された。

「このたいへんな脆弱性には、ひときわ目立つ印が必要でした」と、ロゴをデザインしたコデノミコンのレーナ・スニダートはファスト・カンパニー誌に語った。「色はこれだとすぐに思いつきました――血の濃い赤です」

バグが公に報じられると、あらゆるところにニュースが広がった。赤く、シンプルで、目立つ左右対称のロゴは、世界の主要なニュースサイトのほとんどに登場し、一週間以内に膨大な数のサイトやブログがハートブリードのバグを修正し、さらに多くの人々がパスワード変更の警告を受けた。悪名高い「二〇〇〇年問題」以来、ソフトウェアのバグがこれほど世間に注目され、真剣ですばやい対応がなされたことはなかった。

シンボルは色と同じように、われわれの即時の注目を獲得する視覚的手がかりだ。ただし、対比に多くを頼る色とちがって、おもに連想によって注目を得る。デューク大学とウォータールー大学でおこなわれた実験が、そのことを証明している。研究者たちは、ある被験者グループに有名なアップルのロゴを短時間見せ、別のグループにＩＢＭの青い線からなるロゴを見せた。そのうえで、思いつくかぎりの煉瓦《れんが》の使い途《みち》を書き出してもらった。[19]

すると、ロゴを短時間見るだけでも創造力に大きな影響があることがわかった。アップルのロゴを見たグループは、ＩＢＭのロゴを見たグループより、平均三三パーセントも多く煉瓦の使い途を思いついたのだ。双方のロゴを見てから煉瓦のブレインストーミングをするまでに、短い休憩を入れたにもかかわらずだ。同じ研究の次の実験では、ディズニーチャンネルのロゴと、Ｅ！チャンネルのロゴを見せたあとで、社会規範に関するテストをおこなった。すると、予備テストで率直かつ誠実なロゴと評価されたディズニーチャンネルのロゴを見たグループで、率直な回答が増えた。こうした連想が行動に影響を与えること自体驚きだが、被験者がそれを無意識でやっていることにはもっと驚く。

これは「プライミング効果」と呼ばれる。著名な心理学者ダニエル・カーネマンは、著書『ファスト＆スロー』（早川書房）で、人の脳は、異なることばや考え、イメージ、さらには色にまで無意識のうちに意味と連想を付加する「連想マシン」だと説明している。加齢、禿《はげ》頭《あたま》、慎温暖なフロリダ州について書いた短文を読んだ人は、知らず知らずふだんよりゆっくりと、重に歩く、とカーネマンは論じる。[20] マルコム・グラッドウェル著『第1感』（光文社）などの本を読んだ人は、思考や行動に無意識が大きく作用することを知っているだろう。われわれには、アップルが創造的であること、赤がロマンチックで危険なこと、フロリダ州には老人が多い（住民の皆さん、失礼！）ことがわかっている。シンボルはそうしたいくつかの連想をひとつにまとめるのだ。

　シンボルで注目を得る方法はふたつある。まず、すでに存在する連想を活用すること。ハートブリードの場合には、血が滴っている真紅のロゴが、どんなブログの投稿よりも大きな声で「危険！　このバグに注目！」と叫んだ。赤と滴る血からの連想が自動的に空白を埋めたのだ。

　ウェブやモバイルのデザインで普及したシンボルを、いまさら別のものに置き換えないほうがいいのも、連想が定着しているからだ。再生ボタン、カメラのアイコン、通知用の赤いバブルなどは、ふだん何百というウェブ製品を使って連想が働くようになっている。誰もが動画再生で横向きの三角形をクリックしようと思うときに、気取って独自のシンボルを導入しようとすると、かえって失敗する可能性がある（〈ナウン・プロジェクト（www.thenownproject.com）〉には、ほとんど思いつくかぎりの状況について、シンプルで美しく、人目を惹くシンボルやアイコンが豊富に集められている）〔英語のみ〕。

　シンボルの力を使って注目を得る二番目の方法は、一貫性とブランディングで新たな連想を生み出すことだ。アップルのロゴも最初は創造性や偉大なデザインを表していたわけではなかったが、緻密なブランディングと、何度も成功した製品発表によって、その連想ができあがった。長期にわたるブランド・ロイヤルティとポジティブな連想の構築については、第8章でくわしく論じるが、ここでは、すぐれたブランディングに近道はないとだけ述べておこう。とはいえ、みんなに好かれるための近道はある。そこで次に登場するのが、触れること、人々の注目を得るうえでもっとも親密で個人的な感覚的手がかりだ。

「温かいコーヒー」を渡すと好感を持たれる

人気テレビドラマ『ビッグバン☆セオリー』に出てくる強迫性障害の天才物理学者、シェルドン・クーパーは、まわりの人にやたらと共感するほうではないが、誰かが腹を立てているときには、その人に温かい飲み物を出すべきだということは知っている。

シェルドン　彼に温かい飲み物を出した？

レナード　いや。

シェルドン　レナード、友だちが怒ってるときには、お茶とか温かい飲み物を出すのが礼儀というものだ。

ハワード　お茶というのはいいね。

シェルドン　ほら、ハワードも言ってるよ、レナード。あ、ちなみにぼくも、知らないお客が来てるんで腹を立ててる。だからココアを作ってくれ。[21]

当然の礼儀だと思うかもしれない。たしかに友だちとコーヒーを飲むのは昔ながらの習慣だ。しかし、取り乱した友人に温かい飲み物を出すシェルドンには、科学的な根拠があったのかもしれない。たんに温かいものを持っているだけで他者にポジティブな感情が湧くことが、実験で確かめられているのだ。

サイエンス誌に発表されたその実験では、四一人の学生にアンケートで架空の人物に対する印象を尋ねた。その人物の一〇の性格について評価する内容だったが、彼らが部屋に入ってアンケートに答えるまえに、誰かがひとりずつ教科書二冊とクリップボードとコーヒーのカップを手渡し、エレベーターで上がって部屋に入るまでのあいだ、カップを持っていてほしいと頼んだ。学生たちは知らなかったが、コーヒーカップには温かいのと冷たいのがあった。[22]

結果は目をみはるものだった。温かいカップを持たされた学生は、冷たいカップの学生と比べて、架空の人物をかなり温かい性格の持ち主と評価したのだ。二回目の実験には五三人の学生が参加したが、今度はコーヒーではなく、消炎鎮痛用のパック（温感または冷感）が渡された。実験後には参加の謝礼として、ジュースか、アイスクリームの一ドル分の引換券を選ぶことができ、引換券は友だちにあげるため、ジュースは自分が飲むためと説明された。

結果として、冷感パックを持っていた学生は七五パーセントの確率でジュースを選んだが、温感パックを持っていた学生の大多数は、五四パーセントの確率で友だちへのプレゼント（アイスクリーム引換券）を選んだ。進化心理学ジャーナル誌に最近掲載された研究でも、同じ結論が出た。温かいものを持っていると温かい感情が湧き、ポジティブな注目と協力的な態度につながるのだ[23]。

この話でわかるように、触覚は人々の注目を得るうえで重要な感覚的手がかりになりうる。ただ、温かいものが温かい感情とポジティブな注目を引き起こす一方で、苦痛もやはり注目を呼び、こちらは非常にネガティブな反応を引き出す。バース大学苦痛研究センター長のクリス・エクレストンと、ヘント大学のギアート・クロンベスは、長年、苦痛と注目の関係を研究してきた。彼らの苦痛と注目のモデルによると、苦痛は「避けがたい人生の現実であり、ほかの注目の要請を超えて生じる」[24]。

われわれが痛みに注意を払う理由は、銃声や、明るい黄色のサインや、真っ赤な血のときと同じだ。人間は生存のために本能的に苦痛を避ける。だから、たとえ一瞬でも苦痛はわれわれの注意を惹く。熱いコーヒーで舌を焼けば、楽しいはずの会話もそれどころではなくなる。慢性的な痛みのある人にとって、複雑な問題に集中するのがむずかしいのはそのせいだ。注意を必要とする仕事であればあるほど、痛みが集中を損なってしまう可能性が高い。

触覚で注目を得るときに大切なのは、触れることにともなうポジティブな連想に焦点を当てることだ。とくに誰かとのあいだで親密さや信頼、結びつきを強めたいときにそれが役立つ。アリゾナ大学の興味深い研究によって、触れられたときに湧く感情が、落ち着き、親密さ、信頼、くつろぎ、平等性と相関していることがわかった。被験者がどのように触れられるかも重要だった。顔に触れたり、手を取ったりすると、親密さとくつろぎが増した。握手はほかのどんな触れ方より信頼を高めた。別の研究では、無作為に選ばれた知り合いでない異性のふたりが目を合わせ、互いに触れ合うと、心拍数が上がり、欲望が高まることが確かめられた。[25]

触覚は親密さを生むことによって注目を増やす。もちろん、社会的文脈ですべてが決まる。デート相手の手は握ってもかまわないが、大手スーパーの会計の列に並んだ見知らぬ人の手を握るのは不適切だ。理由は単純で、触れることは親密さを意味するから、他人に強制はできず、双方から近づく必要がある。まず色や音などの感覚的手がかりを使って注目してもらい、触れるのはさらに注目と親密さを深めたいときまでとっておくべきだ。営業訪問で確実に買い手に注目してもらいたければ、温かいコーヒーを渡すといい。友だちといっしょにいて、そのなかの誰かの注意を惹きたいときには、肩に触れる。ただし、顔に触れたり、手を握ったり、腿に手を置いたりするときには注意が必要だ。双方がすでにかなり高いレベルで打ち解けていなければならない。

さて、ここまで視覚（色とシンボル）と触覚を通して注目を惹く自動トリガーを説明してきたが、最後に、われわれの「注目のシステム」に欠かせない感覚的手がかりがある——音だ。

襲われたら「助けて！」ではなく「火事！」と叫べ

多くの護身術の教室で、指導者は生徒（とくに女性）に、襲われたとき近くの人の注意を惹きたければ、「助けて！」ではなく、「火事！」と叫びなさいと教える。ぼく自身もこのアドバイスを何度か聞いて、本当だろうかと思った。もしそれが正しいとすると、なぜ危険な状況で助けを求めて叫ぶより、笛や火事のほうが注意を惹きやすいのか、と。

二〇代の旅行ブロガー、ケイト・マッカリーだったら、最初の問いにイエス！ と答えるだろう。彼女は夜の一〇時にボストンのジムから出てきた。軽やかな足取りで、頭にしっかりヘッドフォンをつけて（注意。夜遅くに街中を歩くときにはヘッドフォンをつけないことです）。東チャールズゲイト通りの家に帰ろうとしたそのとき、フードをかぶった暴漢にうしろからつかみかかられ、コンクリートの地面に組み伏せられた。手に持ったｉＰｈｏｎｅを奪われそうになったので、「火事！」と叫んで相手に噛みついたが、結局ｉＰｈｏｎｅは奪い去られた。人々はすぐに助けにきた。なかにはたんにどこが火事なのか知りたかった若い女性もいた。[26]

「助けて！」の問題点は、「襲われた！」から「道に迷った」や「車に鍵を入れてロックした」まで、ありとあらゆる状況が考えられることだ。加えて、本当に襲撃されているのなら巻きこまれたくないと思う人もいる。一方、火事は非常に具体的な状況で、ナイフや銃で襲われる心配もない。だからみんな、助けても怪我をするおそれはないだろうと考える。

われわれは毎日、無数の音を耳にするが、ほとんどは脳のレーダーに引っかからない。ではなぜ「火事！」という叫び声は高い壁を突破できるのか。まったく関係のないことに集中していても、誰かがそう叫ぶとどうして振り向いてしまうのか。

人の脳は二種類の音の刺激に自動的に反応する。ひとつはたとえば、夏の静けさを破る大きな爆竹の音などのように、予想外で新奇な音。もうひとつは、誰かに自分の名前を呼ばれるといった顕著な意味を持つ音（予想外で顕著な意味を持つ「火事！」は、両方に当てはまりそうだ）。じつは、自分の名前を呼ばれると、脳の前頭葉中央部と、側頭葉の中央部から上部がすぐさま活性化する。鎮静状態の幼児の脳さえ、名前を呼ばれると自動的に反応する。そのとき何に集中していようと関係なく、この二種類の音は、たとえ短時間であれ注目を引き寄せる。大きな音や、特定の周波数の音（たとえば、ぼくがいちばん嫌いな、爪で黒板をゆっくりと引っかく音）はまわりの音から浮いて聞こえ、危険を知らせることも多いので注意が向く。ほかの音、たとえば名前や、パトカーのサイレン、好きな歌の最初の数音が耳に入ってくるのは、それぞれが連想と結びついているからだ。ここでもやはり「対比」と「連想」が作用する。[27]

予想外の音と、顕著な意味を持つことばや音が注意を惹くことは、聴覚系の基本的な目的と関係している。人間の注意力の専門家であるマイケル・ポスナー博士によると、聴覚系の注意は、警戒を維持することと密接に関連している。色やシンボルの視覚的手がかりとちがって、聴覚系は周囲三六〇度の情報や脅威を探知できる。通りを渡っているときに車のタイヤが甲高い音を立てて接近してきたら、まず聴覚系が危険を察知して、全力で逃げろと命じる。[28]

つねにまわりの音を処理していることから、聴覚的な注意はほかの系統の注意とは根本的に異なる。たとえば、好むと好まざるとにかかわらず、誰かに名前を呼ばれると、聞こえるだけでなく自動的に相手の場所も特定しようとする。たとえ騒々しい部屋のなかにいても、たったひとつの音や会話をとらえて、場所まで特定する能力がわれわれにはある。にぎやかな部屋でひとつの会話に集中できる能力は、「カクテルパーティ効果」として広く知られている。

その効果を初めて発見したイギリスの認知科学者、エドワード・チェリー博士は、一九五〇年代、被験者がある会話に集中しようとしているときに、聞きたくない会話をほとんど努力もせずに「拒絶している」ことに気づいた。たびたび引用されるその研究で、チェリーは被験者グループにヘッドフォンをつけさせ、同じ声で異なる二種類のメッセージを同時に流した。最初の実験ではふたつの声がヘッドフォンの左右から同時に聞こえ、二度目はひとつの声がそれぞれ片方から聞こえるようにした。被験者はひとつのメッセージに集中して、それを声に出し、書き留めるよう指示された。[29]

両方の耳で同時にふたつのメッセージを聞いた被験者は、最終的にターゲットのメッセージを聞き取ったが、もうひとつのメッセージが意味不明のことばの羅列になったときには、聞き取りはほぼ不可能だった。それに対して、二番目の実験でひとつのメッセージがそれぞれヘッドフォンの片方から聞こえると、被験者はたやすくターゲットのメッセージに集中し、他方を排除した。これは、誰かの声の周波数に耳を合わせるだけでなく、場所まですばやく把握するカクテルパーティの状況とよく似ている。チェリーはまた、集中していないほうの耳に流れるメッセージの変化はほとんど認識されないことも発見した。それが途中で英語からドイツ語に変わっても、被験者は気づきもしないのだ。集中したいとき、あるいはその必要があるときのわれわれの集中力は非常にすぐれているということだ――そのためにまわりのすべてが犠牲になることもあるにせよ。

プリンストン大学によるその後の実験で、われわれが実際に片方の耳で話を聞き、もう一方の耳から入ってくる音は無視していることが明らかになった。脳はある音にまったく注意を向けていなくても、聞いたとたんに自動的に思い出す。[30]たとえば、自分の名前を呼ばれたら、呼んだ相手に注目していなかったとしても、そちらに注意を払う。ただ、それでも話し手に集中しなければ、内容の大半を聞き取ることができない。実験心理学ジャーナル誌に掲載された別の実験では、被験者が意図的に別のものを聞いていた場合、そのグループ全体の三分の一しか名前を呼ばれたことに気づかなかった。[31]

自動トリガーを使うときには、ある音に対して対象者があらかじめ抱いている印象のみならず、その音の独自性やまわりとの対比も考慮しなければならない。予想外の音がいちばん注意を惹くのは確かだが、加えてそれらにポジティブな連想が生じなければならない。二〇一〇年のワールドカップを観戦したアメリカ人やヨーロッパ人にとって、ブブゼラ〔南アフリカの楽器。ラッパの一種〕の音は予想外で、よって注目された。けれども、ぼくはあの音が好きだという人は知らないし、誰かがあれを吹きながら部屋に入ってきたら、親切に対応するかどうかわからない。一方で、パーティ会場に入ったときに誰かがハープを奏でていたら、ハープの音にも演奏者にも気づいて、心地よさを感じるだろう。

結論は？　かならず注意を惹く音とは何だろう。それに正確に答えれば、聞き手が何をしていて、何を重視し、何を顕著と見なすかによる。第二次世界大戦中のドイツ軍にとって、それは戦車と大砲の音だった。

ドイツ軍の注目を攪乱《かくらん》した「ゴースト・アーミー」

フランスの港湾都市ブレスト。一九四四年八月――ノルマンディー上陸作戦のD‐デイから数カ月後のことだ。連合軍はフランス最西端のその街に迫っている。そこはまだヒトラーの軍が支配していて、ドイツの潜水艦Uボートの一大拠点だ。連合軍はヨーロッパの戦区にいる部隊への供給物資を増やすために、ブレストを奪回しなければならないが、ドイツの守りは固く、熾烈な戦闘なしに彼らが街を手放す見込みはない。

運よく連合軍は、多数の軍隊、戦車、大砲で街を包囲している。ブレストを守るドイツ国防軍の部隊には、砲撃音、戦車のエンジン音、連合軍の将校の発する命令の声が聞こえる。大砲や迫撃砲の発射光、軍隊の光が見える。ゲルハルト・ラムケ大将率いる三万五〇〇〇超の兵士たちは、連合軍に攻撃をしかけるより、その場にとどまって応戦しようと決断する。

ラムケらドイツ軍は、応戦相手がじつは連合軍ではないことを知らなかった。戦車や移動する兵士の音は「偽物」だった。大砲の発射光も、「第二三本部特殊部隊」が投光装置を使って出している。それは、連合軍のもとで働く芸術家やファッションデザイナー、創造力に富む志願兵からなる、トップシークレットの部隊だった。[32]

今日「ゴースト・アーミー」として知られるこの部隊は、注意をそらすプロ集団だった。巧妙で細部にわたった偽装は、ドイツ軍のみならず味方の兵士も混乱させてしまうほどだった。

ゴースト・アーミーの活躍もあって、ブレストは九月中旬には連合軍の手に落ちた。

ゴースト・アーミーは、四つの中隊から選抜したわずか一一〇〇人ほどの部隊だったが、何度となくヒトラーの軍隊をだまして、桁ちがいに大きな兵力だと思いこませた。投光装置、空気でふくらます戦車や飛行機、偽の無線通信や落下傘降下が彼らの武器だった。一九四五年に連合軍がライン川を渡る際には、ゴースト・アーミーが渡河を偽装して、アメリカ第九軍から注意をそらした。九〇〇もの風船の戦車と大砲で枢軸国の砲撃を見事に引き寄せ、第九軍がかぎられた死傷者で勝利するのに貢献したのだ。

大戦最後の数年における彼らの活動は、半世紀後に機密指定を解かれるまで極秘扱いだった。その注目を得る戦術で、彼らは無数の命を救うことができた。

ゴースト・アーミーは、なぜそこまで偽装作戦に成功したのか。戦場で敵をだまそうとしたのは彼らが最初ではないが、彼らの偽装は軍事史上、指折りの効果をあげたと言っていい。敵の注意をそこまで惹きつけたのは、つまるところ、対比と連想を巧みに用いたからだと思う。

ゴースト・アーミーは、たしかに三〇台以上のトラックに巨大スピーカーをのせて、二、三〇キロ離れたところからも聞こえる音を出し、投光装置で夜の空を照らした。ドイツの部隊がそれらを見聞きしたことは否定できない。また、俳優たちは念のために兵士のふりをして酒場に転がりこみ、与えられた「命令」について議論していた。それがドイツ兵の注意を惹いたのもまちがいない。

とはいえ、ドイツ側が本物と信じこんだのは、じつに手の込んだ偽装だったからだ。ゴースト・アーミーの音響担当の八人は、連合軍が立てそうなあらゆる音を丹念に録音して、ドイツ兵に聞かせた。部隊が移動する音だけではない。橋を最初から建設する音、戦車が動きだしたり停まったりする音、トラックが土の道やハイウェイを走る音、兵士があちこち移動し、話し、行進する音などをすべて録音していた。音響担当はそれらを合成して、各場面にふさわしいテーマにもとづいた「音風景《サウンドスケープ》」を作った。部隊が進むとき、休んでいるとき、その他のさまざまな状況に応じて、異なる音風景を敵に聞かせた。

ゴースト・アーミーの視覚担当も同じくらい徹底していた。率いていた中尉はときに大将の階級章を身につけ、ドイツ軍に大部隊が迫っているという偽装をみずから補った。ライン川での最後の活動で、ゴースト・アーミーは丁寧に塗装した偽の戦車とともに本物の戦車隊に合流し、ドイツの偵察機をだます演出をした。

彼らはドイツ軍がまさに探していたものを提供した——具体的には、ドイツ軍が注意を払う気になっていたものを。次の戦闘に向かうドイツ兵になったと想像してもらいたい。どんな音に気をつけるだろう。戦車の音や、降下してくる落下傘部隊の光景は、下士官や将校や偵察員にどれほどすばやく察知されただろう。ゴースト・アーミーは、顕著な音や光景で即時の注目を集め、それを短期、長期の注目にすることに成功した。

自動トリガーの勘どころ——人間の無意識を理解する

この章のゴールは、人の知覚がまわりの世界を取り入れ、注意を向ける先を決めるときの興味深い「自動性」を理解してもらうことだ。それは意識するよりはるかまえに起きる。色、音、触れること、その他の感覚的経験が、無意識のうちに注目に影響することは、生存にとって必要なメカニズムなのだ。考える間もないうちに、自動的に影響は及ぶ。

だからこそ、自動トリガー（対比か無意識の連想によって、特定の感覚的手がかりに注意を向ける傾向）は、注目を得たり集中を断ったりするのに効果的なのだ。ある種の刺激は、適切なコンテクストのなかでより多くの注目を得る。われわれはシマウマより、まずライオンに注目する。コマドリのさえずりより、銃声に注意を払う。そして通常、とくにロマンスやセックスがからむときには青より先に赤を見る。

危険、欲望、苦痛が注目を浴びることは否定できないが、それらに注目をコントロールしたり、維持したりする力はない。注目を本当に得て、維持し、育てるためには、人の「意識」に入りこまなければならない。即時の注目から反応を引き出すだけでなく、それを短期の注目にして、あなたや、あなたのアイデア、あなたのメッセージに集中させるのだ。

これからのトリガーは、短期と長期の注目に焦点を当てる。どちらも意識のレベルで働く注目だ。誰かの即時の注目を得たあと、短期と長期の注目に移行させるトリガーとして、まずフレーミング・トリガーを説明しよう。

第３章　フレーミング・トリガー
「おなじみの感覚」を演出する

「汗」の話題がタブーだった時代に制汗剤をヒットさせた男たち

一九〇〇年代初め、制汗剤やデオドラントは、いまのように市場規模一八〇億ドルのありふれた商品ではなかった。〈マム〉というデオドラントと〈エバードライ〉という制汗剤は売られていたが、どこの家のバスルームにもあるようなものではなかった。当時の女性は香水や脇当てや綿パッドで対処していて、男性の発汗はむしろ男らしさと力の象徴だった。一九〇〇年代初めの仕事の大半は、まだ肉体労働や農業だったのだ。多くの人は、発汗を抑えるのは健康に悪いと考えていた。さらに、こちらのほうが重要なのだが、体の機能について話すこと自体が無作法と思われていて、市場はないも同然だった。[1]

それでもシンシナティ出身のティーンエイジャーの起業家、エドナ・マーフィーはあきらめなかった。外科医の父親が、計り知れない価値のある製品を発明していたからだ――液体の制汗剤である。もともとは手術中に手を乾かしておくために作ったのだが、エドナはすぐに、それを脇の下に塗ると汗でべとつかず、爽《さわ》やかな気分でいられることに気づいた。

これは売れると確信した彼女は祖父から一五〇〇ドルを借り、一九一〇年に女性の営業チームを作って、制汗剤〈オドロノ〉を売り出した。が、当初の売れ行きは思ったほどよくなかった。

健康法と制汗剤に関する昔ながらの習慣と思いこみは、とても彼女ひとりで覆せなかったのだ。制汗剤は「評判」の問題を克服できなかった。

一九一二年にアトランティックシティの博覧会でそこそこの成功を収めて自信を深めたエドナ・マーフィーは、J・ウォルター・トンプソン社のコピーライター、ジェイムズ・ヤングに、この商品を世に広めてほしいと依頼した。かつて聖書の販売員だったヤングには、売上が伸びない原因は〈オドロノ〉そのものではなく、制汗剤全般に対する市場の認識であることがわかっていた。それを変えるには、広告に知恵を絞ることが必要だった。

ヤングとマーフィーはまず、制汗剤で汗を止めることは健康に悪いという信念に取り組んだ。そこはむずかしくなかった。〈オドロノ〉は医師が開発したという事実を強調した広告キャンペーンによって、売上を倍増することができた。

しかし、本当の大転換は一九一九年だった。ヤングは商品の特長に焦点を当てるのをやめ、制汗剤に対する社会の態度を変えさせようと決意したのだ。レディーズ・ホーム・ジャーナル誌に「女性の腕のカーブの内側で——ことあるごとに避けられてきたテーマに関する率直な議論」という禁断の広告が掲載された。物議をかもしたその広告は、いきなり核心に入る。

> 多くの女性が「汗に悩まされたことなんてありません」と言いますが、わかっていないのです。汗から完全に解放されたら、彼女がいまよりどれほど愛らしく、上品になるか。

スミソニアン誌によると、この広告を不快に感じた女性読者二〇〇人が、レディーズ・ホーム・ジャーナル誌の購読をやめたという（ヤングの女性の友人の何人かも彼と話さなくなった）。だが、論争になっただけの価値はあり、〈オドロノ〉の売上はたった一年間で一一二パーセント跳ね上がって、四一万七〇〇〇ドルになり、一九二七年には一〇〇万ドルを超えた。

そして一九二九年、エドナ・マーフィーは、一五〇ドルの借金で始めて二〇年間、汗水垂らして育てた会社を売却した。ジェイムズ・ヤングのほうは、J・ウォルター・トンプソンの副社長、アメリカ広告協議会初代会長、シカゴ大学教授となり、広告界の偉人として歴史に名を刻んだ。

デオドラントや制汗剤の人気を高めようという試みが幾度も失敗していたときに、なぜ〈オドロノ〉は売れたのか。マーフィーとヤングの抜け目ない販促キャンペーンから、どんな注目獲得のテクニックを学べるだろうか。

フレーミング効果

注目は、ひとつの出来事、におい、その他の刺激で発動することも多いが、たいてい目的志向だ。宿題に集中するのは、完成させて好成績をとるためだし、SNSをチェックするのは、友だちが言っていることを確かめるためだ。どこに注意を向けるかはひとつの選択であり、注目をどう割り振るかによって、誰とデートし、どの映画やテレビ番組を見、どのアイデアを拾ったり捨てたりするのかが決まる。

そうした選択をするときに使われるのが、その人の「判断基準《フレーム・オブ・レファレンス》」だ。自分の経験やそれまでに蓄えた知識にもとづいて、世界を理解するのを助けてくれる。「われわれはすでに存在する判断基準を用いて情報を処理します」とウィスコンシン大学マディソン校で通信を専門とするディートラム・ショイフェレ教授は言う。「何かがあるたびに一から処理を始めたりしません」[2]

博士のこの指摘を説明するために、ひとつ頭の体操をしてみよう。手近な紙に木を一本描いてもらいたい。以上。

何を描きました？　おそらくそこには、枝、葉、幹、樹皮があるだろう。この本にクレヨンがついていたとしたら、葉は緑、幹は茶色に塗るのでは？　あなたのなかには木の基本的なイメージがある。太い茶色の幹と無数の緑の光合成器官を見ると、それをすぐに「木」と——あるいはもっと具体的に、ヤシの木とか、松の木と——分類する。木に関する知識がすでにあり、外観がどういうものかわかっているからだ。

木の外観に対する一般的な考えは誰もが持っている。バニラがどんな味か、猫が喉を鳴らすのはどういう音か、みんなが「知っている」ように。こうした精神の構造《スキーマ》が、世界を理解し、身のまわりのものを把握するのに役立つ。長年の経験で、世界はこういうものだという観念的枠組み、先入観、意見が形作られている。住所録はアルファベット順でなければならない。気候変動は証明された事実か、架空の話のどちらかだ。そうしたことが、われわれの判断基準になる。

　過去の経験、生まれつきの性質、文化的背景、興味、意見、そのときの気分が、すべて判断基準に影響を与える。それらはさまざまな選択や反応をするときのコンテクストになる。真空状態でおこなわれる選択や反応はないからだ。子供のころ犬に咬《か》まれて怖くなった人は、近所にいる犬に脅威を感じて、はるかに注意を払う。疲れていたり、空腹だったり、気分が落ちこんでいる人は、古代のペロポネソス戦争に関する講義にも、テキサス州オースティンのサウス・バイ・サウスウエスト〔音楽、映画、ＩＴ業界のクリエイターとファンが集う大規模イベント〕でぼくがする公開討論会にも、あまり興味を示さない（だからぼくは、できるだけ一日の最初か昼食後すぐにプレゼンテーションをしたい）。

　何に注目するかを決めるために、われわれはアイデアやメッセージに触れたときに自分の判断基準を用い、そのアイデアやメッセージが入った枠組《フレーム》みにしたがう——それが「フレーミング効果」だ。

　フレーミング効果とは、情報の提供のしかたによって知覚に差が出る認知バイアスのことだ。まったく同じ情報についても、少しちがった説明をされるだけで別の結論に達することがある。フレーミング効果の例として非常に有名なのは、ワシントン大学のエリザベス・ロフタス博士とジョン・パーマー博士の研究だ。一九七四年、彼らは四五人の学生を九人ずつのグループ五つに分け、自動車事故の一連の動画を見せて、「車同士が衝突したときにどのくらいの速度だったと思いますか」と質問した。[3]

じつは、ちょっとちがう。それぞれのグループへの質問が少しずつ変わっていたのだ。あるグループは、車同士が「衝突した」とき、別のグループは、車同士が「ぶつかった」ときなど、グループごとに使われる動詞がちがった。だが、それだけのちがいで学生たちの答えががらりと変わった。「激突した」のグループが車の時速を平均六五・七キロと見積もったのに対し、「接触した」のグループは平均五一・二キロだった。同じ事故の動画を見たにもかかわらず、じつに二二パーセントの差が出たのだ。

人の判断基準はしかし、永久不変ではない。エドナ・マーフィーとジェイムズ・ヤングがやってみせたように、他者の判断基準に影響を与え、変えることもできる。彼らは最初、商品をうまく売ることができなかった。誰も発汗について話したくなかったからだ。そこで、制汗剤をめぐる国民全体の会話の枠組みを変えた。多くの女性が買いたがらない商品を押しつけるのではなく、その商品を超えた制汗剤全体に関するタブーを攻撃したのだ。結果は、社会的な見方の大きな変化だった。一九一九年の彼らのキャンペーンからほんの数年で、制汗剤は女性の必需品になる。品よく魅力的でありたい女性はみな制汗剤を使うようになった。ほかの制汗剤やデオドラントの会社もそれぞれ、汗ばんだ腋の下は男性に不快感を与え、「孤独」につながるという広告を流しはじめた。それで市場のパイが広がり、先駆者の〈オドロノ〉はますます売れた。

フレーミング・トリガーは、送りたいメッセージを相手が受け入れやすくなるように、アイデアの見せ方を変えるというものだ。政治家は有権者の注目と反応に影響を与えるために、つねに見せ方を考えている。たとえば、ある種の銃器の所有を法で制限しようというときに、「銃規制」として説明するか、「銃の安全性」として説明するかでは、反応がまったくちがう。前者は政府の介入のように聞こえ、後者は当然のことと思われる。もちろん、有権者それぞれの政治的傾向（判断基準）も同じくらい重要だ。全米ライフル協会の会員だらけの部屋で、政治家が銃規制と言おうが、銃の安全性と言おうが、結果はあまり変わらない。彼は充分注目されるだろう（もちろん、その部屋でいちばんの嫌われ者として）。強硬な銃規制論者に、憲法修正第二条はアサルトライフルの携行を認めていると言っても、同じような反応が返ってくる。そして当然ながら、銃がらみの政治に興味のない人もいて、彼らは政治家がどんな枠組みで説明しようと離れていく。それぞれの集団に判断基準がある。

フレーミング・トリガーは、じつは思ったほど使いやすくない。その大きな理由は、人々が昔ながらの判断基準にしがみつく傾向があるからだ。これを本書では「思考の惰性《だせい》」と呼ぶ。誰かの判断基準を変えて、メッセージへの注目や受容度を高めたければ、そもそも判断基準を変えるのがなぜむずかしいのかを理解しなければならない。

思考の惰性

シカゴ大学のマリアンヌ・バートランド博士とハーバード大学のセンディール・ムライナサン博士は、一年のあいだ、事務、顧客サービス、営業の求人広告に対して二種類、五〇〇〇通の履歴書を送った。ひとつの種類は経歴や資格の質が高いもの、もうひとつはあまり高くないものだった。[4]

さらに彼らは、履歴書ごとに氏名を変更した。あるものは、よくある白人系の名前（エミリー、ブレンダンなど）、別のものは一般的なアフリカ系アメリカ人の名前（アイシャ、ラトーヤ、タイロンなど）だ。結果はショッキングなちがいとして現れた。ほとんど同じ履歴書なのに、アフリカ系アメリカ人の名前は白人系の名前と比べて、先方からの連絡が五〇パーセント少なかったのだ。経歴の質を上げても同様の偏《かたよ》りが生じた。白人系の名前の場合、連絡が三〇パーセント増えたのに対し、アフリカ系アメリカ人の名前の場合には九パーセントしか増えなかった。履歴書のグレードアップはまったく同じだったにもかかわらずだ。

二〇世紀のうちに偏見はだいぶ減ったものの、いまもまだ存在するし、すぐになくなるとも思えない。ステレオタイプの考え方が、ある集団に属する個人に対して、早計な判断をさせてしまうのだ。当人のことをほとんど知らなくても、そうなる。名前のようなごく単純なことで、人に対する評価は変わりうる。

自分の世界観（判断基準）を変えるのはとてつもなくむずかしいので、ステレオタイプはなかなか消えない。判断基準に問題があるとわかっているときでさえ、それを捨てることには驚くほど抵抗がある。

われわれの注目は、長期的には少数の同じ考えや人やパターンに集中しがちだ。それが「思考の惰性」につながる。一度、判断基準ができてしまうと、変えるのは非常にむずかしい。政治的見解や世界についての信念は、時とともにコンクリートさながら固まって壊しにくくなる。運動状態にある物体が変化に抵抗する物理的な「惰性」は、思考にも当てはまるのだ。

思考の惰性は、われわれが判断基準を（また、それにともなって注目する先を）絶えず変えつづける精神的エネルギーを持っていないことに起因する。ある意味でそれは筋が通っている。証拠にもとづいて地球は丸いと信じているときに、いや地球は平らだとか、五角形だとか宣言したり、トカゲ人間で埋め尽くされていると言ったりする頭のおかしな人に、どうしてつき合わなければならない？　貴重な時間とエネルギーの無駄遣いというものだ。そういう場合には思考の惰性も役に立つが、一方で、社会が奴隷制や人種差別、性差別といった悪しき信念や制度に長いことしがみつく原因にもなってきた。不正確な、または時代遅れの信念は、たんにその人のまえに証拠を差し出すだけでは消えない。

慈善活動がさまざまな主張を社会に浸透させるのがむずかしいのも、思考の惰性があるからだ。慈善活動は人々があまり知らない大義を唱え、説得して寄付をしてもらわなければならない。彼らにしてみれば、すでに知っている活動に寄付するか、最初からしないほうがはるかに楽だ。影響力抜群の有名人に協力してもらっても、人々の信念を変えるのはむずかしい。たとえ一時的に大義や政治的見解に関心が高まっても、すぐにまたばらばらになり、社会は現状維持に戻る。エドナ・マーフィーとジェイムズ・ヤングは、デオドラントを普及させるために、断固たる決意で社会のタブーを破らなければならなかった。フェイスブックのシェリル・サンドバーグが職場の女性の地位やリーダーシップに関する議論を広めるのにも、本一冊の執筆と数百万ドルの基金の設立が必要だった。それでも職場の男女平等への道は遠い。

フレーミング・トリガーで注目を集めたければ、思考の惰性にぶつかることを覚悟しなければならない。思考の惰性があるせいで、相手は新しいアイデアや、製品や、彼らの人生を改善できるかもしれない人々に近づこうとしない。みずからの判断基準や先入観に当てはまらないという理由で、意図せずあなたの意見や仕事を拒むだろう。いまや時価総額何十億ドルのオンライン音楽ストリーミングサービス〈パンドラ〉は、一〇〇や二〇〇どころか三〇〇人の投資家に出資を断られたことで有名だ。パンドラが儲かると思わなかった人もいれば、充分な牽引力がないと考えた人も、ＣＤの時代が終わりかけて業界全体が衰退しつつあるという意見の人もいた。[5] 経験にもとづく判断基準によって、投資家は過去のあやまちをくり返さずにすんでいるが、その反面、一見馬鹿げている新しいチャンスを見逃すことも多くなる（ＩＢＭの初代社長トマス・ワトソンは、一九四三年に、コンピュータの世界市場はせいぜい五台分だろうと言ったことで知られる）[6]。

ただ、思考の惰性も無敵ではない。判断基準の問題を克服して注目を集めることもできる。研究するうちに、ぼくはフレーミング・トリガーで注目を得るふたつの方法を発見した——「適応」と「議題設定」だ。「適応」は、相手の判断基準に自分を合わせて適応すること。「議題設定」は、相手の思考のなかである話題を目立たせ、重視させて、その話題が出るたびに注意を払わせることだ。

まず「適応」を説明しよう。そのためには、ふたりのバイオリン奏者の話をしなければならない。なぜそのひとりは、もうひとりより注目を集めることができたのか。

無視された世界的バイオリニスト――適応

ある寒い一月の朝、バイオリンの名手ジョシュア・ベルが、ワシントンDCの一〇〇〇人のまえに立ち、ストラディヴァリウスの名器で永遠の名曲六曲を演奏した。三日前、この三九歳の演奏家は、ボストンの二五〇〇人の聴衆のまえでやはり史上最高の曲の数々を演奏していた。[7]

予想どおりボストン・シンフォニー・ホールのチケットは簡単に売り切れ、いい席は一〇〇ドルにもなった。ベルの演奏は、四歳のときからそうだったように、その日も聞く者が涙するほどすばらしかった。彼はグラミー賞も獲得している。

一方、ワシントンDCでの演奏はそれとまったくちがった。このコンサートには入場料もなかったが、そんな破格の料金設定にもかかわらず、誰もとどまって聞こうとはしなかった。まして涙も流さなかったし、夢中で拍手もしなかった。世界屈指の音楽家の演奏に、ほとんど誰も注意を払わなかったのだ。

ワシントンDCでの演奏は、ボストンのコンサートと何がちがっていたのか。まず、ベルがバッハのシャコンヌを弾いたのは、満員のコンサートホールではなく、ワシントンメトロの一大乗換駅、ランファン・プラザの広場だった。その朝のラッシュアワーには一〇七〇人の利用客が通りがかった。ベルはタキシードと蝶ネクタイの代わりに、野球帽にジーンズという恰好で、正体を明かさずにバイオリンを弾いたのだった。

彼を見かけた一〇七〇人のうち、金を置いていったのは二七人。さらに衝撃的なのは、立ち止まって演奏を一分以上聞いた人がわずか七人だったことだ。彼をジョシュア・ベルと見破ったのは、ステイシー・フルカワという人ひとりだった（当然、彼女はベルが地下鉄にいたので驚き、呆気《あっけ》にとられた）。世界に誇る音楽家が演奏していたのに、通行人のわずか〇・七パーセントしか立ち止まって聞こうとしなかったのだ。

すでに耳にした話だったかもしれない。これはワシントン・ポスト紙がおこなった実験で、コンサートホールの外で名音楽家の演奏に何人が気づくかを調べたのだった。答えは——あまり多くない。ただ、この実験でバイオリン演奏が地下鉄の出し物に向いていないことが証明されたわけではない。むしろ大勢の人を集められるのだ。

ぼくがスーザン・キーザーに会ったのは、ニューヨーク市のうだるように暑い夏の日、グランド・セントラル駅で、ロワー・イースト・サイドの友人宅へ向かう列車を探しまわっていたときだった。構内の長い通路を歩いていると、バイオリンの音楽が否応なしに聞こえてきた。進むにつれて音は大きくなり、ついに中年女性が通路の中央で少数の人に囲まれてバイオリンを弾いているところに出た。

スーザンは、黒と青の縞模様のタンクトップ、ゆったりした黒いパンツにグレーのテニスシューズをはき、グレーがかったブロンドの髪をうしろでまとめていた。顔も汗びっしょりだったが、ヴィヴァルディのバイオリン協奏曲ロ短調で技巧の冴えを見せていた（曲名がわかったのは、隣の譜面台にのった紙に大書されていたからだ)。

　スーザンは五五歳のプロのバイオリン演奏家で、ドイツ、イタリア、トルコの世界クラスのオーケストラとも共演していた。長年ヨーロッパとアメリカを往き来しているが、ひとつのオケに所属したことは一度もなかった(「オーケストラは若い演奏家を求めるの」とインタビューで言っている)。[8] しかし、二〇〇六年にニューヨーク市に来たときに、別の道を試してみようと決意した。ジョシュア・ベルは地下鉄駅でたった一度演奏して有名になったが、スーザンは一年を通して週に二回から四回、熱波が来ようとブリザードが来ようと演奏を続けている。

「クラシック音楽大使になった気分です。大勢の人に音楽を知ってもらいたいわ」と彼女は語る。[9]

　スーザンはたいていの週末、ニューヨークの地下鉄か、セントラルパークのコロンブス像の横で演奏している。これはあとで知ったのだが、四〇人から八〇人くらいがセントラルパークのベンチに坐り、彼女の奏でるクラシックの名曲や、コールドプレイの『美しき生命』、ジェイソン・ムラーズの『アイム・ユアーズ』といったポピュラー曲に耳を傾けることも珍しくない。ＮＢＣ局の『ザ・トゥデイ・ショー』で特集されたこともある。彼女はＣＤの販売と、公共の場での活躍がきっかけとなった私的演奏会からの収入で、多くのプロの音楽家より豊かな暮らしをしている。

　さて、国際的に認められたバイオリンの名人ジョシュア・ベルが、一〇〇〇人中七人にしかじっくり聞いてもらえなかったのに、スーザン・キーザーがほぼ毎回、その一〇倍の人数を集めるのはなぜだろう。答えは、聞き手の判断基準に適応するスーザンの能力にある。

スーザンの息子が、ブログでベルの地下鉄での演奏に触れて、人をうまく集められなかった理由を分析しているが、非常に説得力がある。彼はジョシュア・ベルの実験にあった重要な欠点をいくつか指摘する。まず明らかなのは、演奏した時間がラッシュアワーだったことだ。[10]

朝のラッシュアワーは統計上もっとも人通りが多く、したがって振り向く可能性のある目や耳の数はいちばん多いかもしれないが、通勤客は止まって音楽を聞こうなどという判断基準を持っていない。どんな調査でも、人はラッシュアワーでいちばんストレスを感じるという結果が出ている。ストレスを感じながら人混みを縫って職場に行こうとしているとき、彼らにはほかのことに注意を向ける精神的余裕はない。[11]これはスーザン・キーザーが試行錯誤で学んだ重要な事実だった。彼女が地下鉄で演奏するのは昼前だ。ラッシュアワーには決して演奏しないし、午後二時以降もめったに地下に入らない。

「午後二時をすぎると、どこもかしこも雰囲気が変わります」とスーザンは言う。「みんなネガティブになるんです[12]」

スーザンが何をするにしても、ラッシュアワーをすぎてからのほうがかならず反応はいい。そしてどんな曲を試すにしろ、ティーンエイジャーはショパンの名曲よりアメリカのヒットチャートの上位曲を喜ぶ。だから彼女は、とりわけ午後には大衆受けのする曲を演奏することが多い。

「すごく受け入れてくれる人もいます」とスーザンは自分の音楽について言った。その日の気分や天候でも、聞いてくれるかどうかが変わるという。「誰が演奏しようと、まったく注意を払わない人もいます。そういう人はたんに音楽が好きじゃないの」

ジョシュア・ベルの地下鉄での一時間の動画を見ると、もうひとつ、彼が立っている場所にも気づくだろう。ランファン・プラザの改札を出てすぐ、駅の出入口の近くで演奏しているのだ。対するに、巷《ちまた》のバイオリン奏者スーザン・キーザーはどうか。つねに連絡路か駅構内の長い通路のなかで演奏する。そういう通路では、人々が歩きながら彼女の音楽を耳にする時間も長くなる。スーザンは、出入口近くで演奏するといちばん注目されないことに早くから気づき、適応して、みんなが立ち止まって聞いてくれそうな取っておきの場所に移動したのだ。長年のうちに、潜在的な聞き手の一日の時間ごとの判断基準を解明し、もはや直感となったその理解にしたがって、いつ、どこで、どんな曲を弾くかを調節している。

「適応」の本質は、伝えたいメッセージに対して人々がどう考え、どう反応するか（言い換えれば、彼らの判断基準）を理解し、その判断基準に合うように伝え方を変えることだ。たとえば〈オドロノ〉の販売で、マーフィーとヤングは制汗剤の医学的な安全性に関する顧客の誤解を知り、その問題を無視するのではなく、広告のなかで取り上げて適応した。それで商品の売上は跳ね上がった。

何かを伝えたい相手の判断基準を理解することは、注目を得るうえで欠かせない。「（観客の）歴史を知ること、そして彼らがどういう人たちかを知ること。注目してもらいたい重要な何かに観客の意識を導くときには、そういう知識を使うことが重要です」と稀代のイリュージョニスト、デイビッド・カッパーフィールドがインタビューで語っている。
フレーミング・トリガーで人々を魅了するには、彼らの判断基準を通して考えなければならない。判断基準を理解するうえで大切なことはいくつもあるが、とくに重要なのは次の三つだ。まず、相手の受容度を確かめる。彼らがいちばんストレスを感じているのはいつか。逆に、いちばんリラックスしているのはいつか。気が散ることがいちばん少ないのはいつで、どこか。どんなことばや話題が自動的に彼らを黙らせるか。

第二に、相手の不安を理解する。こちらのメッセージのなかで、彼らを自然に反発させるのは何か。どんなことばや議論で彼らは守りに入るか。意見を異にする相手の注意を惹きたいときに使えるひとつの方法は、本格的な議論に入るまえに、ほんの小さなことでも同意できる点を見つけることだ。人は自分の判断基準にしがみつく。相手を守りに入らせて得なことは何もない。

第三に、相手の文化的規範や伝統を知る。何が彼らを怒らせるか。あるいは喜ばせるか。ブランディングやメッセージの伝達は、それぞれの文化の判断基準に適応しなければならない。ブランド側はそれを忘れがちだ。化粧品大手レブロンは、かつてブラジルでツバキのにおいのする香水を売り出した。甘い花の香りの香水は、西欧諸国では何も問題ない。しかし、ブラジルを含めて大半のラテンアメリカ諸国では、ツバキの花はよく葬儀に使われる。感じ方は人それぞれだろうが、ぼくはほかの人に自分のにおいを嗅がれたときに、葬儀や死を思い出してもらいたくない。想像がつくように、その香水はさっぱり売れなかった。[13]

相手の差し迫った要求であれ、そのときの状態や、文化的規範や、ひいては政治的見解であれ、それらに適応することは、注目を得るために不可欠だ。とはいえ、適応はフレーミング・トリガーの一面にすぎない。もうひとつの面、「議題設定」の信じがたいパワーについて話そう。

政治家と「効き目のあることば」――議題設定

共和党議員のニュート・ギングリッチが「アメリカとの契約」という公約を作成し、党の中間選挙大勝に貢献してから数年後の一九九七年、同じ共和党の名高い世論調査専門家フランク・ランツが、二二二ページの「爆弾」を落とした。「二一世紀のことば」と題するその覚書は、取り上げるべき話題から、党の政治家が有権者に言うべきこと、言うべきでないことまで、すべて網羅していた。たとえばランツは、連邦政府を批判するときには「政府」ではなく「ワシントン」という単語を使うべきだと提案した（人々は一貫してワシントンとその怠慢を嫌っているが、地元の政府は好きだから）。彼はまた、党の下院議員が「遺産税」を「相続税」と呼ぶことを推奨した。世論調査によれば、遺産税と相続税は同一のものなのに、相続税のほうが不公平と考える大衆が一〇パーセントも多くいるからだ。[14]

ランツの二〇〇七年の著書『効き目のあることば』の副題にあるように、「大事なのは、あなたが何を言うかではなく、人々が何を聞くか」なのだ。

政治的なコミュニケーションに対するランツの取り組み方は有名だ。クライアント（おもに州や連邦の一流政治家）のために、定期的にフォーカスグループで調査し、何種類ものフレーズを試して、もっとも感情が伝わりやすいものを見つける。「（ジョージ・）オーウェル的」という単語を、自由社会の仕組みを破壊するという意味ではなく、簡潔明瞭という意味に定義し直すような極端な手法もときに用いる。共和党員は、ランツはすばらしい戦略家だと思うだろうが、民主党員なら、大衆操作の方法を駆使する悪党と見なしそうだ。

ここではっきりさせておこう。議題設定のために話の内容を操作するのは、フランク・ランツだけではない。どちらの党でも、というより、ほとんどあらゆる国のあらゆる政治過程でおこなわれていることだ。政治的な立場はともかく、ランツは、人々の注目をどこにどう向かわせるかという点について、単純なことばの置き換えにも劇的な効果があることを証明した。そういうことばをニュースの最初に持ってくることで、政治家は有権者の心に強い印象を残すのだ。

テレビをつけて、どこかのニュースチャンネルを見てみれば、毎日それが起きているのがわかる。〈CNN・ドットコム〉のサイトを開くと、ウクライナやタイでの暴動や抗議活動といった、グローバルな結果をもたらす重要なニュースの代わりに、また別の有名人の逮捕がトップニュースになっていて、重要性に関する人々の認識が操作されている。それは自己実現的な予言だ――メディアがニュースにすればするほど、大衆はさらにくわしい情報を知りたがり、ニュース自体が結末を迎えるか、みんなが関心を失うまで続く。

「議題設定」は、人々の頭のなかにある特定の話題の重要性や顕著さを変えることだ。それをもっとも頻繁にやるのがメディアである。二〇一四年、ニュージャージー州知事のクリス・クリスティの政権が、再選支持を拒んだ市長への腹いせにジョージ・ワシントン・ブリッジの車線を制限した。大渋滞を引き起こしたこの事件では、関係者のメールが公開されるなり、MSNBC（左派のケーブルニュース局）とCNNが一四二分間もの大々的な特集を組んだ。同日、フォックス・ニュース（右派のケーブルニュース局）はわずか一四分三〇秒しか報じなかった。[15]
さて、どちらの視聴者がこの事件を忘れやすいと思います？

しかし、議題設定は、たんに人々の認識の優先順位を変えるだけではない。あのアルベルト・アインシュタインでさえ算数で落第点をとった、とぼくが何度もくり返せば、聞かされるほうはそのうち事実だと思うようになる（よく聞く話だが、事実ではない）。くり返しても事実の証明にはまったくならないのにだ。この認知バイアスは「真実性錯覚効果」と呼ばれ、巧妙な議題設定の大きな問題点だ。

一九七〇年代、テンプル大学とビラノバ大学の研究者が、学生四〇人のグループに、一四〇項目のいかにも真実らしい文を読ませた。内容は政治、スポーツ、医学などで、学生のほとんどにとってなじみのないものだった。たとえば――。

1　第一回のシュガーボウルの試合では、チューレーンがコロンビアに勝った。

2　フレンチ・ホルンの演奏者は、アメリカの軍にとどまると現金のボーナスがもらえる。

3　リチウムはすべての金属のなかでいちばん軽い。

4　ニューヨークとシカゴを除くと、アメリカでいちばん高いビルはダラスにある。
5　オーストラリアの面積は大陸内のアメリカとほぼ同じ。[16]

学生に渡された文の半分は真実で、残り半分は嘘だった（ちなみに、この五つのうち二つは嘘だが、どれでしょう）。[17]

学生たちは一度に四〇の文の真実性を、一から七の評価で推定するよう言われた。二週間後にもう一度同じことを頼まれ、さらに二週間後に最後のテストがおこなわれた。この実験のポイントは、四〇のうち無作為に選ばれた二〇の文が三回くり返して出題されることだった。

すると、その二〇の文について、くり返されるたびに真実性の評価が上がることが確認された。内容が真実であるか否かにかかわらず、なんらかの理由で、学生たちはまえの回より真実味があると評価したのだ。当然ながら、くり返しても真実か嘘かが変わるわけではない。同じ文を何度も見たことで、被験者の判断基準が少しずつ変わり、読んでいることが真実だと思うようになったのだ。

この効果は認知科学者によってたびたび検証されている。つまり、陳述になじみがあるかどうかは、真実性の判断に影響を与えるようだ。ここで、真実性錯覚効果を日々の生活に当ててはめてみよう。われわれは、「気候変動はこの惑星の将来に深刻な効果をもたらす」とか「地球温暖化については科学界にも疑いの声が多くある」といった陳述を、テレビやラジオやソーシャルメディアで見聞きするたびに、信じやすくなる。

反復と真実性錯覚効果が「議題設定」を強化し、対立する議論の一方の側への注目を増やす。だから議題設定は、人々の判断基準を変えて注目を集める強力なツールになるのだ。議題を設定するときの鍵は、適度な反復だ。それでその主張は、聞く人にとって重要になる。

広告業界における議題設定の反復は、「有効接触頻度」として語られる。反応が得られるか、反復しても意味がなくなるまでに、対象者がそのメッセージに触れる回数のことだ。反復によって見慣れた感覚が生まれ、信頼性も増す（後者は真実性錯覚効果）。だが、反復が効果を発揮するのは、じつは人々があまり注目していないときだけだ。

パーソナリティ・社会心理学ジャーナル誌に発表された研究によると、反復はたしかに主張の説得力を増す（たとえ弱々しい主張であっても）が、それは「伝える内容の理解がほとんど進んでいないときだけ」だ。[18] 人々の注目が集まり、彼らが真剣に聞きはじめるときには、主張に力強さが必要となる。そこからの反復で力が失われていくからだ。注目が得られたあとで反復すると、相手の判断基準がネガティブな方向に変わったり、煩《わずら》わしく思われたりして、逆効果になりかねない。だから、主張をくり返すのは、相手にまだ気づかれていないうちだけにするほうがいい。

議題設定は、たんに政治家が有権者の判断基準を左右するためのツールではない。顧客やユーザーの判断基準を変える強力な武器でもある。

コモディティ理論

トゥインキーは、黄色いスポンジケーキに白いクリームが入った菓子で、何十年も雑貨店や大型スーパーの棚に置かれてきた定番商品だ。ぼく自身はあまり好きではないし、あれが大好きと言う人にも会ったことはないが、二〇一二年の終わりにかけて、そのトゥインキーの売上が爆発的に伸びた。

なぜか？　トゥインキーがおいしくなったとか、製造会社が改めて販促キャンペーンをおこなったからではない。長年の労働ストライキと経営の失敗のあとで、会社のオーナーが廃業を宣言したからだ。トゥインキーが棚から消える。そこでみんな地元の店に駆けこんで、トゥインキーを買えるだけ買ったのだ。すっからかんになった棚の画像がウェブに氾濫《はんらん》した。[19]

ある機会がもうすぐ失われると信じたとき、人々はほかの状況が何も変わらなくても、急に注目しだす。何かを失うことに対する怖れや嫌悪感が自然に生じるからだ。トゥインキーの場合には、突然の販売終了が価値を急に高めたが、品薄になること以外の状況は何も変わっていなかった。手に入りにくくなることや、失うことに対する怖れは、人の注目を得る強力なツールだ。

テクノロジー業界でも、喪失への怖れから多くの契約が結ばれている。ぼくはベンチャーキャピタリストだが、投資先の新興企業が新たに資金調達するときには、立てつづけに投資家会合を開くようアドバイスする。投資家はたいてい最初に動こうとしないからだ。ほかの投資家がどうするか様子を見て、もっと情報を集めようとする。資金調達がゆっくり進むと、彼らが契約したがる動機がなくなるが、ひとりふたりの投資家が首を縦に振れば、起業家はほかの五〇人の投資家に、一〇億ドルの調達金の半分がすでに集まったと言える。すると彼らはあわてて商談に応じるのだ。契約がよそに流れそうだというだけの理由で、ばかばかしいほど高額の出資を提案する同業者を、ぼくは何人も見てきた。ぼく自身もやったことがある。

　そのスタートアップの基本的な状況は何も変わらず、ただ手が届きにくくなったというだけだ。このように、希少性はひとつの議題設定になる。少なくなることで議題の重要性が増し、判断基準が変わる。少ないと認識されるだけで、投資家が追いかけるスタートアップはがらりと変わるのだ。[20]チャンスが狭まったと見るや、彼らの注目と受容度は高まる。これは一九六八年にT・C・ブロックが初めて唱え、ロバート・チャルディーニ博士が一九八四年の名著『影響力の正体』（SBクリエイティブ）でさらに展開した「コモディティ理論」だ。

　コモディティ理論の前提は単純だ――何かが希少になればなるほど価値が高まる。だが、ここで重要なのは、なぜ何かが希少になるのかだ。ティルバーグ大学の研究者がある実験をおこなった。被験者の女性二三〇人に、同じシリーズの三冊のレシピ本を評価して一冊を選んでもらうのだが、その際、二冊については「在庫が豊富にある」が、三番目については手に入りにくいと説明した。さらに、三番目が品薄になった理由として、あるグループには、偶然の状況が重なったためと説明し、別のグループには、人気がありすぎてと説明した。[21]

結果は？　すべてのグループが、手に入りにくい三番目の本をいちばん多く選んだが、選んだ判断基準はちがった。製造上の理由で少なくなったと説明された被験者は、三番目の本をほかより高価でユニークだと評価した。他方、人気があるせいで少なくなったと説明された被験者は、たんにユニークさだけを評価し、価値については見方を変えなかった。つまり、人気があるという説明で価値は変わらないが、もとから供給がかぎられているという説明なら価値が高まるのだ。

次のふたつの商品説明を比較すれば、いま言ったことの意味がわかるだろう。

1　当社のクッキーには最高のチョコレートチップと有機栽培素材を使っています。人気商品なので、いつも売り切れです。

2　当社のクッキーには最高の素材を使っていますが、季節柄、まもなくその素材が手に入らなくなります。今週いっぱい販売させていただき、次は来年までお待ちいただくことになります。

両方を読んだ時点で、どちらのクッキーを買いたいと思うだろう。もちろん、来年まで手に入らなくなるほうだ。トゥインキーに起きたのはまさにこの現象だった。そして来年になれば、みんな列を作って、その希少なクッキーを買おうとするにちがいない。事実、二〇一三年七月に（ホステス社が破産後買収されて）トゥインキーがまた棚に並んだときには、過去の記録の七倍を売り上げた。[22]

フレーミング・トリガーで注目を集めたいときに、希少な商品が手元にあれば便利だが、実際に不足していなくても「希少さ」を作り出す方法はいくつかある。オリジナルの日用品を販売するサイト〈ウート・ドットコム〉では、一度にひとつのアイテムを二四時間だけ売り出す（そのあと商品は消える）ことで、希少さを作り出す（ウートは二〇一〇年に一億一〇〇〇万ドルでアマゾンに買収された）。

いまのクッキーの例のように、何かを「レアな商品」として示すこともできる。一九七五年の実験では、まったく同じふたつのガラス壜《びん》の一方にクッキーを二枚入れ、もう一方に一〇枚入れて被験者に見せたところ、二枚しか入っていないほうがはるかに高い評価を得た。商品の希少さを示す手がかりは、なんであれ注目に影響を与えるのだ。[23]

アクセスを制限することでも希少さは作れる。たとえば、グーグルがＧｍａｉｌのサービスを始めたときには、招待制で一度に少数の人しか加入できなかったため、大騒ぎになった。ぼくの最初のＧｍａｉｌの招待枠を一〇〇ドル以上で買いたいと言われたことを思い出す。Ｇｍａｉｌはネットの掲示板やニュースのトップで扱われた。今日では、多くのスタートアップが招待制を採用して注目を高め、自社商品の価値を上げようとしている。

コモディティ理論と、喪失への怖れは、情報の場合にも当てはまる。だからこそわれわれは、フェイスブックやニュースサイト〈ポリティコ〉やメールを、毎日（というより日に何度も）

チェックするのだ。ベンチャーキャピタル、グレイロック・パートナーズの共同経営者で、フェイスブック、ツイッター、〈リンクトイン〉〔ビジネスに特化した大手SNS〕でプロダクト・マネジャーを務めたジョシュ・エルマンによれば、何かを失うことに対する怖れは、あらゆる大手ソーシャルネットワークの成功の秘訣である。

「フェイスブックが注意を惹く大きな理由のひとつは、そこだけで手に入る情報があり、それを知らなければ流れに乗り遅れるからです。私自身もフェイスブックに注意を払っていないと、完全に取り残されてしまいます」とエルマンは説明する。取り残される怖れから、みんな日々フェイスブックでやりとりしている、と彼は強調する。[24] リンクトインに専門分野やビジネスの最重要ニュースをのせるポータル〈リンクトイン・トゥデイ〉が加わったのも、それで説明がつく。この商品を使ったり、あのアイデアに耳を傾けなければ取り残されると人々に感じさせること。それも希少さを作り出し、議題を設定し、注目を得るひとつの方法だ。

適応と議題設定をしっかり理解したところで、ある注目の達人がどうやってそのテクニックを使い、観客を魅了しているか見てみよう。

マジシャンはこうして観客の注意を操る

「ここにカードがあります」。ベビーフェイスで、目立つ黒のサングラスをかけたジョン・アームストロングがぼくに言う。ぼくたちはハリウッドの会員制クラブ、マジックキャッスルの窓際の席に坐っている。彼はデッキのいちばん上のカードをめくって、ダイヤのキングを見せる。「このカードを変えてみせます」。アームストロングがそれを手のなかでくるりとまわすと、あっという間にスペードの四に変わる。なんだか笑える。いくら目を凝《こ》らしても、繊細な動きについていけない。

「ひとつ教えてあげましょう」とアームストロングは言う。「たとえば、もう一方の手を上にのせるとか、どうも怪しい手つきでカードをめくると――」と言いながら、手をカードの上に伏せて隠す。「何もしなくても疑わしいと思うでしょう?」そこで間を置いて、「私はそれを利用できる。こう言うんです。『ここにカードがあります。さあ、持っていてください』と。あなたの注意はすべてこのカードに注がれる。私はまだ何もしてませんよ。でもそのとき、こっちのデッキでずるいことをするんです」ともう一方の手で五一枚のカードをシャッフルする。

アームストロングは、フレーミング・トリガーの達人だ。適応と議題設定の両方を使って、見ている者を驚かす。さすがはマジックキャッスルとアカデミー・オブ・マジカル・アーツの会長だ。クロースアップ・マジックのエリートとして、観客の注意を手玉に取る。マジックの種は誰にもわからず、完璧な技にみんな大喜びする。

アームストロングの技の多くは、カード自体のトリックではなく、彼が観客の思考方法を知り尽くしていることによる。彼のゴールは、見ている人が「信じがたいものをしぶしぶ受け入れる」ことだ。たとえば、マジシャンが大きな技を見せる直前に、そばにいた女性アシスタントがいきなり上着を脱ぎ、そちらに気を取られているあいだにゾウが現れたら、観客は受け入れないだろう。なぜか？　目を離したすきに何か起きたにちがいないからだ。いかさまだ、信じがたいものは受け入れられない、と。けれども、ステージに運ばれてきた箱のなかに観客から選ばれたひとりが入り、目を離したつもりもないのにそこからゾウが出てきたら、受け入れるしかない。その人が実際に消えることはないにしろ、マジシャンがどうやってゾウを出したのかわからないからだ。

　ときにアームストロングの観客のなかには、どうしても種を知りたがる人がいる（彼らの判断基準は、種がわかることだ）。アームストロングはすぐにそういう意図を察し、別のマジックに切り替えることで適応する。たとえば、誰かがデッキをじっと見つづけているなら、「ずるいこと」がデッキ以外の場所で起きるマジックに変更する。鍵となる数枚のカードをデッキから抜き取り、デッキを観客のための囮にすることもある。観客はまちがった方向に注目するので、まったく気づかない。

　とはいえ、アームストロングの最高の技は、あまり期待させずにそのはるか上をいく「議題設定」の能力だろう。よく出だしのマジックで、ちょっと手元が狂うとか、緊張しているところをわざと見せて、あまりうまくないと観客に思わせる。そこでかならず議題設定と反復を用いて、自分をまぬけに見せる。すると観客の判断基準は、こいつは下手くそなまぬけだということになる。ところが突然、その期待を裏切って、見事な手並みで次のマジックを披露するのだ。観客は残りのショーのあいだ、はるかに高い受容度で注目することになる。

「皆さん不意を突かれて、ある意味でバーを下げるんですよ。それがごく早いうちに起きる」

とアームストロングは説明してくれた。「『いや、待てよ、これはつまらないショーだと思ったけど、いまのはすごかった』となる。もうそこでこっちの思う壺《つぼ》なのです」

アームストロングはフレーミング・トリガーの達人だ。「適応」で観客に推論させつづけ、「議題設定」と反復で彼らの期待を下げておいて、裏切る。彼は長年のショーの経験と研究で、観客の判断基準を直感的に理解している。ニューヨーク市の通りで学んだスーザン・キーザーや、デオドラントの固定観念を破ったエドナ・マーフィーと同じだ。

フレーミング・トリガーの勘どころ――相手の判断基準を知る

フレーミング・トリガーはほかのトリガーとはちがう。というのも、残りすべてのトリガーのための舞台を作るからだ。フレーミング・トリガーはわれわれの短期の注目（短期の集中）にも、長期の注目（長期の関心）にも大きな影響を与える。フレーミング・トリガーを使って人々のレーダーに入りこみ、あなたやあなたのメッセージを受け入れてもらえるように、彼らの判断基準に適応するか、それを変えるのだ。

ただ、人は容易に判断基準を変えない。もっともな話だ。絶えず自分の意見を変えて他人の議論につき合っていては身がもたない。もとはと言えば、そのために判断基準があるのだ――みずからの過去の経験にもとづいて、まわりの世界を理解するために。

だから、注目を得るための戦略を選ぶまえに、まず時間をかけて相手の判断基準を理解する必要がある。なぜ特定の履歴書を拒否したり、デオドラントをつけたり、ある政治活動に寄付したり、通勤途中でスーザンのバイオリンを聞くために立ち止まったりするのか。彼らはあまり意識していないかもしれないが、いまやあなたにはわかっている。利用しない手はない。

フレーミング・トリガーを使って、人々をそれぞれの判断基準から引き出すことは、注目を得る手段としては繊細で手がこんでいる。しかし、もっとダイレクトな手法を使わなければならないこともある。次の章では、三番目の「破壊トリガー」でどのようにして注目を得るかを説明しよう。

第４章　破壊トリガー
「驚き《サプライズ》」「単純さ《シンプリシティ》」「重要性《シグニフィカンス》」のセットで畳みかける

このジャケットを買わないでください

ブラックフライデーは、アメリカにおける年間最大のショッピングイベントだ。寒空の下、毎年数百万のアメリカ人が、Ｔシャツやおもちゃやテレビ、タブレットなどを手に入れようと列を作る。二〇一三年、感謝祭の週末だけで、アメリカ人は一四〇億ドル以上を費やして物品を購入した。[1]

人々にさらに購入してもらおうと、各社はあらんかぎりの努力をしている。ウォルマート〔大手スーパーマーケットチェーン〕は、ふつうどこも休業する感謝祭当日の午後六時に店を開けることにした。ラジオやテレビや雑誌は、メイシーズやＪＣペニーといった小売店の広告を満載して、それぞれのお買得品を大々的に宣伝する。購買欲を刺激すればするほど利益は増えていく。

ロック・クライミング愛好家のイヴォン・シュイナードが始めた、小規模で高級志向のアウトドア用衣料品メーカー、パタゴニアは、まったく別のルートを試みた。二〇一一年のブラックフライデーに、シンプルでありながらこんな衝撃的な見出しがついた全面広告をニューヨーク・タイムズ紙にのせたのだ。

このジャケットを買わないでください。

ブラックフライデーの値引きや、高級アウトドア用具の品質を声高に宣伝せずに、環境に対する長期的な影響を考慮して、購入を控えるように求めたのだ。「私たちが作るものにはすべて莫大な環境コストがかかっています」[2]。その広告によると、パタゴニアの売れ筋のジャケットを作るときに、一三五リットルの水を使用するそうだが、これは人が四五日間生き延びられる量に相当する。さらに広告は、必要なものだけを買うように、買い換えるまえに用具を修理するようにと消費者に呼びかけた。またパタゴニアとしても、環境への負荷を軽減することと、顧客による用具の修理や再利用やリサイクルをできるだけ援助することを宣言している。

そのメッセージ――一年でもっとも消費を動かす日に出された反消費主義のメッセージ――は、虫を吸い寄せる光さながらに人々を惹きつけた。マスコミと大衆の両方がすぐさま関心を寄せた。パタゴニアのブラックフライデー広告と、必要なものだけ買うように呼びかけたその後のキャンペーンは、ブルームバーグからファスト・カンパニー誌まで、あらゆるメディアで取り上げられた。しかし、もっと重要なのは、キャンペーンの二年後のパタゴニアの売上が四〇パーセント跳ね上がったことだ。人々は買い控えをするどころか、さらに購入した。

ブラックフライデーの企業のふるまいについて、パタゴニアはわれわれの予想を破壊した。毎年一一月と一二月には、できるだけたくさん買いましょうと企業が大衆を説得するのがふつうだと思っている。大幅な値下げとお買い得な品々を宣伝すると思いこんでいる。パタゴニアはそれと正反対のことをした。だからそのキャンペーンは多大な注目を浴びた。破壊のパワーを見事に活用したのだ。

目新しいだけでなく、「破壊」せよ

シリコンバレーでは、「破壊」が起業家たちの決まり文句だ。彼らはスタートアップを興し、自分たちより大きくて決定も遅い、凡庸な発想しか持ち合わせていない企業に取って代わろうと、それぞれの分野で日々戦いに挑んでいる。うまくいけば競争相手を押しのけるだけでなく、業界全体が変化し、一部のケースでは、人々のライフスタイルさえも変えてしまう。ウェブブラウザーやｉＰｈｏｎｅ以前の生活を考えてみてほしい。

破壊するとは、現状を変えることだ。クラシファイド広告のウェブサイト〈クレイグズリスト〉は、シンプルな作りながらも依然人気なので、一〇年のあいだ変化する必要がなかった。これまでのところ、クラシファイド広告の王座から彼らを引きずりおろす手立てが見つかっていないからだ。一方、ウォルマートやバーンズ・アンド・ノーブル〔大手書店チェーン〕は、アマゾン・ドットコムに不意打ちを食らった。アマゾンは、配送料無料、膨大な品ぞろえ、使い勝手のよさで世界最大のオンラインショップになった。アマゾンと張り合って生き残るためには、無理をしてでも変わらなければならない。彼らは「破壊」されたのだ。

破壊は何もシリコンバレーにかぎった現象ではない。家の地下室に閉じこもっているなら話は別だが、あなたもなんらかのかたちで体験したことがあるはずだ。

コーヒーショップにいるとしよう。そこへ突然、色とりどりのピエロが行進してくる。どうなるか？　あなたの関心はそちらへ向く。そして胸のなかで「なぜみんな着飾っているんだろう」とか、「どこから来たんだろう」とつぶやくかもしれない。しかし、まずこう思うにちがいない。「なんだこれは!?」。コーヒーショップにピエロが入ってくるとは思っていなかったので、即時の注目の引き金が引かれたのだ。サプライズ！

即時の注目は目新しさで始動するが、珍しいだけでは長つづきしない。行きつけのコーヒーショップには知らない顔が何百と入ってくるけれど、それが誰だったか、またどんな外見だったかは憶えていないはずだ。あるものが目にとまるには、目新しいだけでなく、予想を裏切り、破壊する必要がある。行きつけのカフェにピエロの大群が押し寄せてくることは、店に入ってきそうな人物像を見事に破壊するから注意を惹くのだ。

たとえば、ハバフォード大学でおこなわれた研究で、予想を裏切る効果音は映画やテレビ番組のシーンの記憶に絶大な影響を及ぼすことが発見された。研究者は、テレビドラマ『ヒッチコック劇場』と『ヒッチハイカー』から切り出した、二〇秒から三〇秒くらいの映像クリップを、グループ分けした被験者に見せた。そこで意外な展開を用意する。曲がクリップのムードに合っているものと、合っていないものがあるのだ。映画『シンドラーのリスト』のいちばん暗い場面でうきうきした明るい曲が流れたら、と想像すれば、映像と曲が調和しないクリップをどう感じるか、だいたいわかると思う。[3]

研究者たちは、曲が流れるタイミングについてもテストした。ひとつのクリップ群では映像と同時に曲が流れ、もうひとつでは映像が始まる一五秒から二〇秒前から曲が流れる。後者は実質上、調和の伏線（楽しい曲のあとに楽しい映像）と、不調和の伏線（楽しい曲のあとに悲しい映像）の役割を果たす。

被験者がクリップを見終えたあと、どのくらい内容を思い出せるかテストした。結果は、映画やテレビ番組の場面を正確に思い出せる確率は、場面に合った曲が流れたときに跳ね上がり、合わない曲だと落ちこんだ。要するに、テンポの速い明るい曲が、ゆっくりした動きの映像に合わせて流れると被験者は混乱し、記憶への変換がむずかしくなった。反対に、映像の情動効果をきわだたせて補強する曲は、記憶の焼きつけと呼び戻しを向上させた。

この結果は別段驚くにはあたらない——ひとつ以上のものに集中しようとすれば、注意力は低下するのだ。

ところが、映像より先に曲を流したときには、逆が真だった。被験者は、調和した曲が先行して流れた映像よりも、調和しない曲が先行して流れた映像のほうをはるかによく記憶していた。なぜこんなことが起きるのか？　気が滅入る曲が愉快な映像とともに流れれば、頭のなかは混乱し、ふたつの相反する思いに注意が振り分けられる。ところが、愉快な映像のまえに悲しい音楽が流れると、不調和がきわだち、被験者の心に強く刻まれるのだ。

不調和の曲は、「破壊トリガー」が作用した一例だ。破壊トリガーはひとつのきっかけにすぎない——世界はこうだという予想を破壊する、人の行動や環境の変化だ。この予想の裏切りが注目を強要する。それが愉快な驚きなのか、脅威をはらむものなのか見きわめがつくまで、われわれは「破壊」に注目する。なぜハバフォード大学の被験者たちが、調和しない曲が流れる映像クリップを記憶していたのか、なぜパタゴニアの「このジャケットを買わないでください」キャンペーンが消費者の関心を惹いたのか、その理由が破壊トリガーだ。

期待違反理論

破壊トリガーの作用を理解する際に、「期待違反理論」が参考になる。アリゾナ大学のジュディ・バーグーンが名づけたこの理論は、ある特定の状況で、何が起きるのかを人々が無意識のうちに予想していることを示した。期待に反する何かが起きると、われわれは関心を向けざるをえなくなり、その違反行為にポジティブかネガティブな意味をあてがわなければならない。[4]

期待違反理論の重要な側面のひとつに、ある人やものが破壊的だと感じた場合、人は即座にポジティブかネガティブな価値を割り当てるというものがある。海沿いのしゃれたレストランで初デートをしている情景を想像してみてほしい。思い浮かべられました？　そこで赤の他人が椅子を引いてあなたのテーブルについたらどうだろう。その行為は、常識的でも期待していたことでもないから、あなたはその人に注目し、ポジティブかネガティブかをすぐに決定する。このケースではネガティブな反応をしがちだ。相手がデートを邪魔して文化規範をぶち壊したわけだから。しかし、邪魔をするのが他人ではなく、ふいに現れた友人で、あなたの長所をデート相手に伝えはじめたら、あなたはポジティブな反応をするだろう。友人のことは知っているし、好きだからだ。

破壊トリガーは、おもに三種類の要素でわれわれの注意を惹きつける——驚き《サプライズ》、単純さ《シンプリシティ》、重要性《シグニフィカンス》だ。

フィンガーペイントで教える統計学——驚き《サプライズ》

くすんだブロンドに締まった体つきのスコット・ゴールドソープは、六学年を担当するハンサムな教師で、生徒に眠気を催《もよお》させずに統計学を教える手立てはないものかと考えていた。中央値や最頻値、中心傾向や変動性などをただ教えたくはなかった——なぜこれらが大事なのかを理解してほしかった。[5]

といっても、六年生を統計データやヒストグラムに夢中にさせるにはどうすればいい？　もちろん、答えはフィンガーペイントとジャンプだ。

ゴールドソープは生徒を三つのグループに分けてローテーションを組んだ。ひとつのグループは、手に絵の具を塗り、手形をふたつつける。ひとつは直立しているときに、もうひとつは精いっぱいジャンプしたときに。生徒は教室の壁に貼られたグラフ用紙に手のひらをぴしゃりと叩きつける。それが終わったら、二番目のグループが物差しで結果を計測して記録をつける。

三番目のグループは、絵の具と記録のローテーションに戻るまえに手を洗う。

ゴールドソープは授業の二日目に、立っているときとジャンプしたときの手形の計測結果を比較するために、前日に集めたデータをグラフに表すよう生徒たちに言った。さらに、平均、中央値、最頻値、データのサンプルセットの範囲も計算させた。

統計学を教えるのに、単純ながら革新的なその手法は大成功を収めた。生徒は夢中になって計算し、たとえば、背の高い生徒がかならずしも低い生徒より高くジャンプするわけではないのを学んだ。ゴールドソープはこのように、思いも寄らないインタラクティブな教え方を授業に数多く取り入れている。

「インタラクティブな教え方を始めた当初は、生徒たちは少しばかり不安そうでした。これは数学のクラスなんだから、数字の計算だけするべきだってね」とゴールドソープは、サイエンティフィック・アメリカン誌に語った。「年度の初めはぎくしゃくするかもしれませんが、いったん慣れてしまえば、大いに気に入ってくれますよ」

革新的な数学の授業に贈られるローゼンタール賞の二〇一二年度受賞者であるゴールドソープは、驚き《サプライズ》――破壊トリガーの最初のS――で生徒の予想を破壊した。生徒には、数学の授業はこうだという予想があった。罫線つきのノートで数式を解く、数学ってそうして学ぶものですよね、と。その代わりに、ゴールドソープは、図画と体育を活用して生徒にメッセージを伝え、はるかに魅力的で記憶に残る授業に仕立てたのだ。

期待に反する驚きならどんな種類でも――数学の授業に運動と美術を取り入れた教師のよう

に――われわれの注目を獲得し、記憶に残る。そのことは、デューク大学らの研究者によって証明された。それぞれ三つの名詞が使われている四八の文章を被験者に見せて、あとで思い出せるかという実験をおこなったのだ。文章には二種類あり、ひとつは通常の単純なもの（たとえば「メイドはテーブルにアンモニアをこぼした」）。これは実験結果を比較する対照群となる。もうひとつは一定の単語を変えて、意外な文章や、ただ突拍子もない意味になるものだった（たとえば「メイドはテーブルからアンモニアをなめ取った」）。[6]

被験者のうち何名かは、通常の文章と意外な文章がほどよく交ざったものを受け取り、そのほかは通常の文章だけ、または意外な文章だけを受け取った。研究者は、意外な文章がたしかに被験者の記憶に残ることを確かめた――ただし、通常の文章と交ざった場合のみだ。あるものが注目を得るには、目立っていなければならない。「自動トリガー」の章で学んだ教訓である。

驚きに対するわれわれの反応は短く、ポジティブかネガティブな感情の動きといった「感情価」として現れる。ユニークな授業スタイルをまえにしたゴールドソープの生徒のように、われわれはある驚きにはポジティブな反応を示す。たとえ心底びっくりしたとしても、どっちつかずの反応をすることもある。そして、そう、ネガティブな反応をすることも。

驚きに対する感情価は、注目を獲得しようと破壊トリガーを活用したときに問題になる。どんな種類の驚きも、油断しているときに、期待に反して起きるから注目されはするが、関心を保持するにはポジティブな驚きがいちばんいい。たとえば、パタゴニアは消費者が聞きたいメッセージを提供することで人々を驚かせた――本当に必要になるまでこのジャケットを買わないでください、それまでのあいだ、手持ちの用具の修繕にできるだけのことをいたします、と。それは愉快な驚きだったから、パタゴニアはわれわれの心の特等席に収まっている。次にスキージャケットが本当に必要になったときは、まずパタゴニアを思い浮かべるだろう。

当然ながら、ネガティブや不快な驚きでも注目を得られる。たとえば論争は、著名な人物や企業はこんな発言をするだろうとか、こんな行動をとるはずだという予想を裏切るので、メディアや大衆がいつもより大きな関心を寄せる。中絶合法化に反対する共和党員、前ミズーリ州下院議員のトッド・アキンは、二〇一二年の上院議員選の活動中に放映されたインタビューで、レイプの結果妊娠してしまった女性は中絶可能かと質問され、見当ちがいで科学的にも不正確な回答をして多大な注目を浴びた。「それが本当のレイプなら、女性の体にはすべての機能を閉ざして抗《あらが》う手立てが備わっているものです」と。この失言により、アキンはメディアで批判の嵐にさらされ、上院議員への道はたちどころに閉ざされた。

それでも一部の企業は、論争を招いたうえで、それを有利に運んでいる。一九九〇年代〈ワンダーブラ〉は、自社の下着を身につけたモデルのエヴァ・ハーツィゴヴァの広告を世に送り出した。そこに書かれていたのはたったふた言、「ハロー、ボーイズ」。その看板は交通渋滞を引き起こし、戸外に設置されたために、イギリスでは怒りの感情に火をつけたと言われる。当時にしてはきわどい広告だったが、効果はてきめんだった。キャンペーン後の数カ月間、製造元のプレイテックスは毎週二万五〇〇〇着を売り上げたのだ(四一パーセントの売上増だった)[7]。

「驚き」は破壊トリガーの強力な要素ではあるが、どの種類の驚きが効果的なのかは、ブランドや、伝えたいメッセージのトーンによる。たとえば、ラップ歌手には既成概念の枠を超えて、論争を呼ぶような発言を期待する。観衆を惹きつける彼らの言動には、反体制文化の要素がある。一方で、上院議員には知識と分別を期待する――トッド・アキンが落第したテストだ。議員による「破壊」の使い方としては、資金集めパーティや地域イベントなどに予告なしに現れるほうが適している。そのブランドが何を象徴しているのか、どんな種類の驚きが顧客を遠ざけるのか、その両方を理解する必要がある。

ぼくは数年前に「ハッカソン」のホスト役を務めた。ハッカソンとは、二四時間か四八時間内に開発者がまったく新しいアプリケーションを一から作り上げるイベントだ。その最終プレゼンで、ある開発者がすばらしいアイデアを思いついた。審査員のひとりだった著名ベンチャーキャピタリスト、デイブ・マクルーアに顔を寄せて、あらんかぎりの声で叫んだのだ。彼にとってはそれが注目度抜群の妙技だった。ぼくですら耳をふさいだほどの叫び声が、マクルーアの頭にどれほど鳴り響いたかは想像するしかない。

みんなの注目を得られると思ってそんなことをしたのだろうけど、当然ながらマクルーアは腹を立て、気を鎮めるためにしばし席をはずさなければならなかった。その開発者はコンテストに勝てなかった。資金を提供してもらいたい有名な投資家や起業家たちをまえに、判断力の明らかな欠如をわざわざ実演してみせたのだ。「驚き」が注目を獲得しつつも、ネガティブな結果を引き起こした一例だ。

破壊トリガーをうまく使うために驚きを頼りにしつつ、その驚きに対して人々がどんな反応をするのか、またその驚きから得た注目によって人々があなたにどんな意見を持つのか考えておく必要がある。

とはいえ、「驚き」は破壊トリガーのひとつめの構成要素にすぎない。二番目のSに移ることにしよう。

世界中で売れている商品の共通点——単純さ《シンプリシティ》

若きプロダクト・マネジャーのマイク・エバンジェリストは、チームの仲間とアップル本社の役員室に坐り、辛抱強く待っていた。エバンジェリストはアップルに引き抜かれたばかりで、DVDを焼く新製品の製作責任者だった。二〇〇〇年代なかばの当時、市場は複雑なソフトウェアであふれ返っていて、空っぽのDVDをだめにすることには長けていたのに、いざ映画や音楽を焼こうとすると使いにくかった。エバンジェリストは、ほかから抜きん出たソフトの設計をまかされたプロダクト・マネジャーのひとりだった。[8]

ついにスティーブ・ジョブズが役員室にやってきたが、エバンジェリストのどのスクリーンショットにもあまり関心を示さなかった。その代わり、マーカーをつかんでホワイトボードに四角形を描いた。たったひとつだけ。

「これが新しいアプリケーションだ」。ジョブズは、エバンジェリストと呆然《ぼうぜん》としているチームメンバーに言った。「ウィンドウはひとつ。このなかに動画をドラッグする。それから『焼く』と書いてあるボタンをクリックする。以上。われわれが作るのはこれだ」

　ふつうプログラムはそんなふうに動かない。メニューやアイコンや複数のウィンドウがあるものだ。あらゆるタイプのパワーユーザーを満足させるために、数えきれないほどのオプションがそろっているものだ。しかし、バウハウス建築様式の簡潔さを高く評価し、ユーザー体験にこだわりを持つジョブズにとっては、どれも不要なものだった。エバンジェリストと彼のチームは、ジョブズの指示どおりのソフトを作り、最終的にはそれがｉＤＶＤとなり、その後一〇年間、アップルのｉＬｉｆｅスイートのコア製品でありつづけた。

「そのミーティングのために準備したスライドをまだ持っていますよ。いま見ると、複雑すぎて滑稽《こっけい》です」とエバンジェリストはファスト・カンパニー誌に語った。「ほかのあらゆる機能は、邪魔以外の何者でもありませんでした」

　単純なアイデアは複雑なものより注目されるから、破壊の二番目のＳは、単純さ《シンプリシティ》だ。注目を集める破壊的な製品を作ることに関して、ジョブズは単純さが複雑さを打ち負かすことを幾度となく証明してきた。初代ｉＰｈｏｎｅにはひとつしかボタンがなかった。当時、ＰＤＡ〔携帯情報端末〕やキーボードを搭載した携帯電話には、たくさんボタンがついていたのに。ｉＭａｃＧ３は、そのカラフルな外見にそぐわず、半透明のプラスチックに覆われたパワフルな一体型コンピュータだった。スティーブ・ジョブズは、望みのシンプルなインターフェイスのために不要な機能を削ぎ落とすことで、よくも悪くも有名だった。

　ジョブズにならう起業家もあとを絶たない。二〇一二年にヤフーに買収された人気のブログサービス〈タンブラー〉は長年、自社のコア製品に対して、すでにある機能が削除されないかぎり新機能は追加しないというポリシーを持っていた。それにより、あるひとつの機能が本当に必要かどうかについて、興味深い議論が生じた。

たいていの人は、多ければ多いほどいいと考える。もっと機能を追加すれば製品を使いたくなる人が増えるだろう。もっと統計を追加すれば説得力が増すだろう。もっと選択肢があれば幸せになるだろう、と。

どれも真実ではない。イェール大学とオーストリアのインスブルック大学の研究者が、財力もマーケット情報もふんだんに持ち合わせている株式トレーダーは、少ない財力と情報しか持っていないトレーダーより成績がふるわないことを発見した。情報の量ではなく、質が重要なのだ。その研究によると、情報に精通したトレーダー（はっきり言えばインサイダー）が財政面でダントツにいい成績をあげた。最大の情報を持っていたからではなく、最高の情報を持っていたからである。[9]

認知負荷は注目の敵

情報を提示すればするほど説得力が増すという誤った信念を、ぼくは「複雑性の落とし穴」と呼びたい。以前、あるスタートアップ起業家に、一〇〇ページを超える自社の宣伝資料を送ってもらったことがある。そこには成長へのありとあらゆる道が示されていた。彼がマスターしたあらゆるグラフを添えて——その大半が的はずれだった。新人起業家はそういうのがベンチャーキャピタリスト向けのスマートなプレゼン方法だと思うかもしれないが、じつは逆効果だ。明らかに焦点がぼけているし、スタートアップの成長に直接メリットのない無関係な作業や発想を切り捨てる力のなさを見せてしまっているからだ。

ぼくとしては、その企業家を拒絶せざるをえなかった。彼は複雑性の落とし穴にはまっていた。送ってきた資料が五分の一の量だったら、関心を保てただろうし、ずっと説得力があったと思う。注目を惹くことについては、つねに単純さが複雑さに勝つ。これはスタートアップだけでなく、教育から政治まで、ありとあらゆる世界に当てはまる。理由はいたって単純だ。複雑なアイデアは処理するのに多大なエネルギーが必要で、いわゆる「認知負荷」が高まるからだ。

認知負荷とは、注目を要するタスクが「作業記憶」に求める精神の作業負荷量のことだ。あるタスクを処理するのに認知負荷がかかれば、それだけ注意力は削がれる。結果、注目のコントロールを失い、忘れやすくなり、集中力は途切れ、ミスしがちになる。

「ウェブページや本といった情報の多くは、注目や作業記憶の使い途を誤らせる情報に満ちています」とニューサウスウェールズ大学のジョン・スウェラー博士は言う。誤った指示が増大し、作業記憶がそれに使われることで、複雑性の落とし穴にはまる。タスクが複雑さを増せば増すほど、われわれの注目はそれていき、認知するのにさほど集中を要さないタスクへと移ってしまう。使いやすいボタンやポップアップ、図表の引き出し線などはすぐ邪魔になり、注意散漫のもととなる。[10]

どうすれば認知負荷を減らせるか

では、効果的に注目を獲得できるように、シンプルなものを作るにはどうすればいいか。

場合によっては、複雑性は避けられない。微積分はもともと複雑なものだし、習得するには多大な集中力と注意力が求められる。同じことは難解なパズルを解くことにも、複雑なソナタの習得にも、本を書くことにも言える。あるタスクにつきものの、この手の認知負荷は、「内在的認知負荷」として知られる。微積分の学習やチェスの習得にともなうむずかしさをコントロールすることはできない。けれども、人にその情報をどう示すかはコントロール可能だ。

これを実証するために、ひとつ課題を出そう。中学校の音楽教師になったとする。ベートーベンの『エリーゼのために』を授業で取り上げようと準備していたが、曲が入ったノートパソコンを忘れてきてしまった。課題は単純だ。『エリーゼのために』の説明を、ことばで書き出すこと。

そう、単純ではない。でしょう？　それどころか、曲をことばで説明しようとするのは非生産的だ。イ短調、八分の三拍子で始まる、とかは言えるだろうし、曲を聞いた感想も説明できなくはない。だがそれより、誰かのパソコンを借りて、ユーチューブの動画を開き、たんに曲を流せばすむことだ。曲が流れれば、たやすく認識できるが、いざことばで説明するとなると、認識も理解もずっとむずかしくなる。チュートリアルやマニュアルも同じだ。複雑な説明が書かれたややこしくてできの悪いマニュアルは、家具の組み立てのような単純なことでも悪夢にしてしまう。

「提示のしかたが原因で複雑になるものもあります」とスウェラーは説明した。「何かについて学ぼうというとき、与えられる情報の構造によって学べる分量が変わるんです」[11]

情報の示し方が原因の場合、認知負荷は「外在的」となる。『エリーゼのために』を楽曲なしで教えると、不必要な複雑性が加わる。一方、数学教師のスコット・ゴールドソープは、六年生にわかりやすく統計の考え方を説明するために、フィンガーペイントを用いて概念を現実世界に当てはめた。生徒は自分たちになじみあるものや考え方を使って、世の中における統計の役割をよく理解することができた。説明がシンプルであるほど、記憶に定着しやすい。

顧客の注目は移ろいやすいから、認知負荷を減らして、アイデアや製品、コンセプトを単純にすることが重要だ。それで顧客は注目しやすくなり、届けられるメッセージも憶えやすくなる。めざすのは、認知負荷による複雑さを減らす方法を見つけ、狙いどおりに顧客の注目を獲得することだ。

複雑さを減らして注目を集中的に得る方法として、重要なものがふたつある。ひとつは、それがなくてもメッセージやアイデアや製品が損なわれないものを、すべて取り除くことだ。スティーブ・ジョブズは、手がけた全製品にそれをおこなった。望みの機能だけが残るまで、不要なものをそぎ落としていった。それに対して、箇条書き満載のプレゼンは、シンプルさとは正反対で、付加価値を与えることもめったにない。箇条書きによって複雑さが加わり、観衆はスクリーンに表示されている文字を読むと同時に話を聞かなければならない。どのスライドにもたくさん箇条書きがあり、ひとつずつ追うのは退屈な作業なので、人々の認知負荷は高まり、携帯電話を出してゲームをしはじめる可能性も高まる。だから、ぼくのプレゼンには箇条書きがひとつもない。全般にわたって、ほぼ画像や写真のみでメッセージを伝える。そのほうがわかりやすいし、議論の要点を与えてくれるからだ。

複雑さを取り除く二番目の方法は、提示する情報を見つけやすく、アクセスしやすくすることだ。検索や追跡の手間を減らす。ジャーナリスト養成学校では、「言いたいことをあとまわしにする」のを避けろと教わる。記事の出だしの段落をリードと言うが、読者の注意を惹き、さらに読み進めてもらえるかどうかは、リードにかかっている。ある記事の見出しやリードが重要事項を提示していなければ、読者は興味をなくす。ほかにも何千という記事が重要な情報や事実をリードで示しているのに、わざわざ記事の内容を追うのは認知負荷がかかりすぎるからだ。

同じルール――相手が手軽にメッセージにアクセスできるようにすること――は、プレゼンテーションにも当てはまる。プレゼンターの多くは、終わり近くまで要点を提示しない。要点に入るまでみんなが辛抱強く待っていてくれると勘ちがいしている。だからぼくの友人、クラウド・カンパニーのジェレミア・オーヤンはいつも、まず概要を伝えて取っかかりを与え、自分の話で何を学べるか説明してからプレゼンを始める。[12]

注目を獲得する製品を作ることであれ、破壊的で記憶に残る授業計画を立てることであれ、単純さが成功の決め手だ。だが、破壊トリガーには取り上げるべきもうひとつのS、重要性《シグニフィカンス》が残っている。

勝負は一五秒——重要性《シグニフィカンス》

人の注意を惹くための持ち時間は一五秒か、それ以下だ。

「最初の一五秒がもっとも重要なんです」。グーグルのユーチューブ部門のストラテジスト兼リサーチャーのレイチェル・ライトフットは、ユーチューブ本部のだだっ広いオフィスでそう語った。彼女の仕事は、なぜ何百万もの人が特定の動画をクリックし、ほかをクリックしないのか解明することで、次世代のビデオスターに視聴者の獲得方法も教えている。[13]

統計によると、ユーチューバー〔ユーチューブに自作動画を継続的に投稿するユーザーたち〕は一五秒以内に、視聴者にもっと見たいと思わせなければならない。われわれは本当にせわしない。視聴者五人のうち四人が、バッファリングで一度でも動画が停止したら視聴をやめてしまう。[14] ビデオやアイデアやイベントを公開してから最初の一五秒で、注目されるかどうか決まるのだ。

ユーチューバーが誤りがちなのは、その動画を見るべき理由を冒頭で示さないことだ、とライトフットは言う。二〇一三年二月にロシア上空で爆発した、チェリャビンスクの隕石の動画を探しているとしよう。「ロシアで隕石落下!!」というどんぴしゃのタイトルと、隕石のサムネイルがついた動画を見つける。ところがクリックすると、まず見知らぬ人が現れ、隕石の起源についてくどくどと三〇秒間説明する。それは退屈で、苦痛で、ユーチューブ視聴者の期待に反している。

動画のタイトル「史上最凶の隕石爆発！」が目を惹くのに対し、内容が期待にそぐわないか、興味と一致しないなら、われわれの関心はたちどころに別のものへと向かう。重要性《シグニフィカンス》――破壊トリガーの三つめのS――は、破壊をあなたの顧客にとって意味のあるものにすることだ。最初の一五秒で注目されたいなら、顧客にとって意味があり、妥当で、大事な要素が、冒頭に含まれていなければならない。注目を得るためには期待を裏切らないといけないが、顧客を遠ざけてしまってはやりすぎだ。バランスの微調整はむずかしいけれど、うまくすれば、重要性を与えることで予想を裏切り、注目を獲得することができる。

顧客にとって何が重要で意味を持つのかを肝に銘《めい》じておけば、あなたの破壊は共感を呼ぶ。しかし、メッセージが彼らの価値に反していたら、逆の結果が生じる。二〇〇八年、製薬会社は、抱っこひもで腰痛を経験した母親をターゲットに鎮痛剤〈モートリン〉の広告を展開した。腰痛に悩む母親を手助けしたいというメッセージを伝えて共感を呼びたかったのだが、広告は、赤ん坊を抱っこすることをファッションの一部ととらえ、抱っこひもの母親を「疲れていて、クレイジー」と見なしたことで失敗した。抱っこひもを育児上の選択ではなく、ファッションとして身につけているという思いこみは、大多数の母親を憤慨《ふんがい》させた。腹を立てた母親たちがツイッターやユーチューブで大騒ぎし、製薬会社は即座に謝罪した。母親が抱える真の問題に対処する代わりに母親を軽んじたことで、キャンペーンは無残な結果に終わった。[15]

モートリンのキャンペーンはポジティブで、ターゲット顧客にとって意義のあるものになるはずだったのに、論争の的になってしまった。製薬会社は顧客を充分理解しておらず、誤ったキャンペーンを打った結果、炎上した。

このように痛手をこうむった例はあとを絶たない。自社のサンドイッチの宣伝に、風変わりなネズミらしき生き物を使ったファストフードチェーン、クイズノスも一例だ。どうもネズミとサンドイッチはそんなにひどい組み合わせではないと思ったらしい（クイズノスは二〇一四年に破産申告した）。別の事例では、「トイレから蛇口まで」というキャッチフレーズが、真に画期的な浄水技術の実用化を妨げた。反射的に、おえっとなるからだ。どちらの場合もターゲット顧客を魅了するどころか、嫌な気分にさせてしまったために、キャンペーンの重要性が失われた。[16]

重要な意味を持たず、顧客の価値とも合致しない「破壊」は、いつだってトラブルの原因となるし、届けたいメッセージから注目をそらしてしまう。だが、驚きと単純さと重要性をいっぺんに届けることができたら、注目を獲得するだけでなく、維持することもできる。

ワイデン＋ケネディのオールド・スパイスＣＭ

二〇〇〇年代初頭、デオドラント業界で〈オールド・スパイス〉は〈ライト・ガード〉に次ぐ二番手の位置につけていたが、新たな競争相手〈アックス〉がアメリカ市場に参入してきたばかりで、ぐんぐんシェアを拡大していた。ティーンエイジャーの少年をターゲットにして、アックスの製品を使えば美女とベッドをともにできますよ、と暗に示した広告が効果をあげていたのだ。いわば「缶入りのセックス」である。十代の少年の本能を刺激する作戦が功を奏していた。[17]

最初オールド・スパイスは、競争相手のセックスアピール作戦をまねた広告を打ったが、アックスからシェアを奪い返すどころか、何十年も続いたブランドがぶざまに転ぶ事態となった。「いたたまれなかった」とオールド・スパイスのブランド戦略に取り組んだ広告会社ワイデン+ケネディのエグゼクティブ・クリエイティブ・ディレクター、マーク・フィッツロフは言う。「まさに自分の祖父がダンスする姿を見ているような気分です。そんなものは誰も見たくありませんよね」

キャンペーンが失敗した理由のひとつに、アックスのせいでオールド・スパイス製品があたかも年寄り向けのデオドラントのように見えはじめたことがあった。アックスは、ティーンエイジャー向けのかっこよくセクシーな広告で市場を占有し、オールド・スパイスのものまね戦略は、さながら若作りして醜態をさらす父親のようだった。オールド・スパイスという名称もまずかった。新しくてしゃれたものに「オールド」なんて名前が？　オールド・スパイスのキャンペーンは重要性と驚きに欠け、市場を「破壊」することができなかった。

二〇〇七年、市場シェアが落ちこんだことで、オールド・スパイスはワイデン+ケネディに助けを求めた。ナイキの「Ｊｕｓｔ　Ｄｏ　Ｉｔ」キャンペーンを含め、多数のマーケティング活動の立役者だ。マーク・フィッツロフたちは、オールド・スパイスのブランド再生をまかされた。最初のゴールはシンプルだった——八〇年存続しているブランドにマッチしたキャンペーンを生み出すこと。アックスにはまねのできない芸当だ。

イメージチェンジの手始めにワイデン＋ケネディが作った雑誌広告には、ビキニ姿の女の子も、いまどきの若手人気女優も登場しなかった。その代わりに、フェイ・ダナウェイが起用された。数々の賞を受賞し、一九六七年の映画『俺たちに明日はない』に出演して一躍スターとなり、セックスシンボルになった女優だ。その広告では、若いころのダナウェイが魅惑たっぷりに暖炉のまえに横たわっている。キャッチフレーズはこうだ。「あなたのおじいさんがつけていなかったら、あなたは存在していなかった。経験こそすべて」

ダナウェイの広告は「オールド」の意味を変化させた。古くささを連想させる代わりに、「オールド」を経験や知恵と結びつけたのだ。弟が兄を慕《した》うように。そのキャンペーンは、破壊トリガーの三つのSを備えていた。単純なメッセージ、驚きの仕掛け、そして経験や知恵を求めるわれわれの性質に訴える重要性も。

しかし、ワイデン＋ケネディのもっとも破壊的なオールド・スパイスのキャンペーンは、数年後に元ＮＦＬのスター選手、イザイア・ムスタファを起用したものだった。ムスタファは、いまやむしろ「オールド・スパイス・ガイ」としてよく知られている。ムスタファ扮するキャラクターは、三〇秒間のコマーシャルのあいだひたすらカメラ目線で女性視聴者に語りかけながら（女性はパーソナルケア製品の購入に大きな発言権を持つ傾向がある）、魔法さながら船上に現れ、手に持った牡蠣《かき》の中にあるチケットを二枚差し出す。チケットは無数のダイヤモンドに変わって彼の手からこぼれ落ち、なぜかムスタファが馬にまたがっているところでコマーシャルは終了する。彼はその間ずっと、あなたの愛する男性はオレのようにはなれないけれど、オールド・スパイスのボディウォッシュを使えば、オレのようなにおいにできると語りつづける。思いも寄らない状況にムスタファを置くことで、絶えず破壊して予想を裏切りつづけるのだ。[18]

　コマーシャルはそのあとも作られ、斬新で愉快な驚きのシリーズを生み出した（たとえば、ムスタファがかつらをかぶってお母さんになりすましたり、ファッションモデルのファビオと対決したりする）。毎回こめられるメッセージは同じだ――オールド・スパイスを使えば、オールド・スパイス・ガイのようにクールで愉快な男に（ある程度）なれる。そのメッセージは、オールド・スパイスの顧客にとって意味のある重要なものだった。誰だってクールで愉快な人になりたい。缶入りセックスを売り出す必要はなかった。このキャンペーンの口コミは史上最速級のスピードで広がった。最初の広告はユーチューブ上で五〇〇〇万ビューを超え、有名人やファンへの返答として即興で作られた十数点を含めて、ムスタファが出演する動画の多くが一〇〇万回以上視聴された。しかし、もっとも重要なのは、ワイデン＋ケネディが手がけたこのキャンペーンが売上を後押ししたことだ。オールド・スパイス・ガイがデビューしてから、三カ月間で売上が五五パーセント跳ね上がったのだ。

このキャンペーンがうまくいったのは、人々の予想を裏切っただけでなく、三つのSをきちんと守っていたからだ。後続のキャンペーンでオールド・スパイス・ガイは、大したことじゃないよといったふうにユーチューブ上でセレブにセレナーデを歌ったり、ボウリングの玉のようなサンドイッチを食べたりと、ありとあらゆることをする。だが個々のキャンペーンのなかでは、いつも驚きにあふれ、人々を魅了し、一貫して奇抜で前向きなキャラクターでいるのだ。

『ゲーム・オブ・スローンズ』と三つのS

小説としても、また小説をドラマ化したケーブル局HBOの人気シリーズとしても『ゲーム・オブ・スローンズ』〔小説版の邦題は『氷と炎の歌』〕は長年にわたって多くの読者や視聴者を獲得し、数々の賞をほしいままにしている。いまやHBO史上もっとも人気がある番組となり、一回のエピソードの総視聴者数の平均は一八四〇万、その数はまだ増えつづけている。[19]

『ゲーム・オブ・スローンズ』が大成功している理由のひとつに、予想を裏切る傾向があげられる。どうやって？　メインの登場人物を突然殺してしまうのだ。それもショッキングで残酷な方法で。人気シリーズ本の作者はふつう主人公を殺さないものだが、原作者のジョージ・R・R・マーティンはやってしまう。そういう劇的で意外な瞬間が、破壊トリガーが作用した例である。内容に触れて本や番組を見る楽しみを奪いたくないので、その破壊された瞬間（悪名高い「レッド・ウェディング」とか）をファンたちはいちばん話題にしているとだけ言っておこう。

さらによく見てみると、破壊の三つのSが威力を発揮していることがわかる。次に誰をマーティンが葬るのか予測することは不可能だし（驚き）、主要な登場人物の死により、大勢のファン同士で築き上げた深いつながりは、さらに有意義で大事なものになる（重要性）。舞台であるウェスタロスの世界は単純ではないが、根本的なテーマはシンプルだ。ＢＢＣのある記事が、「ジョージ・Ｒ・Ｒ・マーティンが描く登場人物の相関図と血統は複雑かもしれないが、『ゲーム・オブ・スローンズ』には、人々を魅了する道徳上の単純さがある」と論じている[20]

破壊トリガーを使って注目を得るには、驚き、単純さ、重要性を無視することはできない。ひとつでもおろそかにすれば、メッセージの魅力が減るだけだ。誰かにアメフトのユニフォームをもらったら、ぼくは注目するし、感謝する。しかし、さらに重要性がある贈り物だったら、もっと注意を惹かれる。たとえば、ひいきのシカゴ・ベアーズのユニフォームなら、まったく関心のないオークランド・レイダーズのよりはるかにうれしい。それぞれのＳが互いに補強し合って、無視できなくなるのだ。

とはいえ、破壊トリガーはトリガーのひとつにすぎない。それにこのトリガーの強みは、ごく短い時間、注目を集めることにあって、長時間にわたってではない。おもに短期間の注目を得るためのツールであり、続けて人々の心を奪うトリガーを使わなければ、その効力はたちまち水の泡になってしまう。

そこで次のトリガーへと話を移す。これから紹介するトリガーは、注目を長期間維持するのに役立つ。人々の注目を、何日も、何週間も、何年も、ことによると何世紀も集めつづけ、拡大していくツールだ。

第 5 章　報酬トリガー
「相手がほしがっているもの」を可視化する

スマホ積みゲーム

数年前に、テクノロジー業界の友人グループとサンフランシスコの高級レストランで食事をした。よその街に住んでいる友人のミラーナが訪ねてきていたが、めったに会う機会もないのに、ぼくたちは誰ひとりとして彼女に注意を払わず、際限なくスマートフォンとにらめっこをしていた。メッセージを打ったり、ツイッターを拾い読みしたり、メールを送ったり、〈フォースクエア〉〔位置情報にもとづくSNS〕をチェックしたり。

ミラーナが電話積みゲームをしましょうと言ったのはそのときだ。ぼくたちはそれぞれのｉＰｈｏｎｅやアンドロイド携帯を積み重ねていった（仕事中毒のミラーナは、携帯電話を三つ積んだ）。誰も携帯電話を見ることは許されなかった。最初に電話の山に触れた者が、全員の食事代を支払うのだ。

その夜はもう誰も電話に手を伸ばさなかった。ぼくたちの関心はたちまち、振動する《バイブレーティング》デバイスから、活気《バイブラント》ある会話へと移った。以来ぼくは、グループで食事会をするときにはこの電話積みゲームを提案する。

マネジャーのおよそ七〇パーセントが、起床してから一時間以内に携帯電話をチェックし、五六パーセントが、ベッドに入るまえの一時間以内にそうすると言う。[1] ところが、もっととんでもない統計データがある。平均的な人が一日にスマートフォンをチェックする回数は一一〇回だそうだ。[2] 悲しいかな、ぼくはきっとその二倍はチェックしている。社会全体が携帯電話中毒だ。

といっても、スマートフォン自体に中毒になっているのではない。メールやインスタント・メッセージやアプリの通知こそが真犯人で、それらが脳のなかにあるモチベーションや欲求を駆り立てる複雑なメカニズムを作動させて、注意を惹くからだ。スマートフォンからマクドナルドのM型アーチまで、われわれの注意が向いてしまうのは、このメカニズムによる。

しかし、このメカニズムはどんなふうに作動するのだろう。そして注目を得るために、それをどうやって利用すればいいのだろう

なぜわれわれはスマホを手放せないのか

人間も含めてすべての動物は、とりわけ目標を達成して報酬を得るために発達してきた生き物だ。子孫をもうけるセックスには快楽という報酬がある。食物を探すために狩猟をすれば栄養、難解なパズルを解けば満足感という報酬が得られる。われわれの体は、心地よいか、健康と生存に有益な習慣を発達させるように訓練されている。

たとえば、チョコレートブラウニーのようなおいしいデザートを食べることは、携帯電話の

通知をすべてクリアするとさっぱりするのと同じ理由で、われわれの注意を惹く。そうした行動をすると、脳が報酬を与えてくれるのだ。たいていの人は、多かれ少なかれドーパミンになじみがあると思う。ドーパミンとは脳の神経伝達物質で、神経細胞へシグナルを送ったりブロックしたりする作用を助ける。ドーパミンが分泌されると、脳のなかの快楽センターが刺激されて、たとえばカップケーキを食べているときに幸せを感じたり、受信トレイの未読がゼロになったときに安堵したりする。多くの人はそんなことを耳にしているんじゃないか。

だが、それは誤解だ。第1章で述べたように、ドーパミンは快楽と関係するけれども、快楽を引き起こしはしないということが、最近の研究でわかっている。ネズミからドーパミンを取り除いても、変わらず快楽を感じるのだ。ネズミがなくすのは、快楽を得るためになんらかの行動を起こす「モチベーション」である。事実、ドーパミンがないネズミは食べたいという要求さえ喪失する。

「ドーパミンを抑制すると、すべての報酬の魅力が減ってしまいます」。情動神経科学の専門家で、モチベーションや快楽や報酬をコントロールする脳の仕組みにくわしいミシガン大学のケント・ベリッジ博士は言う。望ましい行動への報酬にかかわる重要なシステムはふたつある、と博士は語った。[3]

最初のシステム「欲する」は、行動するモチベーションを与えるもので、ドーパミンを原動力にする。われわれに欲望を与えるシステムだ。カップケーキやセックス、またはドラッグを切望するとき、脳内にドーパミンが流れる。一方、二番目のシステム「好きになる」は、快楽や満足感といった報酬を実際に与えて、報酬サイクルを完結させる。「好きになる」は、オピオイドという別の神経伝達物質がコントロールしている。

このふたつからなる報酬システムで、われわれが携帯電話を手放せない理由が説明できる。室内に一時間閉じこめられて、暇をつぶす方法がふたつしかないとする。携帯をいじるか、複雑なジグソーパズルを解くかだ。どちらに時間を多くかけるだろう。まあ、ジグソーパズルに取り組みはするかもしれないけれど、電話が振動すれば、いまの通知はなんだろうとチェックするにちがいない。メールかな？　ニュース記事？　それともツイート？

ドーパミンは、携帯をチェックするときにも、パズルを解くときにも分泌されるが、引き金を引くのは携帯のほうが速く、回数も多い。ドーパミンは「欲する」感情の引き金を引き、「探求する」へとつなぐ――新しいことを探索したいとか、パズルを解きたいとか思わせるのだ。携帯はこれを確実に与えてくれる。新しいメッセージやメールが数秒で飛びこんでくるので、報酬システムが活性化される。対してパズルは、すぐに変化したり解けたりしない。われわれが生まれながらに持つ報酬システムは、目新しいことや新たな情報を探し求めることに最適化されている。[4]

ドーパミンと体の報酬システムは、注目には欠かせない。虹の先にご褒美が待ち受けていると判断すると、体はドーパミンを放出し、報酬を手に入れるのに必要なモチベーションを与える。また、報酬にはわれわれの気をそらす特殊な力もある。その力は、報酬の約束が消え去ったあとも長く続く。

ジョンズ・ホプキンス大学の神経科学者たちは、色とりどりの大量の形のなかから一〇〇〇回にわたって、赤または緑のターゲット（丸、四角、その他の形）を被験者に探し出させる実験をおこなった。赤か緑のターゲットを見つけ出すたびに、正解の報酬として、一セント硬貨か五セント硬貨が与えられる。一方のグループは五セント硬貨をもらう確率が八〇パーセント、一セント硬貨が二〇パーセントだったのに対し、もう一方のグループはその確率が反対（五セントを稼ぐチャンスがたったの二〇パーセント）だったが、それは被験者に知らされなかった。

次いで四八〇回、大量の形のなかから特定の形を探す実験をおこなった。今回、被験者はまったく報酬をもらえない。対照グループの形のなかに赤や緑は入っていないが、もう一方のグループにはあらゆる色がそろっている。つまり、まえの実験で探した赤も緑も含まれていたが、ひとつの形を探すという今回のタスクではまったく意味はなかった。

二度目の実験には金銭的報酬がなかったのだが、被験者の「注目システム」は意に介さなかった。まえの実験に金銭的報酬があったせいで、形を探す被験者の応答時間は著しく遅くなった。赤か緑に注目するように教えこまれたために、自動的に金銭的報酬を連想してしまうのだ。さらに、最初の実験で高い報酬を設定された被験者は、二度目の実験でもっとも反応が遅かった。二度目は金銭的報酬がないのに、報酬が大きかった人ほど赤や緑の形に注目した。

報酬トリガーは、報酬に対する欲望やモチベーションを作動させる。それが「欲する」メカニズムだ。何かを欲しいと思ったら、望みの報酬を獲得するまでわれわれは注目しつづける。それが「好きになる」メカニズムである。

内的報酬と外的報酬

われわれが求める報酬には、外的と内的の二種類がある。「外的報酬」は何かを達成したときに受け取る、形のある報酬だ。お金とか食べ物とか、トロフィーや、テストで満点を取ることなどがこれにあたる。対するに「内的報酬」は、心で感じる満足や達成感など、形のない報酬を指す。コンサートのソロパートで人々を釘づけにしたり、むずかしいパズルを解いたり、偉大な小説を読み終えたときに感じる満足や喜びだ。

同様に、報酬にたどり着きたいと思うモチベーションにも、外的なものと内的なものがある。授業でミニテストがあるからこの本を読んでいるのなら、外的報酬のために外的モチベーションを持っていることになる。だが、人々をもっと魅了する方法を学びたいと思って読んでいるのなら、タスク達成の報酬は無形で内的だから、内的モチベーションを持っていることになる。[6]

どちらの報酬タイプも（そして背後にあるモチベーションも）注目に強い影響を及ぼすが、それぞれの報酬に効果を発揮する注目の種類は異なることをこれから見ていく。すぐさま短期の注目を集めたいなら、外的報酬（ジョンズ・ホプキンス大学の実験における一セントや五セント）が有効だ。しかし、忠誠心や長期の注目を確立したいなら、内的報酬のほうがはるかに役立つ。正しい状況で正しいモチベーションを発動するために正しい報酬を見きわめることが、報酬トリガーをうまく使いこなす鍵だ。

では、ふたつの主要な報酬の種類をくわしく見ていこう。まずは外的な報酬から。

現金のベーコン巻き――外的報酬

たいていの会社は、従業員をとどめておくために数々の福祉手当や報酬を提供している。健康保険、昇給、現金ボーナス、有給休暇、フレックス制度、父親の育児有給休暇などなど。だが、これといって目立つものはない。こうした報酬は、従業員を気にかける会社ならほぼどこも提供している。施設内での食事提供や、ジムの会員権や、マッサージなどのもっと豪勢な特別手当は、引く手あまたのエンジニアやデザイナーの注意を惹こうとするスタートアップのあいだで常態化してきた。

しかし、こうした典型的な手当を出さず、ほかと比べて独特で気が利いている会社もいくつかある。ロサンジェルスに拠点を置くソーシャルゲーム提供会社スコープリーは、〈ドス・エキス〉ビールの人気コマーシャル「世界でもっとも興味深い男」をまねて、入社時にただ現金ボーナスを渡すのではなく、新規採用者とその紹介者にブリーフケースを贈った。中身は、ドス・エキス一年分、注文仕立てのタキシード一着、葉巻、水中銃、〈セックス・パンサー〉コロン（映画『俺たちニュースキャスター』で有名）、新規採用者の肖像画、そしてベーコンで巻いた現金一万一〇〇〇ドル。そう、ベーコンである。[7]

やりすぎ？　たしかに。効果があった？　ものすごく。この創造性に富んだ採用活動で、一〇〇〇〇通以上の履歴書が集まり、複数のエンジニアが、競争の激化するシリコンバレーからスコープリーで働くために南へ移ってきた。

　スコープリーは明確な外的報酬を用いて注目してもらい、高い価値を持つエンジニアの採用に成功した。現金や贈り物のような外的報酬を提供することは誰にでも可能だ（そうした報酬が用意できるなら）。だが、スコープリーがしたことは変わっていたので、たくさんの注目が雪だるま式に集まった。では、なぜスコープリーの外的報酬がこれほどまでに注目を浴びたのだろう。

　われわれは日常生活のほぼあらゆる面で外的報酬を目にしている。お子さんが単語テストで満点を取った？　成績優秀賞とAがもらえる！　販売予測を上まわる業績をあげた？　特別手当がもらえる！　だが多くの場合、こうしたありふれた外的報酬はつかの間の注目を集めるだけだ。

「こうすればあれが得られるといった報酬や、金銭や名声を得たいといった外的モチベーションは確実に、明白に注意を惹きます」。『モチベーション3・0』や『人を動かす、新たな3原則』（ともに講談社）を書いたベストセラー作家のダニエル・ピンクが、インタビューに応じて言った。「そうした報酬は、われわれの注目をしっかりととらえます。非常に効果的な場合もあるでしょう」。しかし、注目ということになれば、それらの報酬には用心が必要だとピンクは言う[8]。

「注目をまた得るには、また報酬を与えなければならないので、（個々の報酬は）かならずしも注目を維持できません」
　注目の獲得で外的報酬がもっともうまくいくのは、ゴールに到達するのに一、二度注目されればいい場合だ。引く手あまたの人材に会社を薦める動機づけが必要なら、外的報酬が役に立つ。しかし、その人が入社したとたん、外的報酬の効力はがくんと落ちる。さまざまな研究の総合的な分析によると、金銭と仕事の満足度の相関関係はきわめて低い。そのため、長期雇用の場合には、幸福感、目標達成、個人的満足感などの内的報酬のほうが、ボーナスや有給休暇のような外的報酬より効果的だ。[9]
　短期のタスクに具体的な報酬があると、われわれは明らかに注目するが、すべての外的報酬に等しく注目するわけではない。多くの企業が優秀な人材を呼びこもうと、紹介時や入社時のボーナス制度を設けているけれど、優秀な人材を惹きつける報酬をスコープリーほどうまく運用できていない企業が大半だ。スコープリーの報酬と、ほかの何千という企業の報酬とは何がちがうのだろう。
　その答えは、スコープリーが提供した報酬ではない。意外かもしれないが、答えは報酬の提示のしかたなのだ。エモリー大学とベイラー大学の研究者が、被験者二五人の口中に水（げっ！）かフルーツジュース（おいしい！）を噴射して、脳の快楽中枢への報酬の影響を実験した。ある回では、ふたつの飲料が一定の順番と間隔で与えられることに被験者は気づいた。別の回では、順番とタイミングはばらばらだった。[10]
　予想どおり、どちらの回でもフルーツジュースを味わったときに被験者は快楽を経験した。

つまり、甘い味覚で脳のなかの快楽と報酬に深く関与している側坐核《そくざかく》という部位が働いた。ところが、水とジュースがランダムに与えられた被験者の快楽中枢のほうが、さらに活発に働いていたことがMRIスキャンでわかったのだ。被験者が水かジュースのどちらを好むかということは重要ではない。いずれにせよ彼らの脳は、驚いたときのほうが激しく反応した。

ここで重要なのは、「驚き」と「予測不可能」だ。被験者が外的報酬を与えられて驚いたときのほうが、脳の報酬センターが活発になった。報酬が予測できなければ、そのぶん喜びは大きくなる。破壊トリガーを思い出してほしい。脳は期待に反することにはなんでも注目するようにできているから、驚きと報酬が互いに関係しているのもうなずける。

スコープリーの場合、エンジニアを紹介すれば現金手当がもらえると誰もが知っていたけれども、現金がベーコンに巻かれているのは誰も予想していなかった。現金のベーコン巻き以外にも珍しい報酬を提供したことも（ほかに銛《もり》撃ち銃を贈った会社などあるだろうか）、基本報酬（現金一万一〇〇〇ドル）の意外性を引き立て、注目を増やした。

珍しい外的報酬は人を驚かすので注目される。人は驚きに目を向けるようにできている。現金のようなありふれた報酬を提供する場合でも、創造性に富んだユニークな方法で提示すれば、さらに多くの注目を獲得できるだろう。しかし、提示する外的報酬に重要なのは、驚きの要素だけではない。いつ、どのように報酬を届けるかも重要なのだ。

ユーザーがもっとも幸せな瞬間に報酬を届ける

美しいシドニー湾に沿ってランニングをしているところを想像してみよう。オーストラリア最大の都市に滞在しているあいだ、探索がてら健康にいいことをしている。音楽を聴くためにスマートフォンを持っているが、ランニングアプリを使って走った距離を計測したり、おもしろい場所を見つけたらまた戻ってこられるように道順を記録したりもしている。走り終えてアプリを確認すると、一〇マイルを突破していることに気づく。これまででも最長クラスだ。

アプリが鳴る。記録達成を祝ってくれている。だがもっと重要なのは、無料のスポーツドリンクひとパックと、ジム用パンツを送ると申し出てくれたことだ。これはいい！　まったく予期していなかった。別の理由でランニングをしていたけれど、記録達成のこうした報酬は、幸せな気分にしてくれる。

これが急成長をとげたプラットフォーム〈キープ〉のモバイル向け報酬システムの「隠し味」だ。パズルゲームをプレーしていて、友人のハイスコアを破ったとすると、キープのメッセージが現れて、試供品とか割引とか、達成度に応じた報酬の獲得を知らせてくれる。ターゲットユーザーがもっとも幸福感を味わっているときや、必要に駆られているときに自社製品を表示してくれるので、ブランド企業は大いに喜ぶ。アプリ提供会社も、ユーザーにちょっとした追加の喜びを届けられ、バナー広告に頼らない収入源となるので、キープが大好きになる。

キープの共同創立者兼CEOのブライアン・ウォンは、人に報酬を提供するには、二種類の方法があると言う。ひとつは、われわれにもなじみがある「インセンティブ」だ。あることをすれば、お返しにあるものを差し上げます。お得意様向けロイヤルティプログラムから、おまけまで、インセンティブは経済の隅々まで浸透している。わが社のクレジットカードにご契約いただければ、二万五〇〇〇マイルを無料で差し上げます。行動を変更したことでユーザーは褒美を与えられる。鼻先にぶらさげられたニンジンだ。

ウォンは控えめに言ってもインセンティブのファンではない。「つまりはミニ賄賂《わいろ》ということですよ」[11]

ウォンの会社は別の種類の報酬に精通している――「ポストアクションの報酬」だ。これは、ユーザーが何かもらえると期待していないのに、達成時に思いがけない褒美をもらえることを指す。ユーザーを驚かせるだけでなく（先ほど学んだように、脳の快楽中枢が働く）、しつけられたパブロフの犬のようではなく、人を価値ある人間として扱う。

「鼻先にインセンティブをぶらさげないやり方のほうが、消費者はずっと好意的に応えてくれます」とウォンは言う。

人はインセンティブより達成に応じた驚きの報酬のほうが、やる気を起こすのだろうか。消費者の動向がインセンティブとポストアクションの報酬でどう変化するかを、キープは計測した。インセンティブ式に報酬を提供したとき、報酬の商品と引き換えた消費者は一五パーセント以下だった。しかし、その商品を、達成したあとに思いがけず提供される報酬にすると、引き換え率は二〇パーセントを超えた。見込み客の手に商品を届けたいなら、この差は大きいし、ターゲット顧客に届けるやり方としてまったく押しつけがましくない。だからこそ三五〇社以上の企業と二一〇〇にのぼるアプリがキープを利用しているのだろう。

「もともと報酬とロイヤルティは、行動を定義するものでした」とウォンは説明する。「しかし、いまは行動が報酬を定義しているんです」

ゲーミフィケーションの専門家が教える報酬の渡し方

人に外的報酬を与えるのには、さまざまなやり方がある。ゲーミフィケーション（ユーザーを惹きつけておくために、ゲームのメカニズムと報酬システムを利用する分野）の専門家であるユーカイ・チョウは、報酬の渡し方をおおまかに六つに分類した。すでにふたつは紹介ずみだ。インセンティブ（特定のアクションを完了した見返りに提供される）と、ポストアクションの報酬（特定のアクションを完了したあとに予想外の報酬として提供される）だ。チョウの分類には、あと四つの種類がある。

収集——ユーザーがコレクションを完成したくなることを見越して、報酬全体の一部分だけをユーザーに渡す。マクドナルドは長年、独自のモノポリー・ゲームでこれを実行している。旅行や百万ドルが当たるプレゼントに応募する資格を得るには、二、三個の別々の部品を集めなければならない。

くじ――運によって報酬を提供する。

ランダムな報酬――ユーザーは、あるタスクを完了したときに報酬をもらえることは知っているが、どんな報酬なのかは知らない。これはキープの「ポストアクションの報酬」とは異なる。ポストアクションの報酬は、タスクを完了しても報酬を受け取れるとはかぎらないからだ（そのため、完全なサプライズになる）。

贈り物――ほかのユーザーから報酬を渡す。〈キャンディークラッシュ〉や〈ファームヴィル〉や後続のソーシャルゲームなどで日常茶飯事におこなわれている。ユーザーは友達に追加のライフやスペシャルアイテムを贈ることができる。これは巧妙なやり方で、ゲーム自体から届けられるのと同じくらい手軽に渡せるが、友人を巻きこむので、認められたという感情も与えることになる。

インセンティブ、ポストアクションの報酬、収集、くじ、ランダムな報酬、贈り物――これら六種類の報酬の渡し方は、正しい状況で渡してこそユーザーを魅了する。ランダムな報酬は、ユーザーが何を獲得できるのかわからないから魅力的だ（サプライズ）。一方、贈り物は、友人からプレゼントをもらうことで認められたと思えるから効果がある（これについては、認識トリガーの章でくわしく述べる）。

ただ、ここで得られるおもな教訓は、注目を獲得するうえで、定型化した報酬より人を驚かす報酬のほうがはるかに効果があるということだ。報酬に予測不可能なレベルを追加できるなら、ぜひそうしよう。その場合、渡す手段としては、ポストアクションの報酬とランダムな報酬がもっとも効果的だ。[12]

ここまで外的報酬の力を取り上げてきたが、まえに述べたとおり、外的報酬は即時・短期の注目を獲得する場合にかぎられている。何カ月、何年と続く注目（長期の注目）を得る必要があるときには、内的報酬を選ぶべきだ。なぜ内的報酬が長期にわたって注目を集めるのか、もっとよく理解するために、カナダの英雄に目を向けてみる。

「希望のマラソン」が三〇年以上続く理由――内的報酬

一九七〇年代、カーリーヘアの運動好きの大学生が帰宅途中にピックアップ・トラックと衝突し、乗っていた車は大破した。彼自身は膝がヒリヒリする以外、無傷だった。膝の痛みは現れたり消えたりをくり返したが、一九七七年、それ以上痛みを無視できなくなり、病院へ行った。そこで思っていたよりはるかに重い診断を下される――癌《がん》だった。正確に言うと、骨肉腫と診断された。最初に脚の骨や膝にできることが多い悪性の腫瘍だ。青年の命を救うには、脚を切断しなければならなかった。[13]

カナダ人なら、この話にはなじみがあるだろう。一九七九年、義足をつけたテリー・フォックスはトレーニングを始めた。まずはヘイスティングス中学校の陸上トラック半マイルから走りだし、一週間後に初めて一マイル走った。トレーニングのあいだじゅう痛みと無数の水ぶくれに悩まされたがフォックスはくじけず、化学療法を受けているにもかかわらず体力もついてきた。その年の終わりには、初めてフルマラソンを完走し、観衆から喝采を浴びた。だがフォックスの計画は始まったばかりだった。彼にとっての真のゴールは、癌研究の認識を世に広め、資金を調達するために、カナダ全土を走って横断することだった。母親でさえ取り合わなかったが、フォックスは本気だった。

フォックスの話に触発されて、フォード・カナダはキャンピングカーを、アディダスはランニングシューズを提供し、ほかのスポンサーも次々と現れて、飛行機のフライトやガソリン代、生活費などの提供を申し出た。カナダ癌協会も彼の挑戦を支援することに同意した。

「心を閉ざして引きこもり、何もできなくなってしまった体の不自由な人をたくさん目にしてきました」とフォックスは、モントリオール・ガゼット紙に語った。「体が不自由だからといっておしまいじゃない。そのことを示したいんです。終わりどころか、もっとやりがいがあるんだってね」

一九八〇年四月、フォックスのカナダ横断が始まった。開始早々、激しい風雨にみまわれ、視界も利かなかったが、負けずに前進し、連日ほぼフルマラソンの距離を走りきった。ポルトーバスク。ノバスコシア。モントリオール。寄付金はすぐには入ってこなかったが、そのあいだも走りつづけ、ついにフォー・シーズンズの創業者イサドア・シャープの関心を惹いた。シャープは二年前に息子を癌で亡くしていた。シャープと彼の会社は何百もの企業に呼びかけて、フォックスが一マイル走るごとに二ドルの寄付を集めた。おかげで彼は走りつづけることができた。

フォックスが走るにつれ、話は広がっていった。ついに人々が動きだした。トロントに到着すると、一万人が結集し、癌研究への資金を一日で一〇万ドル集めた。オンタリオでは、アイスホッケー界のレジェンド、ボビー・オアが二万五〇〇〇ドルの小切手を贈った。フォックスの挑戦は注目され、カナダ人のみならず世界中の人々の心を惹きつけた。

一四三日後に旅を終えるころには、テリー・フォックスの「希望のマラソン」は癌研究の流れを変えていた。カナダ横断は果たせなかったものの、彼の走りは一七〇万ドルを集めた。その一週間後、フォックスに敬意を表したチャリティ番組が放映され、一五〇〇万ドル以上もの募金が集まった。しかし、癌とその見事な走りは体に負担をかけた。一九八一年六月、フォックスは肺炎をこじらせて死去し、カナダ全土が深い悲しみに包まれた。

フォックスの希望のマラソンで、癌研究は優先されるべき重要事項となった。〈テリー・フォックス・ラン〉はいまや四大陸で開催されるイベントとなり、癌と闘うための資金を何百万ドルも集めている。なぜテリー・フォックスの走りは何百万ものカナダ人の心をとらえ、魅了したのだろう。それより重要なのは、死後数十年たっても、なぜ彼の働きが影響を与えつづけているのだろう。

フォックスの支援者たちについて言えば、長期にわたる満足感と、世界をよりよい場所にするのに手を貸したという自覚で、献身的活動が報われている。その支援に短期の報酬はない。

フォックスの希望のマラソンの最終ゴールである、癌の治療法を見つけることさえも、実現にはまだ長い道のりがある。短期の外的報酬がないことが、彼らにとって注目しつづけるモチベーションになったのだ。

企業はインセンティブを使いすぎる

「五〇年に及ぶ社会学が明確に示しているのは、あることをすれば褒美をもらえるといった報酬は、単純で短期のタスクに対して非常に効果があるということです」。インタビューでダニエル・ピンクは説明した。「でもそれは注目を長続きさせるとはかぎりません。次々と報酬を与えなければ注目を維持できないようになっているんです」

あることをすればもらえる報酬は外的報酬、具体的にはインセンティブ（行為の見返りとして与えられる報酬）だ。ひとつのタスクやアイデアに注目させたければ、外的報酬が効果的なのはすでに学んだが、タスクやアイデアが複雑になったとたん、外的報酬は効力を失ってしまう。「欲する」と「好きになる」のドーパミンとオピオイド間のサイクルが、報酬を受け取ることで完結してしまうからだ。外的報酬を受け取ってしまえば、注目しつづける気にならない。そのサイクルを再スタートさせるには、別の報酬を提供しなければならない、とピンクは語った。[14]

ピンクはまた、企業や組織はインセンティブ報酬を使いすぎるとも言った。結果として、作業は終わるが、従業員はすぐれた仕事をしようと思わなくなり、やり甲斐《がい》がなくなる。交友も、仕事に対する情熱も、愛社精神もない職場を想像してみてほしい。そこにとどまる理由は、給与と特別手当だけだ。だがそれだけだと、最小限の仕事しかこなさない。まかされた仕事以上のことをしようという気が起きないのだ。

身に覚えがあるか、そんな経験をした友人がまわりにいる人はかなり多いと思う。雇用される側にとってひどい職場環境だし、雇用する側にとってもビジネスの下手なやり方だ。世論調査企業ギャラップの職場管理・健全性の主任研究員を務めるジェームズ・ハーター博士の研究で、仕事上の低い満足感と、最終収益の将来的な落ちこみに相関があることがわかった。言い換えれば、不幸せな雇用者がいれば、いずれは利益の減少を招くということだ。[15]

そこで内的報酬の出番だ。内的報酬は形がなく、何かを達成したときや好きなことをしたときに感じる満足感や喜びといった内面の感情だ。子供のころ、ぼくはよく図書館で宇宙や太陽系についての本を読みふけった（正真正銘のオタクだった）。けれども、そうした本を貪《むさぼ》るように読んだのはテストがあるからではない。学びたかったからだ。彗星や恒星がどうやってできるか学ぶのが、純粋に楽しかったから読んだ。

外的報酬と内的報酬のちがいは、それぞれの報酬に対するモチベーションで説明できる。外的報酬は、それを受け取るために何かをするとか、何かに注目する動機を与える。いい成績を取るために教師の言うことに耳を傾けたり、残業代目当てで遅くまで仕事をしたりする。しかし、内的報酬は自分自身のものだ。たんにそうする価値があるから注目したり行動を起こしたりするのであって、その努力で外的報酬を得られなくてもまったくかまわない。
ここで重要なのは、満足感のような内的報酬を達成するためのモチベーションは、長期に及ぶ現象だということだ。チェスやピアノをすぐにマスターできないのはわかっている。そういうことには何年もかかるが、多くの人がいずれは習得する。われわれの脳は、内面的な動機を与えてくれるものと長期的な関係を構築する。この長期のモチベーションは、ドーパミン・システムの「欲する」メカニズムで作動し、切望する内的報酬を与えてくれそうなものへと注意を向けさせる。つまり、内的報酬に結びつくものを提供すれば、人々の注意を惹くことができるのだ。
「世界の進歩は、つまるところ、まわりの人々と自分自身をやる気にさせることにかかっているんです」。『LEAN IN（リーン・イン）』（日本経済新聞出版社）の著者でフェイスブックのCOO〔最高執行責任者〕のシェリル・サンドバーグがインタビューで言った。注目獲得の鍵を握るものは何かと尋ねると、彼女の答えは単純だった。「モチベーションよ」[16]
内的モチベーションは、われわれの注目を惹く内的報酬をもたらす。それは外的報酬が束になっても敵わないものだ。テリー・フォックスに対するカナダの反応を例として見るといい。フォックスを支持して寄付をしても、形ある報酬はなかった。寄付したからといって昇進するわけでもない。報酬はあくまで内的なものだった――価値あるチャンピオンと価値ある大義に寄付したことに対する満足感だ。加えて、フォックスのような弱い立場の人を応援することには、本質的な喜びと満足感がある。弱者が困難に打ち勝ったと聞けば、ぼくもうれしくなる。

内的報酬の正しい与え方

正しい内的報酬が長期の注目へつながることは明らかだ。とはいえ、何をもって内的報酬と見なすのか。さらに、人々のモチベーションをかき立てて注目を得るような内的報酬を、どう提供すればいいのだろう。

金銭などの外的報酬のように、内的報酬をたんに提供するわけにはいかない。個人の内面の欲望から来るものだからだ。結局、質問は次のふたつになる。ターゲット顧客に個人的な満足感を与えるものは何か？　その満足感をただ得るためにターゲット顧客がやりそうなことは何か？

これらの問いへの答えはさまざまだが、一般論として、どんな人にも当てはまる内的モチベーションがある。たとえば、オハイオ州立大学のスティーブン・レイス教授は、内的モチベーションを一六のカテゴリーに分類した。「力」、「独立」、「好奇心」、「（他者からの）受容」、「序列」、「貯蓄（または「収集」）」、「名誉」、「理想（社会正義）」、「社会との接触（友人を持つ）」、「家族」、「地位」、「復讐」、「恋愛」、「食」、「身体活動」、「平穏（「安全」）」である。[17]

内的報酬をカテゴリーに分けたのは彼だけではない。ダニエル・ピンクは人の行動と決断を駆り立てる三つの主要なモチベーションがあると考えている。「自律」（みずから決定できる自由）、「熟練」（あることが上達する）、そして「目的」だ（「たんにやり方を知っているのではなく、なぜそれをやっているのかわかっていること」とピンクは述べている)。[18]これらのモチベーションは、職場で提供するときにはとりわけ強力なものになる。

ふー。モチベーションの多さといったら！　このセクションにハイライトを引いて全種類のモチベーションを覚えるまえに、はっきりさせたいことがある。これらはすべて、ただひとつの内的報酬へ至る別々の道にすぎない。内的報酬と内的モチベーションのちがいを明確にしておくことが重要だ。内的報酬は単純に、個人的達成でもたらされる幸福感や満足感だ。内的モチベーション（たとえば、「熟練」、「名誉」、「社会との接触」）は、行動を起こすための理由である（この場合、内的報酬にたどり着くこと）。友人とただすごすだけで満足感を得る人もいる。仕事で目的を見つけたときにそう感じる人もいるし、好奇心を満たされて喜ぶ人だっている。

内的報酬に至る道はいくつもあるわけだが、その手段を顧客に提供する（そして注目を獲得する）ためにできることのなかでいちばん大事なのは、顧客にとって鍵となるモチベーションを理解し、内的報酬への道をうまく進めるように助けることだ。たとえば、仕事で個人的満足感を直接与えることはできないが、内的報酬に達するのに必要な「自由」を与えることはできる。エンジニアは週に一日、担当業務以外の好きなプロジェクトに従事していいというグーグルの有名な「二〇パーセントルール」は、「自律」と「独立」と「好奇心」を促進する。どれも内的報酬に至るモチベーションだ。

一九八〇年、当時は製造会社だったブラジルのセムコ・グループのCEOに就任したリカルド・セムラーは、一連の先鋭的な方針を打ち出した。組織図や勤務時間表や職位を廃止し、細かい点まで管理する高給取りのマネジャー職もなくした。その結果、セムコは二〇年あまりで年商四〇〇万ドルから二億ドル以上の企業へと成長をとげた。多くの企業にある制約がことごとくないので、従業員は気がねなく改革し、活躍した。内的報酬にたどり着く機会を与えられ、それが数百万ドルもの売上につながったのだ。[19]

これまで二種類の報酬について説明してきた。しかし、「報酬トリガー」のもうひとつの重要な要素についてまだ触れていない。人に報酬が欲しいと強く思わせるにはどうしたらいい？「欲する」メカニズムをどう動かす？　その答えを探しに、タイまで出かけてみよう。

オグルヴィ・アンド・メイザーの反喫煙キャンペーン

もし六歳くらいの少年と少女がくわえ煙草《たばこ》で近づいてきて、火を貸してくれと言われたらどうします？

バンコクのふたりの子が実際にそうした。「火をもらえる？」。その子たちは、煙草を手に持っていたふたりの若い女性に尋ねた。「喉に穴が開くわよ。手術が怖くないの？」。女性のひとりが小さな女の子に言った。「悪いことだって知ってるだろう？　煙草を吸うと肺癌とか肺の病気になるんだよ」。居合わせた男性も言った。[20]

子供たちはシンプルに訊き返す。「そんなに体に悪いなら、なぜあなたは吸ってるの？」。それから大人たちに、こう書いてある紙片を手渡す。「あなたは私のことを心配してくれる。なのに、なぜ自分のことを心配しないの？」。そして立ち去る。

子供たちは本物の喫煙者ではない。じつはタイ健康増進財団が打った「スモーキング・キッド」というキャンペーンだ。二分三〇秒間のビデオのなかで、子供たちは喫煙の真の危険を通りがかりの人々に巧妙に再認識させている。大人に火を貸してほしいと言うことで、喫煙の怖ろしさを現実のものにしている。喫煙の統計を教えられることと、子供が煙草を手にしているのを見ることとは別物だ。

世界的な広告会社オグルヴィ・アンド・メイザーが制作したこのビデオは、公開された瞬間から大評判となった。たった一〇日間のうちに、ユーチューブでの視聴が五〇〇万ビューを超え、二万件もの反喫煙のコメントが寄せられ、バイラルメディアの〈アップワーシー〉からロイターやタイのローカルニュースまで、過去の反喫煙キャンペーンの広告でも屈指の傑作だと絶賛した。それよりも、タイ健康増進財団の喫煙ホットラインにかかってくる電話の本数が四〇パーセント増えたことのほうが重要だ。くわえ煙草の子供の姿は、「健康になりたい。禁煙したい」といった要求反応の引き金となる鮮明で目に見える合図を出した。何千という人々が、喫煙のもたらす結果も、禁煙したときの報酬も理解している。それらが一体となり、人々にホットラインへ電話する動機を与えたのだ。

では、注目を作動させる「欲する」メカニズムを、彼らはどうやって動かしたのだろう。答えは「イメージ」だ。イメージはほかのどんな要因より強烈に報酬を求めさせる。統計や抽象的な目標を実際に見せられたら、ぞっとすることはするが、チョコチップ入りのクッキーや飢えた子供の写真（イメージ）のほうが注目ははるかに獲得しやすい。

「われわれが報酬を鮮明に思い描いているときには、報酬システムをじかに働かせています」とケント・ベリッジ博士は言う。「ドラッグ中毒患者がいちばんしてはいけないことは、ドラッグを鮮明に思い浮かべることです。欲求が増幅しますから」[21]

外的であれ内的であれ報酬を「可視化」することは、顧客の欲求と注目を増大させるのにいちばんいい方法だ。ニューヨーク州立ストーニー・ブルック大学のスパルナ・ラジャラムと、セント・ピーターズ大学のメアリエレン・ハミルトンによる実験では、八三人の学生グループに単語が八〇個並んだリストを見せた。リストの半分については、スクリーンに現れた単語をただ読むように伝えた（非イメージ群）。残りの半分については、次の単語に移るまえに「頭のなかでイメージを形作る」ように伝えた（イメージ群）。

次に、被験者は一般知識について八〇の質問を出題され、質問は別の実験にかかわるものだと言われた。たしかに質問のうち半分は最初の実験と関係なかったが、もう半分は、まえの実験で出てきた単語が答えだった。その四〇の質問のうち、半分が非イメージ群、もう半分がイメージ群の単語だった。[22]

結果を集計すると、学生の正解率は、非イメージ群（約三〇パーセント）や、新しい単語（約二五パーセント）より、イメージ群にかかわる質問のほうがはるかによかった（約四五パーセント）。単語をイメージするだけで、記憶と認識の両方を著しく促進するのだ。この効果は、教師や研究者のあいだでよく知られている。対象物や目標を視覚化する「イメージ効果」は、目標を具体的にすることで、報酬システムの引き金を引く。言い換えれば、ゴールテープを切ることをイメージすれば、レースを完走する決意が強まるのだ。

視覚化よりさらに効果的なのは、努力の成果を実際に見ることだ。報酬の実物を見せたり、同等のものを提供したりすればいい。われわれは難解な概念を把握するのは苦手だが、目のまえでじかに報酬を見れば、すぐにやる気が湧《わ》いてくる。

デューク大学で教鞭をとる行動経済学教授のダン・アリエリーは、ハーバードの男子学生グループに、レゴの〈バイオニクル〉シリーズのなかのモデルを組み立てさせた。一回目に被験者がモデルをひとつ組み立てると（四〇ピース、説明書つき）二ドルもらえる。被験者が二体目のモデルを組み立てることにすれば、一・八九ドルもらえる――一回目より一一セント少ない。三体目のモデルへの報酬は二体目のときよりさらに一一セント少なくなり（一・七八ドル）、報酬が二セントになるまで減額しつづける。すべてのレゴブロックのセットは同じものだ。[23]

被験者が知らなかったのは、彼らがふたつのグループ、有意義グループと骨折り損グループに分けられていたことだ。有意義グループの学生は、次のレゴが入っている箱を受け取るまえに、完成したモデルを目のまえの机に置くように言われた。組み立てれば組み立てるほど、机にモデルが並んでいく。骨折り損グループのほうは、レゴブロックが入った箱をふたつしか与えられなかった。一体完成させ、もう一方に取り組んでいるあいだ、完成したモデルは被験者の目のまえで解体される。つまり、有意義グループと異なり、完成したモデルは机に並ばない。

結果は？　両グループともまったく同じタスクだったにもかかわらず、有意義グループの被験者は平均一〇・六体のモデルを組み立てた。報酬にして一四・四〇ドルだ。ところが、骨折り損グループはそれよりはるかに早く組み立てることをやめてしまった。平均七・二体で、報酬は一一・五二ドルだけだった。完成品が存在するか壊されるかの小さなちがいで、行動が変化した。努力の成果を見ることができた被験者は、かなり長く集中してモデルを組み立てた。一方、作品が破壊されるのを見ることは、もっと組み立てようとする気持ちを萎《な》えさせることになった。

この例では、内外どちらの報酬も出てくる。外的報酬は賞金だが、内的報酬は、モデルを完成させたときにどちらのグループにも生じる達成感だ。といっても、骨折り損グループは達成の余韻に浸る時間があまりない。作ったそばから解体されてしまうからだ。それにより、さらに長く作業しようというモチベーションが明らかに衰えた。何を達成したのか、何を達成できるのかを思い出させることは、内的報酬を視覚化するもうひとつの方法であり、注目をさらに先へと進める。

外的報酬については、モデルを完成させるたびに、アリエリーは賞金を机に積み上げていったのではないかと思う。もっと組み立てようというモチベーションが強まるからだ。被験者が獲得するものを視覚化するのにひと役買ったはずだ。視覚的に気を惹くか、提示する報酬を具体化すればするほど、食べ物や金銭のような外的報酬であれ、達成感のような内的報酬であれ、その報酬を獲得するためのモチベーションが高まる。と同時に、さらに多くの注目が得られることにもなる。

もちろん、アリエリー、そしてラジャラムとハミルトンの研究を、社会的・ビジネス的なコンテクストに当てはめるときには別の話になる。しかし、注目の達人は、まさにそれをやってのける方法を学んでいる。

カジノはこうして客の財布を開かせる

「罪の街」ラスベガスは、かつてとはちがう様相を呈している。二〇世紀後半にかけては、観光客はカードやスロットマシン、ショーやフランク・シナトラの甘い歌声を求めてベガスにおり立った。ライブショーや、よりどりみどりのギャンブルは依然大きな魅力ではあるが、二一世紀に入ると新手の客が目立ちはじめた。この客は食べたり飲んだりを楽しむために、それと有名ナイトクラブのＤＪを目当てに、ハイヒールやジャケット姿でベガスにやってくるのだ。

この変化で、カジノが顧客を呼びこむ手法も、収入の内訳も変わった。バリーズ、フラミンゴ、パリス、プラネット・ハリウッド、シーザーズ・パレスを含め、数多くのカジノやホテルを世界中に展開しているシーザーズ・エンターテイメントでは、この変化を生き抜くだけでなく、さらに成長をとげる役目を、ＣＭＯ〔最高マーケティング責任者〕のタリク・ショーカットにまかせた。

「われわれは、説得できる顧客を見きわめて重点的に取り組むべきだと強く思っています」とショーカットは言う。彼の言う「説得できる顧客」とは、あるときに市場にいるが、たんに見まわしているだけの人を指す。繁華街にいてイタリア料理が食べたい気分だとする。だがどのレストランを選べばいいかわからない。「そう考えているときこそが、説得できるときなんです」とショーカットは言う。「人がそんな気分になったときに、目のまえに居合わせるよう努力しています」[24]

言い換えると、シーザーズは、顧客がもっとも報酬を欲しているときに、その目のまえにいることをめざしている。ポーカーをプレーしたいことをシーザーズに知られたら、VIPの誰かから電話があって席を提供されても驚いてはいけない。ナイトクラブのほうが好みなら、シーザーズが最初のボトルを無料にしてくれるので、ライバルのカジノクラブへ移る気が失せてしまうかもしれない。

シーザーズはどうやってタイミングよく顧客のまえに現れるのか。まず「目につくこと」に注力するとショーカットは言う。広告やグーグル検索や雑誌、独自の刊行物を活用して、シーザーズや、系列のホテルとカジノで好きなものを顧客に思い出してもらうのだ。すでに学んだように、報酬を目に見える形で示せば、モチベーションと注目が高まる。ライブショーが生き甲斐の人には、目にとまるように出演者の情報をポスターや看板広告で知らせてくれるだろう。

二番目の方法は、顧客がもっとも欲しがりそうなときを見きわめて報酬を提供することだ。モバイル機器が急増したおかげで、最近はこうしたターゲット手法が可能になった。シーザーズは、顧客が実際に関心を持ったときにつながりを持っていられるように、ソーシャルメディアやアプリを利用している。たとえば、ブリトニー・スピアーズのショーの写真をツイッターに投稿した人には、シーザーズのソーシャルチームから、ブリトニーが主催するクラブパーティの告知が届くかもしれない。その報酬に飛びつくことさえあるのだ。

シーザーズは、現在地や好みにもとづいて割引や褒美を送ってくることさえある。この点において、われわれがブライアン・ウォンや〈キープ〉から学んだ教訓をシーザーズは応用している。報酬で行動を変えようとする代わりに、キープはポストアクションで顧客を驚かせ、より強いロイヤルティを生み出した。これは、ただの顧客と、誠実な顧客とのちがいだ。ただの顧客は、レストランに立ち寄り、満足し、そのあと思い出すことはない。誠実な顧客は、レストランに入り、思いがけなく特別な扱いを受け、店と好意的な関係を築いたので、また戻ってくる。

だからこそ、シーザーズのホストたちは広範な裁量権を持っている、とショーカットは言う。顧客が求めているタイミングで報酬を渡すことが目標だ。「業務」と感じさせるような関係ではなく、関係を築くことと、現在の行動に注力する。見込み客が求める報酬を提供できることを知らせ、その報酬で誠実な顧客を驚かせる手段を、シーザーズは見つける。

なぜマクドナルドのヘルシー路線は失敗したのか——代理の目標達成

マクドナルドが、シーザーサラダ、フルーツヨーグルトパフェ、グリルチキンサンドというヘルシーなアイテムを初めてメニューに取り入れたとき、栄養価のないものの消費減少や、急増する幼年期の肥満問題への対策を進めたとして、とても評判になった。しかし、従来のメニューに対する消費者の糾弾（ドキュメンタリー映画『スーパーサイズ・ミー』のおかげだ）や、より健康的なメニューを要望する声があったにもかかわらず、マクドナルドのサラダやヘルシーな商品の売れ行きは横ばい状態だ。なぜか？[25]

たしかに、ふつうはサラダを食べにマクドナルドへ行かないのも理由のひとつだ。みなビッグマックやフライドポテトが食べたくて足を運ぶ。しかし、デューク大学フュークア・スクール・オブ・ビジネスのマーケティングおよび心理学教授のギャバン・フィッツシモンズ博士は、ファストフード界の巨大企業のヘルシーフードが売れない、別の興味深い理由があることを発見した。

フィッツシモンズらは一〇四人の学生を雇い、彼らの自制心のレベルを計測し、さまざまな食べ物がのっているメニューに目を通してもらった。価格はすべて同じだ。ひとつのグループのメニューには、フライドポテト、チキンナゲット、ベイクドポテトがあった。もう一方のグループにはさらにもう一品、サラダがあった。[26]

最初のグループで自制心のレベルが低い学生は、五〇パーセントの確率でフライドポテトを選んだ。自制心のレベルの高い学生は、一〇パーセントの確率だった（彼らは実験の二週間前に、フライドポテトはメニューのなかでもっとも体によくないと評価していた）。ところが、メニューにサラダがある二番目のグループでは、ちがう結果が出た。自制心の強い学生は、意外なことに最初のグループの学生よりフライドポテトを選ぶ回数が多かった。メニューにヘルシーな品があると、自制心の強い学生は、およそ五〇パーセントの確率でフライドポテトを選んだ。体にいい選択肢があることで、フライドポテトを食べようと思う可能性が増えたのだ。

フィッツシモンズらが発見したのはそれだけではない。自制心の強い学生がフライドポテトにかける時間と注目が、メニューにサラダがあるときのほうが増加したのだ。

メニューにヘルシーな品があることが、かえって裏目に出ることがある。メニューにサラダを加えれば、あまり体によくない品へと注目が向かう。その理由は、フィッツシモンズ言うところの「代理の目標達成」だと研究者は結論づけた。よく内外どちらかの報酬を選ばなければならないときがある。塩気のあるフライドポテトの味から快楽が得られる（具体的なものなので、外的報酬）。だが同時に痩《や》せたくもあり、ビーチで恰好よく水着姿になりたい（達成感と自己満足は前向きで無形なので、内的報酬）。

マクドナルドの新企画の場合、それぞれの報酬を欲する気持ち――おいしい食べ物による外的な快楽と、体にいい食事という内的な快楽――は互いに相容れない。フライドポテトやビッグマックを食べながら痩せられる人はごくまれだ。しかし、脳はだまされてふたつのことを同時にできると考えてしまうことがある。ジャンクフード満載のメニューのなかにヘルシーな一品があると、体にいい食事をしたときの内的な目標に達する機会を与えられただけなのに、脳は実際に達成したという感覚になってしまう。目標達成への選択肢があるだけで充分な報酬となり、あとは外的報酬を堪能したい気持ちが強くなる。もっと健康的なものを選んでもらいたいなら、豊富な品ぞろえはむしろ逆効果だ。

この研究結果はとても興味深い。なぜなら、外的・内的報酬へ到達するのに、異なるモチベーションがあることを実証したからだ。シカゴ大学でおこなわれた研究で、人に健康的な食品と不健康な食品を見せると、とっさに不健康な食品を選ぶが、時間がたって考える時間ができると、健康的なほうを選ぶように変化することがわかった。[27]

フライドポテトやジャンクフードのような外的報酬は、短期のモチベーションを与え、短期の注目と意思決定に影響を及ぼす。われわれはフライドポテトを食べることの長期的な影響（体重増加、心臓病など）を無視して、すぐに満足感を与えてくれる、しょっぱくて油っぽい味に注目するのだ。われわれの脳は、フライドポテトを食べることで即座の外的報酬が得られると感知すると、自己満足のような長期の内的報酬を犠牲にして、その外的報酬を得ようと集中する。短期の報酬への誘惑に抵抗するには、多大な自制心が必要だ。

報酬への抵抗が極力少ない道を探すように、脳は作られている。だから外的報酬は即時と短期の注目に理想的で、これほど多くの人がマクドナルドの誘惑に負けてしまうのだ。一方、自制心を発揮できれば、われわれの注目と決断は長期の内的報酬に集中するだろう。だから内的報酬が長期の注目を獲得するツールになる。

報酬トリガーの勘どころ――相手のモチベーションを知る

この章を通して、モチベーションと特定の報酬を「欲する」感情を与えるドーパミンの力について論じてきた。ふたつのタイプの報酬と、それらが持つ注目の三段階すべてに対する影響も説明した。

やる気を起こさせる報酬は人によって異なるが、結局、ひとつのところに行き着く――報酬は誰かの問題を解決しなければならない。飢えとか短期の快楽とか、奥さんにちょっとしたものを買ってあげる財力などの短期間の問題なら、金銭や外的報酬で解決する。しかし、長期にわたる問題なら、われわれのモチベーションは内的なものになる。成功するだろうか？　愛を見つけられるだろうか？　自分に値する尊敬を得られるだろうか？

報酬トリガーで注目を獲得する鍵は、状況に応じて内外の報酬を使い分け、顧客がその報酬を得たくなるモチベーションを探り当てることだ。内外の報酬の正しいバランスを見つけ出すことは、会社に忠実な満足している従業員と、潜在力を発揮することのない不満だらけの従業員との差を調整するということだ。大事なのは、人が抱える短期の問題の解決を手伝いながら、その人が向上するような機会を長期にわたって与えつづけることだ。

第６章　評判トリガー
――肝心なのは「なにを言うか」より「だれが言うか」

なぜ『カッコウの呼び声』は突然ベストセラーになったのか

二〇一三年七月よりまえ、従軍経験者のロバート・ガルブレイスとその処女小説『カッコウの呼び声』（講談社）のことは、誰も知らなかった。同年四月の刊行時に高評価を受けたものの、わずか一五〇〇部しか売れず、電子書籍のほうでも数千部売れたにすぎなかった。USAトゥデイ紙や、オンラインマガジンの〈スレート〉、パブリッシャーズ・ウィークリー誌の好意的な評価も、ガルブレイスの一作目の売上を後押しはしなかった。

すべてが一変したのは七月一三日のことだ。サンデー・タイムズ紙が、パンくずを拾うようにわずかな手がかりをたどり、ロバート・ガルブレイスは、『ハリー・ポッター』シリーズであまりにも著名な作家、J・K・ローリングの偽名だと暴いた。[1]

「このことをもう少しだけ秘密にしておきたかった。ロバート・ガルブレイスでいることで、すごく開放的な気分に浸れましたから」とローリングはサンデー・タイムズ紙に語った。「刊行前の大騒ぎなしに出版できたのはすばらしいことだったし、ちがう名前でフィードバックをもらうのは純然たる喜びでした」

暴露されたことはいい気分ではなかったかもしれないが、ローリングの出版社は気にしなかっただろう。ガルブレイスの正体が明らかになったその瞬間から、本の売れ行きは急激に伸びたのだ……一五万六八六六パーセントも。本はアマゾンの書籍部門の売上リストの四七〇九位から第一位へのぼりつめた。すべては名前のなせる業《わざ》だ。

いや、じつはちょっとちがう。

「人気があるとほかの人たちが思っているもの」が人気が出る

スティーブン・ホーキングという名前を聞くと何が頭に浮かびます？　ぱっと思いつくのは、「天才」とか「科学者」だろう。マッキンゼー・アンド・カンパニーだったら？　ビジネス界なら、履歴書にその名前があるだけで注意を惹きやすい。

人や会社やアイデアに出会うたびに利点をいちいち評価する暇はないから、われわれは希少な注目を向けるのに近道を使う。日常的に使う近道のなかで、おそらくもっとも便利で強力なのは、「評判」だ。

ここで言う「評判」とは、廊下で子供たちがささやく噂話や、ウォーターサーバーのまえで社員同士が言い合う悪口のことではない。評判とは、人や会社、製品やアイデアに対してわれわれが抱く考えの総体だ。「天才」とか「ナルシスト」とか「重要」といったラベルが社会のなかで即座に割り当てられ、そのラベルが購入すべき製品や、ソーシャルメディアでフォローすべき人を選ぶときの近道を提供してくれるのだ。

J・K・ローリングを例にとる。名前を聞けば、すぐさま知識や判断や意見が次々と浮かんでくるだろう。何千万という人がその名前を知っている。そして彼女がある新刊書を出すと知っただけで、その本を買う充分な理由となりうる。作家、ストーリーテラーとして輝かしい評判を築き上げているからだ。ローリングに注目を向ける価値があることはすぐにわかる。彼女の名前が注目への近道の役割を果たすのだ。しかし「評判」は、たんに誰かに注目することに影響するだけではない。たとえば、どの音楽を購入するか、どのミュージシャンを追いかけるかといったことも決めてしまう。

ここで、ある大手レコードレーベルの重役になったつもりで考えてほしい。将来有望なアーティスト一〇〇〇組のリストを上司から渡され、このなかで旋風を巻き起こすのは誰か予測しろと言われた。次のロード〔一七歳でグラミー賞二冠を受賞した歌手〕やビヨンセを予言するのに重要な三つの要因とは何か？　書き出してみてほしい。

当ててみましょうか。そのリストのトップにはきっと「才能」が入っている。それに、潜在的な人気の要素として、「ステージ上での存在感」や「魅力的であること」などもあげているかもしれない。

だがそれはまちがいだ。そう、もしアデル並みの声の持ち主なら、プラチナディスク級のアーティストになれる可能性が高い。しかし、才能は人気が出るかどうかを予測するのに最良の判断材料ではない。マイクロソフトの主任研究員で元コロンビア大学の社会学教授、ダンカン・ワッツ博士は、九グループに分けた一万四三四一人の被験者に、無名の一八組のバンドが演奏した合計四八曲を聞かせた。曲をひとつ聞き終えると、被験者は星ひとつ（最低）から五つ（最高）までの段階で評価する。希望すれば、その曲をダウンロードすることもできる。[2]

　グループその一、「独立」グループがたんに曲を評価してダウンロードするのに対し、グループその二から九までの「社会的影響」グループは、批評に関する追加の情報を与えられた――同じグループのほかの被験者がダウンロードした楽曲ごとの回数だ。

　人気を決定づける最大の要因は才能だと信じているなら、九つのグループは同じ曲をダウンロードし、評価も似たり寄ったりになると推測するだろう。ところが実際は正反対だった。社会的影響グループ中トップの人気だった曲は、独立グループで人気があったどの曲より、はるかに人気だったのだ。人気が社会的に証明されたことで、さらに拍車がかかったことが、このデータで明らかになった。

　ワッツの実験でさらに驚くのは、八つの社会的影響グループそれぞれで、まったく別の曲がトップになったことだ。ある楽曲がすでに何度かダウンロードされていると、ダウンロード回数はどんどん増え、やがてチャートの頂点にのぼりつめた。時流《バンドワゴン》に乗ってしまえば、もはやどんな曲かは関係ない。

　評価づけについては、クオリティが影響を与えた。被験者たちが最高と評した曲は、おおむね低い評価を受けず、「最低」の曲がチャートのトップに躍り出ることもなかった。けれども、どの曲がどのグループの好評を得るのかは予測不可能だった。

　ワッツの実験ではっきりしたのは、人気を予言する最高の判断材料は「人気があるとほかの人たちが思っているもの」だということだ。クオリティは重要だが、人気の予測にかけては、評判の力のほうが大きい。これはわれわれが、大衆はたいてい正しいと自然に思っているからだ。ダウンロード数は曲のクオリティの目安となるし、ダウンロードする曲の選択を容易にしてくれる。レストランの格付けを眺めたり、オプラ・ウィンフリー〔人気テレビ司会者。その発言はアメリカの世論に大きな影響力を持つ〕推薦の新刊書を買ったり、現実世界でひっきりなしにおこなわれていることだ。J・K・ローリングのケースでは、クオリティだけではベストセラーにならなかった。作家の名前に裏打ちされた評判が必要だった。

われわれは希少な注目を向けるときに信頼できる情報源に頼るので、おのずとその情報源に注目が集まる。信頼できる情報源とは、個人やグループ、組織であり、作品や知識や経験などで好評を博す人々だ。「評判トリガー」は、その情報源を活用して、注目を向けるべきかどうかを判断する。信頼できる専門家としてみずから評判を確立するか、信頼できる情報源の支持が得られれば、驚くほど早く注目を呼びこむことができる。

評判が高まるにつれて、その効果は加速するから、注目には評判が重要になる。ワッツの実験で社会的影響をテストされた各グループのなかで、バンドの評判にはダウンロード回数が影響を与えた。さらに重要なのは、その影響が均一ではなかったことだ。早い段階での微増が、実験終了時には大量のダウンロード数となった。だからこそ評判は重要なのだ。人々の注目がほんの少し増えるだけでも、大きな波及効果を生み出す結果となる。

この章では、われわれがいかに評判に頼っているかを説明する。また、注目を獲得して評判を築くために、「専門家」、「権威者」、「大衆」の三つの情報源を利用して、どのように「評判トリガー」を役立てるかも探っていく。注目の獲得方法を説明するまえに、なぜ信頼のおける情報源が注目にこれほどの影響を及ぼすのか理解する必要がある。

導かれる服従

評判と、世に認められた権威に対するわれわれの過度な信頼は、研究で充分実証されている。エモリー大学の神経経済学者グレッグ・バーンズ博士は、意思決定の際に専門家の助言を考慮するとき、どのように脳が機能するか理解したいと考えた。バーンズのチームは、大学生二四人をｆＭＲＩ（脳活動を計測するために脳内の血流の変化を撮影する装置）にかけて、彼らに決断を迫るシナリオを与えた——かならずもらえる金額を受け取るか、サイコロを転がして、より大きな額に挑戦するか。[3]

ひとつのグループには、どちらに決めるべきか助言がなく、もう一方のグループは、エモリー大学の経済学者チャールズ・ヌセア博士の助言をもらった。博士の助言はシンプルだった。金を受け取って立ち去りなさい。それでは損だと思っても、どれほど賭け金が積み上がっても、ヌセアはつねに保守的なアプローチを推奨した。

最初のグループの学生は、意思決定する脳の中枢、とくに前帯状皮質と背外側前頭前皮質の部位が著しく活発になった。これは予測されたことだった。オッズを天秤にかけて、重要な選択をしようとしているのだから。

研究者たちが衝撃を受けたのは二番目のグループのほうだった。専門家の助言をもらった学生には、決断する脳の中枢にほとんど活動が見られなかったことがｆＭＲＩで明らかになった。脳はまるで、むずかしい決断をする負担を専門家にまかせ、機能を停止してしまったかのようだった。

高名な心理学者、ロバート・チャルディーニはこの現象を「導かれる服従」と呼んでいる。医師に病気を診断してもらって薬が出たら、異論を唱える気にはならないだろう。医師はその分野の専門家なのだから。数学の教師に二次元方程式がまちがっていると言われても、ジェイ・Ｚにあんたのラップの才能は抜群だと言われても、同じことだ。[4]

チャルディーニによると、われわれは権威者の命令を敬《うやま》い、それにしたがうよう条件づけられているので、「導かれる服従」になりやすい。権威に盾《たて》突《つ》くと罰を受けかねないが、従順であればたびたび報酬にありつけることを知っている。家の用事を手伝えば小遣いがもらえる、上司に逆らえば昇進とは永遠におさらばというわけだ。

希少な注目を向ける先を決めるときに、われわれはこうした権威者に頼る。ぼくには生涯をファッションに費やしてきたファッションデザイナーの友人がいて、流行を研究したり、ファッション関連のニュースを欠かさず確認したり、ほかの人のために服を選んだりしている。対するにぼくは、トップデザイナーやレーベルのことはさっぱりわからない。だから、新しい服を選んでコーディネートするときには、その友人が選んだ組み合わせに注目する。

われわれが注目を向ける際に毎日のように頼っている三種類の情報源――専門家、権威者、大衆――はそれぞれ独特の計り知れない影響を与える。自身を信頼できる情報源にする（または、そうした人々から支持される）ことは、あなたの顧客と信頼関係を築くうえで欠かせず、長期の注目を維持するためにきわめて重要だ。

人は役人やCEOより白衣の医師を信頼する――専門家

親しい友人とか家族を除けば、進んで信頼しようと思う人物はなかなかいない。二〇一二年、意外なことにアメリカ人の過半数が自国政府を信頼していた――実際の割合は五三パーセントだ。ところが、NSA（国家安全保障局）の大規模なスパイ活動について、エドワード・スノーデンが暴いてから一年もたたないうちに、政府への信頼度は驚きの一六パーセントまで急落した。政府の役人を信頼しているアメリカ国民の数は、政府自体を信頼している数より少なかった。そしてこれはアメリカだけの話ではない。フランス国民と香港の人々も、それぞれの政府への信頼度はアメリカよりさらに低かった。

というわけで、われわれは自分たちの政府を信頼していない――たいていの人にとって、それほど驚くことではないはずだ。CEOはどうだろう？　CEOのことばを信用するのは、大衆の四三パーセントにすぎない。もう少しだけ信頼を寄せているのは、メディア（五二パーセント）、そして自分と似たような環境にいる人々だ（六二パーセント）。しかし、PR界の巨大企業エデルマンがおこなった調査によると、こうした人物や組織はどれも、「専門家」として信頼できないと見なされている。

　エデルマンが三万一〇〇〇人以上に調査をおこなったところ、企業や市場についての情報に関しては、世間は学者と専門家にもっとも信頼を寄せていることがわかった。およそ六七パーセントが専門家や学者を、六六パーセントが技術専門家を信頼していた。専門家はもっとも信頼できるメッセージの伝え手として、年々ランクを上げている。[5]

　しかし、われわれの専門家への信頼はもっと根が深い。その連想はとても強力なので、「白衣を着るだけで」その人の注意力が増すのだ。ともに経営管理学の教授であるコロンビア大学のアダム・D・ガリンスキーとライス大学のハジョ・アダムは、実験用の白衣（医師や研究員、『NCIS～ネイビー犯罪捜査班』のようなドラマに登場する法医学スペシャリストが身につけているあの服）を着た人は注意力が増し、問題の正解率も向上するという理論を打ち立てた。白衣は多くの文化で専門知識や配慮や慎重さを象徴しているからだという。[6]

　最初の実験でガリンスキーとアダムは、学生五八人の「選択的注意」をテストした。具体的には、状況にそぐわない刺激を見分ける能力を調べた。重要なのは次の点だ。学生の半数は普段着で、残りの半数は白衣を着た。二回目の実験では学生七四人の「持続的注意」をテストした。並んだ二枚の写真から小さなちがいを見分けるのだ。今回学生たちは、医師の白衣、画家の白衣（じつは医師の白衣と同じ）、または医師の白衣を見るだけで普段着のままでいるという、三つに分かれた。

白衣は大きな影響を及ぼした――ただし、医師の白衣と思えばだ。最初の実験で白衣を着た学生は、普段着の学生の半分しかまちがえなかった。しかし、二回目の実験で、注意力が向上した原因は白衣だけではないことがわかった。白衣が「専門知識を連想させた」からだった。同じ白衣なのに、画家の白衣を着ていると思いこんだ学生は、医師の白衣を着ていると思いこんだ学生の成績にはるかに及ばなかった。ガリンスキーとアダムは、注意力向上の恩恵を受けるには、白衣を着る必要があることも発見した。医師の白衣を見ただけの学生は、写真の変化を指摘する能力に向上は見られなかった。

われわれは専門家を信頼する。そして信頼するからこそ、誰または何に注目するべきか指示されても安心してしたがうのだ。第3章で、前世紀から最大級の成功を収めている制汗剤オドロノの話を紹介した。創立者のエドナ・マーフィーは、医師が開発したことを強調しただけで、オドロノの売上を二倍にした。専門家が口を開けば、われわれは耳を傾ける。[7]「影響力のある人《インフルエンサー》に関する投稿で指折りの人気なのが、ウォーレン・バフェットからの三つの助言についてビル・ゲイツが書いたものです」。リンクトイン上の専門家とインフルエンサーの力についてぼくと議論していたときに、リンクトインCEOのジェフ・ウェイナーはそう言った。「四八時間で一〇〇万ページビューでした。情報量が増大するばかりの世界では、みな信用あるブランドに頼る。ビル・ゲイツとウォーレン・バフェットは信用されています」

だが、注目の方向を決める力は、二番目の情報源、「権威者」にも当てはまる。

ミルグラムの実験——権威者

専門家は世に認められた知識と知恵で注目を集めるが、権威者は権力と他人を服従させる力で注目を惹きつける。われわれは、権威者に注意を払わなかったために生じる結果を避けようとする。教授の授業を聞いていなければ、学生は単位を落とすかもしれない。二〇一四年、ロシアのプーチン大統領がウクライナのクリミアに武力行使したときにも、世界中が即座に注目した。地政学的変化があるかもしれない、プーチンを無視すればさらにウクライナの奥まで侵攻しかねないと考えたからだ。

心理学を専攻する学生の大半は、権威への服従に関していちばん有名な実験、スタンレー・ミルグラムの電気ショック実験を知っているだろう。有名かつ論争の的にもなった一九六三年のこの研究で、ミルグラムは、われわれの大多数は権威者から命じられれば進んで仲間を傷つけることを実証した。権威者が姿の見えない実験協力者に電気ショックを与えつづけろと被験者に命じると、そのたびに協力者は叫び声をあげるが、被験者は命令にしたがった。協力者の叫び声にも、「危険。深刻な衝撃」という調節ダイヤルの表示にもかかわらず、およそ六三パーセントの被験者が、最大レベルの電気ショックを与えたのだ。[8]

ミルグラムの実験は、なぜこれほど多くの人間が人道に反する罪に進んで加担するのか理解する手がかりになる。権威者への服従は、人間の行動に本来備わっていて、文化にも深く根づいている。服従と注目は同じではないが、一方がもう一方を引き起こす原因となる。たとえば、上司のような権威者が、ある本を読めとか、報告書を提出しろとか言えば——ある製品をそれとなく口にしただけでも——言われた人間の作業記憶に記録される可能性が高いだろう。

とはいえ、すべての権威者が平等ではない。高名な社会学者マックス・ウェーバーは、権威を「合法的権威」、「伝統的権威」、「カリスマ的権威」の三種類に分類した。「合法的権威」は、その正統性を立憲政体などの国家の正式なルールから得る。大統領や警察本部長はこの「合法的権威」だ。「伝統的権威」は、習慣や社会構造により力を得る。典型例は、君主制や皇帝だ。

このふたつの権威は、逆らえば罰せられるので、注目を意のままにできる。つまり、注目を獲得する効果的なツールとなる。罰せられるのは不快だから、人はそれを避けるためにしなければならないことをする。罰を与えうる権威者当人に注目することもそこに含まれる。けれども、これらの権威が注目を惹きつける力は、影響力が及ぶあいだだけのことだ。

職場で横柄な権威（いつもカリカリしていて意地悪な上司）が従業員間の不和を引き起こすような職場では、従業員がもっといい条件を求めて辞職することが多い。仕事を辞めてしまえば、上司の力はもはや及ばず、権威者が手に入れていた注目もなくなる。政治や政府の場合、服従が度を超えると反乱が起きるだろう。権威者が人々へ及ぼす力を失えば、それまで意のままにしていた注目は消え失せる。だから、どちらの権威も長期的な注目を得るのに最適とは言えない。

しかし、三番目の権威がある。「カリスマ的権威」だ。ウェーバーによると、「カリスマ的権威」は、英雄的行為、気質の強さ、高潔さ、リーダーシップなど、ある種の模範的な特徴を示すことで力と正統性を得る。したがって、人々が権威者に献身的な思いや尊敬の念を抱いているかぎり、権威は維持され、注目も続く。

　ニューヨーク大学政治学教授のスティーヴン・ルークスは、著書『現代権力論批判』（未來社）のなかで、権威者の力の行使には三種類あると論じている。すなわち、人の意思に反することをやらせる、人のある行為をやめさせる、人の考え方を変えさせる。[9] カリスマ的人物がおこなうのは三番目だ——人の考え方と、ものの見方を変化させる力を使う。カリスマ的人物は、ことばや態度、発想の純然たる力で、注目が向かう方向を変えることができる。

　われわれは、ビル・クリントン、ウォーレン・バフェット、ダライ・ラマ、ネルソン・マンデラといったカリスマ的リーダーや権威が、人々の注意に影響を及ぼすのをふだんから目にしている。その権威により、注目は彼らのみならず、彼らが気にかけている問題にも及ぶ。効果が波及するのだ。ビル・ゲイツ自身や、病気を撲滅する彼の最新の取り組みについて直接関心がなくても、ゲイツの考えはニュースやソーシャルメディアの力をつうじてほぼ確実にあなたに届く。これらの例は、注目を獲得するトリガーがふたつ作動していることを示している。彼らの評判（評判トリガー）は、社会的な「議題設定」をおこなう力があるのだ（フレーミング・トリガー）。

　ただ、カリスマは、数少ない選ばれし者だけが持つ抽象的で強大な力ではない。オリビア・フォックス・カバンは著書『カリスマは誰でもなれる』（角川書店）のなかで、カリスマはあとから学べる特質であり、生まれつき備わっている必要はないという説得力ある議論を展開している。カリスマ的人物は、「プレゼンス」、「誠意」、「パワー」の三つの素質を（ある程度）示すことができればいい。ダライ・ラマは第一に誠意ある人物で、そのことによってカリスマを示している。三分野のどれかひとつを発達させることに重点的に取り組めばいい、とカバンは提言する。[10]

われわれが抱く畏怖や尊敬（どちらかは権威の種類による）によって、権威者自身と、彼らが重視するものへ注目が向かうのは明らかだ。しかし、三番目の情報源は権威に勝ると確信している。というのも、畏怖と尊敬の両方を呼び起こすからだ。注目を向ける際にふだんから頼るもののなかで、おそらくもっとも強力で、もっとも扱いにくいのが「大衆」だ。

バンドワゴン効果――大衆

アメリカ人にとって、やたらとおこなわれる政治関連の世論調査は日常風景だが、イギリスでは、一九五〇年代に導入されて以来、世論調査が論争の的となっている。イギリス人のなかには、近隣のスペインやフランスにならって選挙運動中は世論調査データの公開を規制するか完全に禁止すべきだと要求する人々がいる。実際に、イギリス下院議員の三〇パーセントが、総選挙前の一定期間、世論調査を禁止することに賛成している。[11]

しかし、そもそも世論調査はわれわれの行動に影響を与えるのだろうか。勝ち目のない候補者に投票して応援したくなるとか、勝利が見えている候補者に投票して有利な側につきたくなるとか？

政治学者のイアン・マカリスターとドンリー・スタドラーは、その答えを見つけたいと思い、一九七九年、八三年、八七年に実施されたイギリス総選挙の出口調査のデータを集めた。すると、投票日前にひとつ以上の世論調査を聞いたと報告した投票者（六八パーセントから七四パーセント）は、勝利しそうな政党に投票する確率が高かった。一九七九年の選挙では、保守党が僅差ではなく大きくリードしていると考えた投票者は、保守党に投票する確率が一八パーセント高く、労働党に投票する確率が一四パーセント低かった。ヨーロッパで世論調査が物議をかもしているのも不思議ではない。[12]

イギリス総選挙の投票者は、なぜ勝者側につき、あえて群れから離れてみようとしないのか、読者にはもう理由がわかっているかもしれない。これは注目を駆り立てる現象で、「バンドワゴン効果」として知られている。本章の初めで紹介したダンカン・ワッツの音楽ダウンロード実験は、このバンドワゴン効果を実証した。無名のアーティストの曲を評価し、ダウンロードするように言われた被験者たちは、ダウンロード回数が多い曲、すなわち人気の曲を圧倒的に選んだ。大勢が特定の曲を好んでいることがわかれば、残りの人々もただちにあとへ続いた。

なぜイギリス総選挙の有権者が優勢な側へついたのか、説明できることがふたつある。大衆が注目の方向を決める力を持つのと同じ理由だ。第一の理由には、合理的な根拠がある。大衆の判断は「集合知」だから信頼しやすいのだ。二番目の理由は、社会に属していたいという願望に根ざしている。われわれは集団の流れに逆らって社会的疎外感を味わいたくない——たとえ大衆がまちがっているとわかっていたとしても。

なぜ大衆の判断を信頼するのか。理由のひとつは、やはりたいていの場合、大衆が正しいからだろう。ニューヨーカー誌のジェームズ・スロウィッキーは著書『「みんなの意見」は案外正しい』（角川書店）のなかで、集団は、答えの正誤がはっきりしている場合にはとりわけ、専門家よりすぐれた決断をすることが多いと論じている。財政学クラスの学生グループ五六人が壜に入っているゼリービーンズの数を当ててみたとき（ぼくは子供のころ、これに何度も挑戦しては失敗した）、彼らの推測した数の平均は八七一個だった。実際は八五〇個で、平均よりさらに近い数を推量したのは、学生五六人のうち、たったのひとりだった。[13]

権威者や専門家とちがって、大衆の知識の格差は少ない。ひとりならまちがったり、見方が偏ったりするかもしれないが、八五〇人がある曲をダウンロードしたり、あるレストランに五つ星をつけたりすると、その評判を否定することは不可能になる。サンプルの量が多ければ多いほど、大衆の意見に確信を持つ。どうすれば八五〇人がまちがえられる？　と考えてしまうのだ。専門家には説得力があるが、当然ながら、評判を決定づけるのは大衆だ。

われわれは大衆を信頼しているので、注目するに値するものを見きわめるときに、大衆を近道に利用する。ハーバード大学の研究を例にとると、〈イェルプ〉〔ローカルビジネスの口コミサイト〕で、ある地域企業の星がひとつ増えると、その企業の収入が五～九パーセント上がることがわかった。[14] 最近バークレーの経済学者ふたりがおこなった別の調査では、あるレストランのイェルプの評価が星半分増えると、満席になる見込みがなんと四九パーセントも上昇することがわかった。[15]

どちらの研究も注目を方向づける大衆の力を示している。大衆があるレストランを（高い格付けというかたちで）褒めていれば、人々がそこで食事する可能性ははるかに高まる。イェルプでの評価のわずかな揺らぎが企業の成功を左右しかねない。あることが大衆の採択を受けられないなら、それが注目されることはない。

なぜブルーレイはHD DVDに勝てたのか

ソニーは大衆の力をもっとよく理解している。一九七〇年代後半、ソニーはJVC〔日本ビクター〕と、そのホームビデオの規格であるVHSに戦いを挑んでいた。ソニーの規格、ベータマックスはすぐれた画質と解像度を謳っていたが、VHSより録画できる長さが短かった。ベータマックスが六〇分間しか録画できないのに対し、VHSは一二〇分間録画できた（最終的には二四〇分）。さらにはVHSより高くつくことが判明したため、消費者を遠ざけた。大衆がVHSを受容しつづけたために、ソニーは戦いを放棄し、ベータマックスを断念せざるをえなかった。[16]

だが、ソニーは教訓を得た。二〇〇〇年代なかば、ソニーはまたもやビデオ規格戦争に巻きこまれた。今回の目標は、ブルーレイディスクをDVDの後継にすることだった。そのまえに立ちはだかったのは、東芝がおもに後援しているHD DVD。ふたたびフォーマット戦争が勃発するのは避けられなかった。

ブルーレイの牽引力をすばやく生み出すために、ソニーはさまざまな方向から消費者の乗り換えのスピードアップを押し進めた。まず広告を打ち、ブルーレイは「ほかにはないエンターテイメント」だと宣言した。次にソニー有数の人気製品、プレイステーション3にブルーレイを含めた。さらに需要に拍車をかけるため、大手製造企業やスタジオと提携関係を結んだ。ソニー・ピクチャーズとともに、LG、サムスン、パイオニア、パナソニック、デル、HP、二〇世紀フォックスが名を連ねた。消費者はブルーレイを選択しはじめた。『フィフス・エレメント』や『50回目のファースト・キス』のような多くの人気作品が、ブルーレイ規格のみでリリースされたからだ。結果、ブルーレイがあっという間にHD DVD市場を侵食しはじめ、ディスカウント百貨店のターゲットのような企業が見限ったこともあって、HD DVDは終焉を迎えた。

VHSとブルーレイどちらの場合でも、勝敗を決定したのは消費者の乗り換えであり、品質ではなかった。人々は勝利者になるものや、最終的には勝利すると判断したものの味方につく。大衆のふるまいは自己実現的な予言になるのだ。

われわれはさまざまな状況で大衆の判断を信頼するけれど、集合知が理由ではないときがある。その場合に働いているのは、社会的プレッシャーだ。注目すべきだと想定されるから、注目する。アッシュの同調実験について聞いたことがある読者もいるだろう。一九五〇年代、ポーランド系アメリカ人の心理学者、ソロモン・アッシュ博士は、同調に関する古典的な実験

をおこなった。典型的には、ある被験者（通常は男子大学生）が五人から一〇人の大学生グループ（全員が実験の協力者）と同じ部屋に入り、知覚テストに参加する。グループはまず縦線（基準の線）が引かれたカードを、次にA、B、Cという異なる長さの線が引かれた二枚目のカードを見せられる（上の図）。そしてA、B、Cどの線が一枚目のカードの線と同じ長さか、全員が声に出して答える。[17]

被験者がこのテストを単独でおこなうか、グループのなかで最初に回答を求められると、ほぼ毎回正しく答え、まちがえる率は一パーセント以下となる。しかし、協力者たちが被験者よりまえにそろって同じ答えを選ぶと、被験者も同じ答えを選ぶ場合がきわめて多くなる――その答えが明らかにまちがっているとしてもだ。グループから圧力がかかると、被験者は三回に一回以上、集団の判断を受け入れた。[18]

われわれが集団のプレッシャーを感じているときに決断しがちな傾向（不合理なものも含めて）は「規範的影響」として知られる。大衆に同調するのは、自分の判断を疑いはじめるからであり、多数派に背《そむ》くことで社会的波紋を呼び起こしたくないからだ。投票所のブースが仕切られているのも、北朝鮮の各家庭にプロパガンダ用のスイッチを切れないスピーカーが設置されているのも、それが理由だ。スコットランドのセント・アンドリューズ大学の研究で、サバンナモンキーは新しい社会集団になじむために食べ物を切り替えることがわかった。クジラでさえも集団に合わせて行動を変化させる。群れとして集まる行為は、人間を含めた多くの動物の本能だ。[19]

大衆がかならず勝利すると言っているわけではない。アッシュの同調実験のバリエーションとして、口やかましく反対する協力者をまぎれこませたとき、何も知らない被験者がグループに反対する確率が格段に上がった。つまり、われわれには人気の意見に対抗しようとする意欲もあるが、それは孤独ではないと感じたときにかぎられる。

バスの前方から移動することを拒否して人種差別と迫害に静かに立ち向かったローザ・パークス（アメリカの公民権運動のシンボルとなった穏便な活動家）を一匹狼と見なす人もいるかもしれないが、これは彼女の物語の一部にすぎない。パークスはひとりきりではなかった。白人の乗客に席を譲ることを拒否したこの有名な出来事のちょうど五カ月前に、彼女はテネシー州のハイランダー・フォーク・スクールで訓練を受けていた。そこで教わったのは、その後まさに体験することになった状況に直面したとき、どのように対処するかということだった。パークスは自分を応援してくれる支援グループがいることを知っていたし、彼らは実際に支援してくれた。公民権運動家のリーダーは、パークスの反抗を利用して、ほんの三日後にモンゴメリー・バス・ボイコットを組織した。[20]

われわれの判断が揺らぐのは、大衆が賢明な判断をすると信じているからであり、われわれが大衆に引き寄せられるのは、社会的グループに属して支援されていると思いたいからだ。このふたつの要素が合わさって、大衆は、注目すべき強力な情報源となる。しかし、注目を得るために大衆を利用するには、彼らに参加する力を与えなければならない。

ビタミンウォーターのクラウドキャンペーン

二〇〇九年、クラウドファンディング〔ネット上で不特定多数から資金をつのること〕支援サービスの〈キックスターター〉が国際的現象となるまえの、まだクラウドソーシングが初期段階だったころ、人気エナジードリンク〈ビタミンウォーター〉が新フレーバーを探す実験に乗り出した。従来のマーケット調査やフォーカスグループを使う代わりに、ビタミンウォーターの新フレーバー開発のほぼすべてのプロセスを一般公開したのだ。

大衆の力を促進するため、ビタミンウォーターは〈フレーバー・クリエーター〉というフェイスブックアプリを公開した。これはよくあるフェイスブックのアプリではなかった。まず、「いいね！」と言っているファンたちが、新フレーバーに関する話題をツイッターやほかのSNSからもフォローできるようにした。あるフレーバーが話題にされる量が増えれば、それがトップテンに入る可能性が高まり、新フレーバーの候補になるかもしれない。それだけでなく、ビタミンウォーターはこのアプリを使って、ボトルデザインをクラウドソーシングした。ファンは新ラベルのデザインを投稿でき、どのデザインになるかは投票で決まる。大賞の賞金五〇〇〇ドルと大量のインターネットポイントを獲得することを夢見た四万人以上がデザインを投稿した。[21]

二〇一〇年、ビタミンウォーターは、クラウドソースで決定したブラックチェリーとライムの混合フレーバー〈コネクト〉を発売した。キャンペーンは大成功だった。人々が求めるフレーバーと商品を生み出しただけでなく、何百万の消費者や何十の報道機関の関心を惹いたのだ。フレーバー・クリエーターが成功したのは、専門家かつ権威者として大衆を活用したからだ。大衆の専門知識を使ってフレーバーを選び、そのフレーバーを店の棚に並ぶ実際の商品にする権威を与えたのだ。

このように、大衆は専門家と権威者の両方の役目を果たすことから、注目の方向を決めるためにきわめて重要になる。しかし、その力ゆえに危険もはらんでいる。集団思考が現実世界に割りこんできたら?

二〇一三年のボストン・マラソン開催中に起きたおぞましい爆弾事件から数日しかたっていないとき、巨大ソーシャルニュースサイト〈レディット〉のコミュニティが、犯行現場付近にいた怪しい人物としてインド人学生スニル・トリパティを特定した。その学生は行方不明になっていて、画質の粗い写真の人物に似ていたのだ。[22]

知ってのとおり、彼は爆弾事件とはなんのかかわりもなかった。不幸にもトリパティはロードアイランド沖の水中で死体となって発見されたが、爆弾事件が起きるまえに亡くなったと見られている。レディットのユーザーたちがトリパティを名指しで非難したあとに彼の家族が受けたすさまじい注目と監視は、深い悲しみにあった家族にとって迷惑きわまりなかっただろう。

正しかろうとまちがいだろうと、大衆ほどうまくスポットライトの光を当てるものはない。これは大衆が、信頼できる情報源のあとふたつの種類、専門家と権威者に影響されやすいからだ。マドリードのカハル研究所の数学モデルを使った研究で、「自分の意見に自信がある」人はグループ内の個別の意見を持つ人たちに著しい影響を与えて、味方に引き入れることがわかった。要するに、自信家でカリスマ的思想家は、誘導されなければ向かわなかったところへ大衆の判断を向かわせることができる。[23]

独立した思考者の集まりとしてその役目を果たすとき、大衆はパワフルで驚くほど的確だが、ひとりかふたりが自信とカリスマを備えて勝手に議題を押し進めると、危険になりかねない。大衆が分散し、個々の意見が集まれば、イェルプのようなサイトのレビューのように、最高の力を発揮する。しかし、大衆が少数の個人に導かれているときには、結論を鵜呑みにするのは警戒すべきだ。

ここまで、専門家の広く認められた知恵や、権威者の力や、大衆への信頼や同調といった、主要な三つの情報源との奇妙でときに不合理な関係について分析してきた。だが、まだ鍵となる質問の答えを完全には得ていない。「評判トリガー」の力を使うには、どうしたらいいのだろう。もっと核心に迫るなら、どうすれば注目を左右する評判を築けるのだろう。

その答えを見つけるために、ジュースから離れて、もっとおいしいごちそう、アイスクリームに取り組んでみよう。

世界一のアイスクリーム会社ベン&ジェリーズ

四〇年近く操業を続け、世界有数のコングロマリットによる買収も完了したのに、〈ベン&ジェリーズ〉アイスクリームのビジネスを後押ししてきた価値は変わっていない。

一九八五年には、事業はすでに創業者のベン・コーエンとジェリー・グリーンフィールドより大きくなっていた。アイスクリーム屋としてのアイデンティティを失い、ビジネスマンになってしまうことを怖れたふたりは、ほかの会社がなかなかしないことをした。基金を設立して、税引前利益の七・五パーセントを世界中の慈善事業に寄付したのだ。それから、従業員とともに利益分配計画を立て、給料の上限を制定したせいで、才能ある人材をいくらか遠ざけたものの、企業文化として求めていた博愛精神を持つ人々を惹きつけた。一九八九年当時から、ベン&ジェリーズは乳牛の成長ホルモン剤の使用に反対していた。[24]

もっと近いところでは、ベン&ジェリーズ（現在はユニリーバの半独立部門）は、すべての原材料をフェアトレードで調達していることを認証された。大手アイスクリーム製造会社で初めてのことだ。購入先の農場主が正規の対価を受け取り、倫理にかなった働き方ができるようにしたのだ。また、遺伝子組み換え品をいっさい使用していないことも明言している。

消費者はベン&ジェリーズの一貫した姿勢と価値観に報いている。ソーシャルメディア上のつながりが非常に強く、とりわけフェイスブックでは七五〇万以上のファンがいる。もっと重要なのは、ベン&ジェリーズのアイスクリームは年間数億ドル売れつづけ、その売上は創業以来、上昇の一途をたどっていることだ。

ベン&ジェリーズは長期の注目を築き、誰かの注目に値するには、「一貫性」、「個性」、「時間」という三つの鍵が必要なことを実証している。たとえば、専門家はブログ投稿や学術論文で、定期的に個人的なコンテンツを作成して評判を確立する。セレブカルチャーや科学などにニッチな専門知識をたずさえているユーチューブのトップスターの多くが、毎週決まった時間に動画を公開するのはそういうわけだ。ファンはいつチャンネルを合わせればいいか知っていて、そこへユーチューバーが動画を届ける。何カ月、何年とかかるだろうが、何百万のフォロワー、購読者、ファンを増やしていくのは、そういう人たちだ。

ぼくの昔の職業、ジャーナリストを例にとって、「一貫性」、「個性」、「時間」でどのように評判を確立するかを見てみよう。従来、ジャーナリストは事実を報道しろと教わり、ニュースに私見を交えてはいけないと言われたものだけど、このごろは花形レポーターたちがためらいもせず見解を口にし、個性を披露している。〈ファイブサーティエイト〉のネイト・シルバー、〈レ/コード〉のカーラ・スウィッシャー、〈ヴォックス〉のエズラ・クレイン、そして昔ながらのワシントン・ポスト紙の記者ボブ・ウッドワードなどの世界的に知られたジャーナリストが、自由に持ちまえの深い意見を発信している。彼らは本を書き、アイデアをツイートし、読者を魅了する。あらゆる分野の専門家にも同じことが言える――サイエンス・コミュニケーターのニール・ドグラース・タイソンや、投資家のマーク・アンドレッセンもその好例だ。

ベン&ジェリーズもこの方式にしたがって評判を確立した。その成功は、アイスクリーム、ユーモア、遺伝子組み換え食品やフェアトレードといったトピックのニュースがまぜこぜになった投稿によるところが大きい。ベン&ジェリーズのフェイスブックページには、ほぼ毎日新しいコンテンツが投稿される――「一貫性」をしっかり踏まえている。さらに、個性と価値観もつねに明示されている。ベン&ジェリーズの投稿をよそのアイスクリーム会社の近況アップデートとまちがえることはないだろう。

専門知識は特定分野への精通と洞察で築かれるが、評判は一貫性と個性と時間で築かれる。あなたの知識と個性を一貫した基準で共有すれば、いずれは注目を得る評判が築かれていく。

信用の法則

当然のことだが、評判を確立するのには時間がかかる。注目してもらいたいプロジェクトや創作物があるなら、早めに評判の構築に取りかかったほうがいい。幸い、初期であれば「評判トリガー」を使って注目を獲得する近道がある。ぼくはそれを「信用の法則」と呼んでいる。

この法則の基本はシンプルだ。自分のアイデアに注目を集めたいときには、売りこみ先がジャーナリストであれ、会社の見込み客であれ、相手が評判を認知しているか信用している人物や会社を、少なくともひとつ交えるのだ。つまり「公認者」を使う。

少しだけジャーナリズムに戻ろう。ジャーナリストは、かぎられた時間のなかで本を書いたり宣伝文句を読んだりする、ひねくれたストレス過剰集団だ。ぼくがまだ〈マッシャブル〉にいたころには、毎日何百という売りこみをメールやツイッター、フェイスブック経由で受け取っていたので、ほかの多くのジャーナリストも同じ問題を抱えているのを知っている。彼らの注目は、たいていの人よりさらに希少なのだ。

だから、ジャーナリストに宛てたスタートアップの売りこみのほとんどには返事がない。経験の浅い起業家は、次のうちのひとつかふたつ、それか全部をしてしまいがちだからだ。

- メールによる売りこみ、もっとまずいのは電話による売りこみ（テック系ジャーナリストは電話勧誘をまったく歓迎しない。それは確実）。
- 自社とその美点について、メール本文に一〇段落の文章を書く（ジャーナリストはぜったいに一段落以上目を通さないし、見出しさえ読みきらないことも多い）。
- 「シナジー」、「ルールを変える」、「次世代の」、「かつてない」など、当節の流行語であふれたメールをよこす（やめて。お願いだから）。
- 特定のジャーナリストに対象を絞ったフェイスブックの広告枠を買い、自社について記事を書いてもらうように説得する（これは本当にあることだが、つねに反感を招く）。
- 大衆向けの、対象を絞らない売りこみを送りつける（コンシューマー向けアプリの宣伝を企業担当記者に送りつけるのは、調査不足の表れだ。記者の名前をまちがえば、ブラックリスト入りに）。

・プレスリリースを送る（プレスリリースに目を通すジャーナリストはもういない）。

それでも、ほんのひと握りのスタートアップが「信用の法則」を使ってジャーナリズムの煉瓦の壁を飛び越えてくる。ジャーナリストの注目はごくわずかしかないから、受け取った売りこみが本物で時間をかけるに値するか、すぐに見定める必要がある。彼らの注目をとらえる「公認者」――「マーク・キューバン〔実業家〕後援」、「グーグル・ベンチャーズが出資」、「元マイクロソフト幹部が始めた」といった短いフレーズで、世界ががらりと変わるのだ。それがスタートアップとその創立者が入念にチェックされだすサインで、知っている名前があれば内容を読んでもらえる可能性がぐっと高まる。

ジャーナリストの注目を獲得する「公認者」は、信頼のおける共通の友人からの紹介や推薦といったかたちをとるのが最良だが、広く知られた投資家やアドバイザーの名前をメールの件名に登場させてもいい。信用の法則は、ほかの業界でもうまくいく。顧客にシアーズ百貨店やクラフトフーズがいて、彼らが満足しているなら、そのコンサルティング会社が新しい企業顧客を開拓できる可能性ははるかに高まる。

しかし、信用の法則は断じて無敵ではない。まちがったコンテクストで使えば、ネームドロッピング〔有名人の名前を自分の知人であるかのように語ること〕になる。うさんくさくて無責任な、最後には見向きもされなくなるやり方だ。次のふたつの架空のメールの売りこみを比較してみよう。

1　来週、新製品を発表いたします。グーグル・ベンチャーズ、ゲイリー・ベイナチャック、500スタートアップス、ユーチューブ創設者、ドミネートファンドから資金提供を受ける予定です。私たちは、モトローラ、フェイスブック、ジェネンテックの元エンジニアとデザイナー集団です。弊社について記事を書いていただけませんか？

2　マーク・ザッカーバーグと話したときに、あなたに話してみるといいよと言われました！　私たちはこれまでグーグルのラリー・ペイジからユーチューブの創設者まで、ありとあらゆる人と仕事をしてきました。ぜひ記事にするべきですよ。

信用の法則は、評判の人物が口先だけでなく実際に行動してくれるときだけうまくいく。誰々と友人だと話しても重視されない。ポジティブな反応を引き出したい相手が、その評判の人物や会社に連絡をとれる場合にかぎり、うまくいく。履歴書にうろ憶えの知人や偽の紹介を含めてはいけないのと同じだ――やがては誰かがその人に連絡して、嘘がばれる。一般常識と真実はいちばんの友人であり、評判を築くために嘘をつけば、トラブルが待っている。

エリザベス・オバジとグーグル幹部が失った信用

数年前、エリザベス・オバジはワシントンの政界で人気急上昇中の人物だった。二六歳になったころには、アトランティック紙とウォールストリート・ジャーナル紙の論説を執筆していた。シリア内戦に関して、ある上院議員の公開聴聞が開かれているさなか、アリゾナ州上院議員ジョン・マケインが、ウォールストリート・ジャーナルに掲載された彼女の論説を引用しさえした。ジョージタウン大学の学部生だったころ、オバジはアラビア語を勉強した。九月一一日の事件の直後に高校の同級生がアラブの少年をいじめているのを目にしたからだった。数年をカイロですごしたのち、アラビア語の修士と博士の両学位の取得をめざすかたわら、戦争研究所（ＩＳＷ）のインターン生として働いた。一年後、彼女はＩＳＷのアナリストになった。[25]

オバジにはもうひとつ仕事があった。インターンとして働く以外に、シリアのアサド大統領に反対する穏健派を擁護する非営利団体、シリア緊急タスクフォース（ＳＥＴＦ）で働いていた。それでシリアへの行き来が可能となり、オバジはその道の専門家と見なされるほど頻繁にシリアを訪れた。

当然ながら、ここでオバジの話が終わったら、それほど注目されはしなかっただろう。その専門知識でオバジは、政治サークルやメディアの寵児となった。ケーブルテレビ局の番組にレギュラー出演し、シリアの地上作戦に関して、あっという間にワシントン第一級の専門家になった。二〇一三年、彼女は博士論文の最終審査を首尾よく終えたと言っていた。ただ、ひとつだけ問題があった――ジョージタウン大学アラブ研究科博士課程の学生ではなかったのだ。入学を許可されてもいなかった。

オバジの信頼性の一端は、ジョージタウン大学と連携した調査と、取得見込みの博士号にあった。しかし、どちらも真実ではなかった。ウォールストリート・ジャーナルに掲載された二〇一三年八月のオバジの論説は大評判となり、マケインやジョン・ケリーら大物議員が引き合いに出すほどだったが、それからメディアやＩＳＷがオバジの学歴詐称を突き止めるのに長くはかからなかった。数日後、オバジはＩＳＷを解雇された。彼女の調査結果の信頼性は煙のように消え失せた。

　学歴を詐称したのは、もちろん彼女が初めてではない。もっと真剣に受け止めてもらいたくて、なったことのない肩書や取ってもいない賞をつけ足したい誘惑に駆られる人もいるだろう。しかし、グーグル検索時代のいまほど嘘を暴くのにたやすい時代もない。ヤフーの元ＣＥＯスコット・トンプソンは、そのことを痛感している。ビザで働いたのちにペイパル社長として成果をあげ、二〇一二年、前ＣＥＯのキャロル・バーツが解任されたあとのヤフーを復調させるために雇われた。[26]

　しかし、特許侵害でフェイスブック相手に訴訟を起こしてからすぐに、ある「物言う投資家」がトンプソンの学歴に嘘を発見した。会計学とコンピュータ・サイエンスの両学位をストーンヒル・カレッジで取得したとのことだったが、実際にはコンピュータ・サイエンスを学んだことがなかった。何千人ものエンジニアを擁するテクノロジー企業を運営するには、これは重大な嘘だ。数週間後、トンプソンは解雇され、元グーグルのスター幹部、マリッサ・メイヤーが後釜に入った。

注目されれば嘘は必ずばれる

注目されれば、かならずあれこれ調べられる。ほとんどの資格や学歴がオンラインで検証できるいまの時代だから、合点がいかないことは何であろうと調べられ、たちどころに暴かれる。信用を失くしてからまた這い上がることもできなくはないが（オバジは最終的にマケインの立法担当秘書になった）、その過程でたくさんのつながりを反故《ほご》にしてしまう。それより、まちがった種類の注目にさらされるほうが問題だ――顧客は「メッセージ」に集中せず、「当人」に注目する。

オバジとトンプソンは嘘で評判を落とした。これは評判を傷つけるふたつのやり方のうちのひとつだ。信用される根拠となった学歴を詐称すれば、ゆくゆくは誰かが公衆の面前でそのミスや嘘、省略したことで結局嘘になったものを指摘する。オバジ、トンプソン、それに多くが苦い経験をしてこの教訓を学んだ。最良の行動モデルは、つねに真実を伝えることだ。それも早いうちに。

それでもまちがいを犯したり失敗してしまったときの次善策は、迅速かつ心からの謝罪だ。下から二番目に悪い策は、待つこと――認知度を高めるソーシャルメディアのおかげで、放っておけば事態が「収束する」時代は終わった。それでも、嘘を隠すために嘘を重ねるほど悪いことはない。元連邦議会議員のアンソニー・ウェイナーが自身の局部の画像をツイートして、それがハッカーの仕業だと主張したときに学んだように。かりにもし、ただちに謝罪して二度としないと誓えば、人々は彼を赦《ゆる》したかもしれない。

濡《ぬ》れ衣《ぎぬ》を着せられたらまっ先にすべきこと

評判を傷つけるもうひとつの方法がある。「誤解」だ。不正確な情報や誤解にもとづいて、誰かが別の誰かを批判する。マッシャブルに在籍していたころ、ぼくはカレントＴＶ（現アル・ジャジーラ・アメリカ）のローラ・リンとユナ・リーというふたりのアメリカ人ジャーナリストについて記事を書いた。その数カ月前に北朝鮮政府がふたりを捕え、氷上を「乱暴に引きずり」ながら陸軍基地に連行し、尋問したのだ。

ふたりのジャーナリストは、解放されてから初の声明を公開したばかりだった。ぼくは記事を書き、両名の長い声明文をまるごとシェアした。その声明文はカレントＴＶのウェブサイトで見つけたものだった。ほかのサイトも、ロサンジェルス・タイムズ紙も同じことをした。記事を公開してからほどなく、ある有名ブロガーが、ロサンジェルス・タイムズからの盗用だとぼくを公然と非難した。彼はロサンジェルス・タイムズのウェブサイトを見て、ぼくが無断で声明を借用したと思いこんだらしい。

ぼくには三つの選択肢があった――その主張を無視する。個人的にそのブロガーにメールを送って状況を説明する。または、ぼくのジャーナリストとしての品位を落とすガセネタをこれ以上広めさせないために、公然と立ち向かう。ぼくはやり返すことにした——すばやく、大っぴらに。ツイッターと〈フレンドフィード〉というソーシャルネットワーク（二〇〇九年にフェイスブックに買収された）に、件《くだん》のブロガー宛ての返答を投稿した。それから問題点がすっかり説明されるまで、両ソーシャルネットワーク上で事細かに、一時間以上話し合った。結果、誤解は氷解し、ぼくの評判は再度確立された。われわれの友情にひびが入ることはなかった。

自分の人格が不当に攻撃されているという確信があるなら、拡散する情報にはすばやくかつ慎重に、事実をもって応酬するのが最善策だ。誤解されたまま時間がたてば、そのぶん人々の記憶に残る可能性が高まる。最終的には汚名を払拭できたとしてもだ。大事なのは、できるだけ早く応酬すること、事実を明確に述べること、非難する人を攻撃する手段をとらず、評判を守ることに注力することだ。非難している人ではなく、非難そのものに集中する。

評判はあらゆることに波及する。大々的に信用を落とすと、誰もその人のアイデアに注目しなくなる。信用と信頼性を維持することは、あなたの顧客に影響を与え、注目を高め、集団から頭ひとつ抜け出すのに不可欠だ。高名な投資家ウォーレン・バフェットのことばが、それを絶妙に言い表している。「評判を確立するのには二〇年かかるが、その評判はたった五分で崩れ去る。そのことを頭に入れておけば今後の生き方が変わるはずだ[27]」

「評判」に関する最後のレッスン

評判は、人や会社やアイデアの信頼性と価値が具体化したものだ。信頼性と価値によって、時間をかけるべきものなのか、長期の関心を寄せるべきものなのかが決まる。だから評判が重要な近道となり、注目すべき人物をすばやく教えてくれる。名前を聞いただけでみんなが注目するようになれば、その人はもう注目の達人だ。

この章では、世間公認の知恵を持つ専門家から、権威者の力、大衆の信用と同調まで、「評判トリガー」の核となる三つのグループとの、奇妙で、ときに不合理な関係を分析してきた。どれもわれわれの注目システムで固有の役割を果たしているが、J・K・ローリングの名前があっという間にベストセラーを作ったのと同じくらい、トップにのぼる途中で嘘をついた人物の転落も注目される――ありがたくない注目ではあるが。

おそらく、それが評判トリガーの最後のレッスンだ。専門家や権威者や大衆に寄せるわれわれの信頼は並はずれて大きく、希少な注目をどこへ向ければいいかわからなくなることがある。とはいえ、しょせん人間はまちがえる可能性があるし、実際にまちがえる。あなた独自の判断をすることを怖れないでほしい。

第７章　ミステリー・トリガー
「謎」「不確実性」「サスペンス」を提供し続ける

『風と共に去りぬ』プロデューサーが仕掛けたキャンペーン

新聞記者のラッセル・バードウェルは、物語に魅入られていた。一九二八年に連続殺人鬼ルース・スナイダーが電気椅子にかけられたような、当時の大ニュースを記事にしながらも、いつか自分で物語を、とくにみんなが後追いしたくなるような物語を作りたいと考えていた。のちに彼は物語作りで成功する。現代有数のＰＲエージェント、マーク・ボルコフスキーに「バードウェルがいなければ、現代の広告宣伝業界はまったくちがう顔をした怪物になっていた」と言わせるほどに。[1]

生え際が後退してはいるががっしりした体格のバードウェルは、無名の人を世界的な大スターにすることに情熱を注いだ。一九三〇年代後半、彼は新聞業界から広告宣伝業界に転身し、映画プロデューサー、デイビッド・Ｏ・セルズニックのスタジオに加わった。最初の大きな仕事は、『トム・ソーヤーの冒険』（一九三八年版）だった。セルズニックとともに、この物語にぴったりの主役を国中で探しまわり、トミー・ケリーを見つけた。アイルランド系アメリカ人で、ニューヨーク生まれ、メディア受けのいい堅実な家庭に育った一三歳だった。[2]

スター発掘そのものに耳目を集めて宣伝効果を高めようとしたバードウェルの最初の試みは、

それなりに話題になり、成功したかに見えたが、興行成績の面では結局成功しなかった。『トム・ソーヤーの冒険』はこけたが、それが映画館で上映されるよりずっとまえに、バードウェルはスター発掘を宣伝にするテクニックをさらに練り上げて、『風と共に去りぬ』に応用しはじめていた。

というのも、プロデューサーのセルズニックが、原作の映画化権を二、三年前に買っていたからだ。映画化のニュースが流れるとすぐに、原作の大勢のファンから意見を書いた手紙が殺到した。セルズニックは主人公スカーレット・オハラを演じられる完璧な女優が欲しかった。「有名な女優より、スカーレットの化身となれる新人を見つけ出すほうを選んだのだ。

名の知れた女優だと、それまで演じた役の印象がどうしてもついてまわる。だが、まったくの新顔なら、大衆も受け入れる。スカーレットにふさわしく、役を演じきれるだけの才能があれば」。セルズニックはバードウェルに力説した。

バードウェルに与えられた仕事は、「スカーレットを探せ」キャンペーンが盛り上がる仕掛けを作ることだった。一九三六年の終わり、ふたりはニューヨーク市をはじめ、アメリカ南部の何十という大学でオーディションをおこなった。

オーディション会場には大勢の女性が詰めかけた。初期のわずかな期間だけで五〇〇人以上。主演女優の探索チームは、ボルチモア、ワシントンDC、アトランタ、ジョージア州サバンナ、ニューオーリンズ、サウスカロライナ州チャールストンのほか、多くの街を駆けまわった。バードウェルは全国紙・地方紙を問わず、主演女優探しの話題を流しつづけた。一九三七年には、「スカーレットを探せ」は国中の関心を集め、みんなが楽しげに予想を披露するようになっていた。

世間はスカーレット役のミステリーに夢中になる。いったい誰がスカーレットに？　ニューフェイスが本当に見つかるのか？　撮影所は新人探しをあきらめて人気女優のなかから選ぶのではないか？　バードウェルの手腕によって、このミステリーはたびたび紙面を飾った。女優探しにまつわるこまごましたことが、映画そのものへの興味もかき立てた。キャサリン・ヘプバーンからルシル・ボールまで、あらゆるスター女優がこの役にからめて噂された。「スカーレットを探せ」のオーディションがおこなわれるたびに、今度こそ、の期待は裏切られた。

一九三八年の終わりまで、一五〇〇人以上がオーディションに挑み、落とされつづけた――セルズニックの兄がエージェントを務める、二五歳の新進女優ヴィヴィアン・リーがハリウッドに現れるまでは。「ダークホースが現れた。スカーレットそのものだ」。スクリーンテストのあとで、セルズニックは妻への手紙にそう記した。

ヴィヴィアン・リーが、スカーレット役候補のライバル女優たちを結局打ち負かすまで、何千という記事がスカーレット探しの旅について書き立てた。職場で、家庭で、学校で、数えきれないほどの噂が飛び交った。しかし、何より重要なのは、主役にニューフェイスのヴィヴィアン・リーとクラーク・ゲーブルを据えたこの映画が空前の大ヒットを飛ばしたことだ。

「スカーレットを探せ」キャンペーンには、すばらしいミステリーの材料が全部そろっている。熱狂的に愛されるか、徹底的に嫌われるかの登場人物（見ている人がその役を誰に演じてほしいかによって変わる)。最後の最後まで人々を飽きさせなかった、サスペンスと結末への期待。そして、役を死ぬほど欲しがった強烈な顔ぶれが織りなす、予期せぬ展開。キャサリン・ヘプバーンは、セルズニックとの面談を要求して、こう言ったと噂されている。「この役は私のために書かれたの。私こそがスカーレット・オハラです!」

なぜわれわれはミステリーにはまるのか

「ミステリー」と聞くと、大半の人は犯罪小説や、シャーロック・ホームズや、最後の一ページか最後のワンシーンで明らかになる意外な真相を思い浮かべる。

しかし、ミステリーとは殺人事件を解決することだけではない。そこにまだ理解できない「何か」があることを指す。つまりミステリーとは、解くべきパズルであり、明らかにすべき秘密であり、終わらせるべき筋書きなのだ。何かが宙ぶらりんになっている状態と言ってもいい。

ぼくたちはおもしろいミステリーが好きだが、とくに心惹かれるのは完結していないミステリーだ。ドラマシリーズの『オレンジ・イズ・ザ・ニュー・ブラック』や『ブレイキング・バッド』を見はじめたら、途中でやめられず、最終回まで見つづけてしまう。気に入った登場人物がこの先どうなるのかが心配でたまらない。どの回も続きの気になる終わり方《クリフハンガー》をするので、翌週も見ずにはいられない。だから、ネットフリックスの視聴者のおそらく六〇パーセント以上が、一気に二話以上を見るのだろう。[3]

言い換えれば、人には完結したい・させたいという衝動がある。ぼくはこれを「完結への衝動」と呼んでいる。未解決の謎やパズルを見ると、この衝動に駆られる。終わっていないものを終結させたいという要求と、過去にパズルを解いたときの快感がよみがえって衝動が起き、未解決の謎やパズルが解かれるまで注意をそらすことができない。だからこれは人の関心を惹く強力なツールになるのだ。一生、本の最後の三〇ページを読んではいけない、映画の最後の三〇分間を見てはいけない、と命令されたところを想像してみてほしい。あなたがどう感じるかはわからないが、少なくともぼくは病院の精神科を訪ねることになる。

完結への衝動を利用するのは、注目を得る重要な手段だ。これが七つのトリガーの六番目、「ミステリー・トリガー」になる。ミステリー・トリガーとは、人の注目を集めるために、解決していない謎を巧みに使うことである。ほどよい量のミステリーやサスペンスや不確実性を作ることで、完結への衝動を盛り上げ、あなたやあなたのアイデアに最後の最後まで注目させることができる。

とはいえ、謎ならなんでもいいわけではない。謎のなかにも魅力的なものとそうでないものがある。ミステリー・トリガーを効果的に発動できるかどうかは、「サスペンス」、「感情移入」、「予期せぬ展開」、「クリフハンガー」という四つの要素にかかっている。これからひとつずつ説明したあと、四つをどう組み合わせれば、アイデアや物語に注目を集められるかについて述べる。だが、ミステリー・トリガーの世界に深く分け入るまえに、まずふたつの重要な問いに答えておこう。（1）未解決の謎はなぜ人の注意を惹くのか、（2）そもそも謎やパズルをなぜ解きたくなるのか。旧ソ連の心理学者による観察に、答えの鍵がある。

ゼイガルニク効果

子供のころ、ぼくは〈ラグナロク・オンライン〉に夢中だった。よくあるオンラインのロールプレイングゲームだが、キャラクターが恰好よく、韓国企業の製作ならではの独特の雰囲気がおもしろくてたまらなかった。夏のあいだ、せっせとログオンしては、ぷわぷわしたモンスターをやっつけ、町でアイテムを交換し、ボスキャラを倒し、冒険に次ぐ冒険の日々を送った。道なかばの冒険のことで頭がいっぱいで、オーク族戦士をあとどのくらい倒せばレベルアップできるか、みたいなことをいつも考えていた。

いまでもゲームをやめられないときがある。短期間だが、ｉＰｈｏｎｅの〈ディスコ・ズー〉にもはまった。動物の行動パターンを探りながら捕獲していくゲームだが、すべての動物を集め終わると、あっさりゲームを消去した。〈キャンディークラッシュ〉をやめられない人が多いのも同じ理由だ。アンロック（解除）しなければならない新しいステージや、クリアしなければならないレベルが次々に現れ、途中でやめるのはむずかしい。けれど、どうにか最後までやりとげたら、このゲームも魅力のすべてを失うにちがいない。

プレー中のゲームをやめられない理由のひとつは、新しいレベルをクリアすると脳内でドーパミン報酬が与えられるからだが、プレーしていないときでさえゲームが頭から消えない理由は別にある。『ゲーム・オブ・スローンズ』の次の回を見ずにはいられない理由、やりかけのパズルが気になってしかたがない理由、終わっていない仕事が頭の隅に居坐る理由と同じだ。これらはどれも、完成あるいは完結するまで、われわれの注目をとらえて離さない。

旧ソ連の心理学者ブリューマ・ゼイガルニクは、一九二〇年代のある日、レストランのウェイターが、まだ料理の出ていない注文について信じられないほど細かい記憶力を発揮するのに気づいた。そして、注文された料理を客のまえに置いたとたんに、きれいに忘れてしまう（作業記憶から完全に消し去られる）ことも。ゼイガルニクは興味をそそられた。なぜウェイターは客のテーブルに運んでいない注文についてはあれほど見事に憶えているのに、運び終わった注文はさっぱり憶えていないのか。時系列の新しいか古いかだけのちがいなのか、それとも、未完了の注文には記憶にへばりつく何かがあるのか？

ゼイガルニクはこの現象を調査することにした。二〇〇人以上の学生、教師、子供を集め、未完了の注文は完了した注文より記憶に残りやすいのかどうかの実験をおこなった。被験者に二〇個ほどのパズルなどの課題を与え、解いている途中でさえぎって、その課題を未完結の状態にした。[4]

少し時間を置いてから、被験者に課題の内容について質問すると、結果は驚くべきものだった。第一グループの三二人（全員成人）は、中断させられた課題のほうが、完了した課題よりも、思い出せる度合いが平均で九〇パーセント高かった。また、中断させられた課題だけでなく、一問目の課題についてもよく憶えていることが判明した。子供のグループは記憶の定着がさらに高かった。被験者のどのグループにとっても、未完結の課題は記憶のいちばん手前にあった。

終わっていないタスクを忘れられないこの現象は「ゼイガルニク効果」と呼ばれ、今日では日常のさまざまな場面に組みこまれている。『ロスト』のようなテレビシリーズは毎回、どぎついほどのクリフハンガーで終わり、ストーリーを完結させない。ひとたび番組を見はじめて登場人物に感情移入してしまうと、彼らがどうなるのか知らずにはいられなくなる。一週間あるいは六カ月の単位でこのループが続くのだ。

ゼイガルニク効果は広告の世界でも活かされている。一九七〇年代にパデュー大学でおこなわれた調査によると、ゼイガルニク効果は途中で切ったコマーシャルの記憶に大きな影響を与えた。被験者の五二・四パーセントが、未完結のコマーシャルを一週間たっても憶えていたのだ。[5]

ただし、どんなタスクにもゼイガルニク効果が働くわけではない。そのタスクに感情的に入りこむだけの充分な時間がない場合には、中断したところで効果は生じない。三分間しか見ていないテレビ番組の結末を誰が気にする？　だからこそ、ミステリー・トリガーにはゼイガルニク効果がよく効くのだ。よくできたミステリーは、期待を高め、サスペンスを盛り上げ、魅力的な登場人物を並べて、見る人に謎を解き明かしたいと思わせ、最後まで引っ張りつづけることができるからだ。

「不確実性」を減らして初対面の相手と信頼関係を築く

完結への衝動は、目のまえのストーリーを終わらせたい欲望を高める。そうしないと、落ち着かず、不安な気持ちになる。不確実から来る不安な気持ちを人は楽しめない。だから、日常のなかにある不確実さをなんとしても減らそうとするのだ。

たとえば、恋人とのデート。あなたはアリス、二五歳、カリフォルニア大学バークレー校ロースクールの学生だとする。恋人がいたが、なんとなく気持ちがすれちがいはじめてから二年後に別れ、数カ月がたっている。いまはまた新しい恋を探そうという気になってきた。とはいえ、外出はままならない――名門ロースクールの二年生だから。そこであなたは、久しぶりにオンラインの出会い系をのぞいてみることにした。

セックスを求めているのではないから、いまどきの新しいデートアプリではなく、昔ながらの出会いを後押しする〈マッチ・ドットコム〉や〈オーケーキューピッド〉のようなサイトを選ぶ。自分の写真を一枚選び、一般的な説明文をつけて――身元を特定されそうなものは注意深く除いて――アップロードする。登録ボタンをクリック。

あなたのプロフフィールはサンフランシスコ・ベイエリアの何千人という男の目に触れる。夜眠り、朝起きると、メッセージが六五通。ワオ、こんなにたくさんの男をどうやってふるい分ければいいの？

彼らの大半はただちに却下される。気味の悪いメッセージを寄越す気味の悪い男たち。自分のナニがすごいと宣言している五三歳の男が、どうして返事をもらえるなどと思うのだろう。もちろんゴミ箱行きだ。ほかの似たようなメッセージも。この作業をさらに二日間続け、よさそうな人に行き当たる。見た目も悪くないし、自己紹介に甘いポエムをつけている。ゲームか何かの開発者で、趣味はスキー。彼にとってラッキーなことに、あなたはスノーボードが大好きだ。あら、コロラド育ちなのね！　決めた。あなたは返信する。

それから数週間、ふたりはメッセージを交換する。初めはちょっとしたこと——趣味とか、どこで育ったとか、バークレーの行きつけのレストランとか。やがてあなたは、相手がちゃんとした男かどうかを知ろうとする。じつは変質者かもしれない。かつて三度目のデートであなたに振られるまで、コロラド出身だと（しかも医師だと）大嘘をついていた男がいた。けれど、いまの相手はグーグルで調べてみても、言っていることとの食いちがいはない。ノースウェスタン大学で工学を勉強していたころに非営利活動も始めたそうだ。互いに明かすことが増えるにつれて、話は次第にまじめになり、関係が心地よくなる。

デートしたかった誰かに初めて会うときには、きっかけがネットだろうとバーだろうと、現れた相手をできるだけ知ろうとするものだ。惹かれそうなところがあれば、それが何かを知りたい。ミステリアスな恋人をうっとりと想像するのはいいが、現実には、初対面の相手からは不確実なところをできるだけ減らそうとする。アリスの場合には、男がベッドの相手を探しているのか、もっとまじめな関係を求めているのかを見きわめようとする。そのあとで、目のまえの男が恋人候補としてふさわしいかどうか探ろうとする。

　われわれが見知らぬ相手からつねに情報を得ようとするのは、不確実で落ち着かない状況が嫌だからだ。見知らぬ人に会うこと自体を不快に感じる人も多い。ちょっとした会話をつうじて共通点を見出そうとし、目のまえの見ず知らずの他人をもっと知りたい気持ちになるかどうか判断する――少なくとも、初対面のぎこちなさを解消する何かを探す。共通の話題が見つかれば、たとえそれが取るに足らないことであっても、両者が大げさに騒ぐのだ！

　初対面のときにわれわれは、相手とのあいだにある不確実さをなるべく減らせる情報を探す――これは「不確実性減少の理論」と呼ばれる。ノースウェスタン大学のチャールズ・バーガーが提唱したこの理論によると、人は他者の行動が読めないと不快に感じるので、初めて会う人の不確実さをなんとか減らそうとする。不確実性減少の理論は、初対面の人と話すときになぜ共通の話題を見つけようとするのか、友だちの友だちなら（初対面であっても）なぜ気が楽なのか、デート相手をなぜ事前にググろうとするのかを、よく説明している。

　またこの理論によって、解決されていない謎にわれわれがなぜ惹かれ、気になってしかたがないのかもわかる。不確実さがあると落ち着かないから、もっと情報を集めてそれを減らそうとするのだ。ミステリー・トリガーにからめて言えば、これは未解決の謎やパズルを解いて完結させることであり、完結への衝動からわが身を解放することである。[6]

　ゼイガルニク効果と不確実性減少の理論はどちらも、人が完結していないアイデアやタスクやミステリーに惹かれる理由を述べている。だから長期の注目を獲得するうえでミステリー・

トリガーは重要なのだ。だが、前述したとおり、謎ならなんでもいいわけではない。どうすれば人の心をつかむ謎を作り出せるだろう。

J・J・エイブラムスの戦略

サプライズのお別れ会が始まろうとしている。「元気でね、ロブ！」の垂れ幕がかかった部屋に人が大勢いる。ビデオカメラを持った友人が、外国へ旅立つ友へのコメントを集めている。「ロブ、日本を楽しんでね」と黒髪の女性が言い、「ロブって最高。いなくなるなんてがっかり」と別の女性がカメラに向かって言う。

ガラガラいう音。そして轟音《ごうおん》！　獣《けもの》のような声が響き、部屋が揺れる。ロブのお別れ会は突然止まる。「なんの音？」

全員がテレビニュースに突進する。だが何もわからない。外の様子を見ようと建物の屋上へのぼる。「さっきの声、怪物なの？」咆哮《ほうこう》が再び空に響く。続いてマンハッタンの中心部が爆発する。全員の顔がショックでゆがむ間もなく、爆心地の火柱のなかから大きな火球が飛んでくる。みんなパニックになり、建物から逃げ出す。「生き物だ！　でかいぞ！」

吠え声がまたとどろき、大きな物体が落ちてくる。いっせいに走り出した彼らのすぐうしろで、何かがコンクリートにぶつかる音がする。自由の女神像……の頭部だ。画面が黒くフェードアウトする直前に一行だけ文字が現れる。「製作J・J・エイブラムスが贈る」

これは、二〇〇八年のパニック映画『クローバーフィールド』の謎めいた予告篇だ。巨額とはいえない二五〇〇万ドルの予算で製作し、六倍の興行収入をあげた巧みなSF映画だ。この予告篇には、今日の予告篇にありがちな本篇を損なうところがない。タイトルすら入っておらず、映画とプロットへの期待をあおり立てる。これってどういう映画？　誰もわからなかった。J・J・エイブラムスとパラマウントがあっぱれな手際のよさで情報をいっさいもらさなかったのだ。予告篇を見た人の一部は、アニメシリーズ『ボルトロン』の実写化だと思い、別の人はエイブラムスの大人気テレビシリーズ『ロスト』の映画版だと思った。それとも、『ゴジラ』の新シリーズ？　さまざまな推測が飛び交《か》い、それが記事になり、噂を呼び、注目が集まった[7]。

製作のJ・J・エイブラムスは、魅力的な謎に命を吹きこむプロだ。監督を務めたテレビシリーズの『ロスト』も、大きなミステリーのなかにさまざまな謎を織りこんだ。六年にわたる放送期間中、世界中にファンを生み出し、ファイナルシーズンでは一一〇〇万人以上が毎週見たという。ミステリーの達人としてエイブラムスが成功したのは、ストーリー作りの能力に恵まれたことが大きい。彼の作るキャラクターは、心に傷を負い、悩み苦しむ人物が多く、それが視聴者をドラマに惹きつける。彼らがこれからどうなるのかというサスペンスと期待が、われわれをテレビに釘づけにするのだ。二転三転するプロットは、予定調和に浸ってのんびり見ることを許さない。『ロスト』のファンが言うように、エイブラムスのクリフハンガーは、ハラハラとイライラを同時にやってのける（これもゼイガルニク効果だ。なんであんな中途半端なところで終わる？　とイライラしながらも、未完結のタスクを忘れることができず、翌週また見てしまう）。

J・J・エイブラムスにはどうしてこんなことができるのか。彼以前に活躍した多くのすぐれたミステリー書きと同じように、人の心をつかんで離さないミステリーの公式に本能的にしたがっているからだ。具体的に言うと、最後の最後まで人を惹きつけるミステリーには四つの重要な要素がある。

まず、短期の注目を惹く「サスペンス」。この先どうなるのか？　主人公は成功するのか、行き詰まるのか？　それが「感情移入」へとつながる。早いうちに感情移入させられれば、それだけミステリーの結末が気になる。サスペンスと感情移入の両方がなければ、ゼイガルニク効果は働かない。

サスペンスも、それが予測可能ならば意味がない。つまり「予期せぬ展開」が必要だ。ストーリーがある方向に進むように見せかけて、予想を裏切るかたちでふいに方向転換する。先の見当がつかないときには、われわれは不確実性が減るまで注意を払わずにはいられない。そして、長期の注目を獲得してまた見たいと思わせるには、「クリフハンガー」が欠かせない。

これら四つの要素――サスペンス、感情移入、予期せぬ展開、クリフハンガー――が、完結への衝動を呼び覚まし、ミステリー・トリガーの注目を維持する効果が現れる。四つの要素は本や映画にかぎった話ではなく、日々の暮らしにも当てはまる。気に入る広告から、どの慈善活動に募金するかまで、あらゆることに影響するのだ。

なぜ無名人のツイートが史上最悪規模で炎上したのか――サスペンス

舌鋒鋭いジャスティン・サッコは、歳は三〇代なかば、数々のオンラインサービスを傘下に置くIAC／インタラクティブ・コープの広報部長として手腕を発揮している。

だが、広報のプロとしての経験も、ツイッターの世界の容赦ない攻撃から彼女を救ってはくれなかった。二〇一三年一二月の金曜日、午前一〇時一九分。南アフリカにいる家族を訪ねるため、ロンドン発ケープタウン行きの飛行機（飛行時間は一一時間）に搭乗する直前、サッコはこうツイートした。

> **アフリカに行くところ。エイズにならないといいけど。なんてね、冗談よ。私は白人だもの！**[8]

サッコのこの悪趣味なジョークはあるブロガーの注意を惹き、そのブロガーはサッコのツイートについてひと言投稿した。サッコのフォロワーは当時二〇〇人程度だったが、人数が多くないからといってツイートが拡散しないとはかぎらない。互いにフォローし合っていることが多い有名ジャーナリストたちが、サッコのツイートに注目し、不信感を投稿しはじめた。各ジャーナリストのフォロワーがサッコとその不適切なツイートについてツイートしだすのに時間はかからなかった。

何分後かには、サッコを解雇せよという声が嵐のように吹き荒れはじめた。「ジャスティン・サッコはクビだ。エイズになっちまえ」。あるツイッター・ユーザーは過激につぶやいた。〈バズフィード〉のようなニュースサイトも、問題のツイートが急速に広がる状況を記事にした。こうしたことすべてが起きているあいだ、本人のツイートは消されず残っていた。彼女は飛行機のなかにいて、自分を取り巻く大嵐に気づくことなく、のんびりとすごしていた。

サッコのツイートから七時間がたったころ、ハッシュタグ#HasJusineLandedYet（ジャスティンはまだ着陸していないのか）が急速に伸び、またたく間に国際的なトレンドトピックとなった。勢いづいたツイッター・ユーザーはサッコの乗った便と着陸予定時刻のわかるサイトをツイートした。一、二時間のうちに、女優のケリー・ワシントンから、機内インターネットサービス〈ゴーゴー・インフライト・インターネット〉、慈善団体エイド・フォー・アフリカまで、膨大な数の人が#HasJusineLandedYetをつけてツイートした。この慈善団体は抜け目なくJustineSacco.comを登録し、アクセスしてきた人を団体の資金集めページに誘導した。みんなが知りたくてうずうずしていたのはただひとつ、「着陸したらサッコはどうする？」だった。その期待感は後戻りできないレベルまで高まった。

ジャスティン・サッコが着陸する時点で、ダメージはすでに回復不可能だった。本人がツイートを削除したところで、なんの解決にもならない。あるツイッター・ユーザーは、空港でサッコを探し出し、彼女の写真だけでなく、父親から叱責されている様子をツイートした。

#HasJusineLandedYetのついたツイートは二四時間で一〇万を超えた。サッコの勤め先であるＩＡＣは、サッコを無神経さと良識の欠如を理由にただちに解雇した。翌日、彼女はＡＢＣニュースに謝罪声明を出した。

ここ〔南アフリカ〕は父の出身国で、私もここで生まれました。南アフリカとのつながりを大切に思い、何度も訪問してきました。私の発信で多くのかたがたに――南アフリカの皆さん、私の家族、友だちに――痛みを与えたと知り、本当に申しわけなく、後悔にさいなまれています。不快な思いをされた皆さまに心からお詫びいたします。

#HasJusineLandedYetにまつわる物語は、巻きこまれた人全員にとって不幸だった。サッコのツイートはたしかに悪趣味だったが、だからといって彼女が「殺す」とか「レイプしてやる」という脅迫にさらされていいわけはない。人種差別のジョークをツイートした人はほかにも大勢いる。実際、サッコの騒動のさなかに、コメディアンのスティーヴ・マーティンはフォロワーから「ラゾニア（lasonia）」の綴りを訊かれ、こうツイートしている。

状況によるね。きみはいまアフリカ系アメリカ人の地域にいる？〔アフリカ系の女性の名前には「ラゾニア」のような響きのものがよくある〕それとも、イタリアンレストラン？[9]

なぜ、ジャスティン・サッコはあれほどの大炎上になり、もっと知名度の高いスティーブ・マーティンはそうならなかったのか。答えは簡単。マーティンはサスペンスが生まれる余地を与えなかったからだ。数分以内にツイートを削除し、謝罪を投稿した。彼の物語は、騒ぎに便乗したがる者の目にとまらないうちに、始まって終わったのだ。

だがジャスティン・サッコは？　人々が飛びつき、予測し、期待する時間がたっぷりあった。インターネットにアクセスできない空の上では、元広報部長の手腕をもってしても、ダメージをコントロールすることはできなかった。そのため、サッコがどう反応し、どんな言いわけをするのかというサスペンスが増大しつづけ、何千というツイッター・ユーザーが、着陸したサッコの決定的瞬間を目撃しようと寝ずに待っていたのだ。[10]

サスペンスとは、解決されていない謎に直面したときに感じる興奮や不安や緊張の状態を指す。不安を作り、解決を期待させて、人の心をつかむサスペンスを生み出すことができる。

ミステリー作家は実際にそうしている。作中に手がかりをひそませ、最終的な結末は不確実にしたままでプロットを進めていく。ジャスティン・サッコのケースでは、彼女が空を飛んでいるあいだに、新しい情報が明らかになり、サスペンスがさらに盛り上がった。たとえば、あるツイッター・ユーザーはサッコの過去のツイートから不穏当なものを探し出し、別のユーザーはサッコの搭乗便とその着陸予定時刻を突き止めた。こうした積み重ねで、物語はツイッターの世界で新鮮に保たれたのだ。

しかし、サスペンスが人の注意を惹き、心をつかむのに役立つのはたしかだが、あまりに多くの情報をあまりに早く投入しすぎると、不確実性を構築できず、かえって興味を殺してしまいかねない。ストーリーの重要な鍵を予告篇に入れないのは当たりまえだと思うだろうが、これすら理解できていないスタジオもある。故ロビン・ウィリアムズが、ひょんなことから大統領選出馬を決意する主人公を演じた『ロビン・ウィリアムズのもしも私が大統領だったら……』の予告篇は、半分ほどすぎたところで、映画の最大の謎を明らかにしている――ロビン・ウィリアムズ（の演じる役）が大統領選に勝つと。何が起きるかわかっていて、サスペンスがないのに、わざわざ映画館に行くだろうか？　映画ファンの気持ちをつかめなかったこの映画は、二〇〇〇万ドルの予算（マーケティング費用は含まず）に対し、興行収入は四〇〇〇万ドルがやっとだった。『ターミネーター4』、『グリーン・ランタン』、『トータル・フィアーズ』も、この致命的なミスを犯したあまたの映画に名を連ねる。[11]

　一方、『キャプテン・アメリカ／ウィンター・ソルジャー』の予告篇は、主要な敵役であるウィンター・ソルジャーについてはほとんど明らかにしていない。顔すら映らない。『ゲーム・オブ・スローンズ』の「レッド・ウェディング」の衝撃シーンは予告篇でいっさい触れられていない。『スター・ウォーズ エピソード5／帝国の逆襲』の衝撃の展開も予告篇ではほのめかしすらない。ジョージ・ルーカスがこの有名なシーンの撮影前に秘密を打ち明けていたのは、ルーク・スカイウォーカーを演じたマーク・ハミルだけだったという。[12]

　サスペンスは「ミステリー・トリガー」の雪玉みたいな存在だ――長く続くほど、より多くの注目を吸って大きくなる。解決されない謎が世間にあると、人はあらゆる理論とアイデアを駆使して、その不確実さを減らそうとする。ただし、サスペンスがいくらあってもそれだけで充分ではない。それを包む物語に感情が揺さぶられなければならないのだ。

なぜマレーシア航空機の失跡に世界が注目したのか――感情移入

二〇一四年、マレーシア航空３７０便は、未解決の謎に人の関心が集まる不幸な事例となってしまった。いまでは知らない人のないこの旅客機は、地球からかき消えたように見える。飛行機が消えるはずはないし、もし墜落したのなら残骸がどこかで見つかるはずだ。飛行機は消失しない。

けれども、一報から数日後、飛行機の痕跡が見つからないことがわかってくると、その運命と謎に世界中の関心が集まった。ちょっとした新しい情報が示されると、数百の記事が書かれる。さまざまな陰謀説――ハイジャックだ、電気火災だ、いやパイロットとテロリストがぐるだったんだ――が数時間ごとにケーブルニュースの主役になった。大手テレビ局は二二七人の乗客にスポットを当て、その人となりや、情報を切望する家族の苦悩を放送した。とりわけCNNは、放送時間をいっぱいに使って視聴率を上げたが、憶測ばかりの報道に失望も招いた。

当然ながら、そのうち新しい進展はなくなり、ＭＨ３７０便にまつわる物語は世間のレーダーからはずれはじめ、目新しいほかのストーリーが代わる代わる主役になった。新しい進展や手がかりがないとサスペンスは失われ、それまで広がっていた注目もなくなるのだ。

この事例をもとに、ミステリーの基本要素である感情移入について考えてみよう。ミステリーの効果を高めるには、提示する謎の性質が大切だ。謎とその結末に人の感情を引きこまなければならない。ＭＨ３７０便の事故では、世間はその物語の結末に感情を注ぎこんだ。乗客に助かるチャンスはあったのか？　家族はどうやって気持ちを支えているのか？　来週自分が乗る国際便に同じことが起きないだろうか？

　注目を集める力は、謎の結末にあるのではない。結末に至るまでに人の感情をジェットコースターのようにくるくると変化させるところにある。人は不確実性を嫌い、どうにかしてそれを減らそうとするが（不確実性減少の理論）、サスペンスそのものは心地よく感じる。インディアナ大学でおこなわれた調査では、サスペンスが高まるほど、そのストーリーへの着目度が上がるという結果が出た。[13]

　ミステリーには少々パラドックスがある。不確実さは嫌いなのに、サスペンスには気持ちが高まってしまう。最後がどうなるのかわかっていても、サスペンスを楽しむことができる。われわれは気に入った本を何度も読み返したり、ゆうべのデート相手がまた会いたいと言ってくれていても本当にメールの返事が来るかどうか気に病んだりする。著名な現代哲学者ノエル・キャロルは、サスペンスにあふれたストーリーのまえでは、人はほかのことに目を向けなくなると言う。

「サスペンスに魅力のあるうちは、われわれの注意は入手できる重要な情報に集中する」。サスペンスをテーマにした論文のなかでキャロルはこう述べている。彼はまた、「刻々とストーリーが展開していく様子」に人は惹きつけられると指摘する。言い換えれば、よくできたミステリーはその場面のなかに人を閉じこめる。われわれはストーリーがどういう結末になるのか考えるのではなく、いま目のまえで起きていることに夢中になるのだ。[14]

サスペンスに満ちたストーリーに身をゆだねるのが心地よいことは、科学的にも明らかになっている。それは広告にも当てはまる。オレゴン大学とオレゴン州立大学でそれぞれマーケティングを教えるロバート・マドリガル教授とコリーン・ビー教授は、三六人の被験者に四つのテレビコマーシャルを二回ずつ見せた。被験者は、そのコマーシャルの主人公に対して感じた希望あるいは不安の度合いを、手元の感覚アナライザーの目盛り（ゼロから一〇〇）で評価する。四つのコマーシャルのうちふたつはサスペンス満載で、残りのふたつはそうではなかった。[15]

両教授によると、サスペンス満載のコマーシャルを見た被験者は希望と不安の両方を感じることがわかった。だが驚くべきは、その希望と不安の量だ。サスペンス満載のコマーシャルふたつは、もっともドキドキする瞬間に最大の不安度八〇と、希望度六〇を記録したのだ。残りのふたつにはとくに目立ったところはなく、不安度も希望度も五〇を超えず、希望度の平均はようやく一〇を超える程度だった。

彼らがおこなった別の調査では、テレビ視聴者がハラハラするバスケットボールの試合直後に流れる広告を非常に好意的に受け止めることがわかった。視聴者の不安、興奮、感情移入がすべて広告に向かったのだ。[16]

スティーブン・ソダーバーグ監督は、謎を使った感情のジェットコースターをストーリーに取りこんでいる。「映画の観客はある期待を持っていて、マクロのレベルで、ストーリーがある方向に進むことを望んでいます」。ニューヨークの彼のアパートメントでインタビューしたとき、彼はそう言った。「つまり、こちらが狙うのは、ミクロのレベルで、瞬間ごとに何が起きようとしているのかわかると感じさせながら観客をあざむきつづけ、でもマクロのレベルでは、ストーリーの基本的な方向を楽しいと思わせることなんです」[17]

ミステリーで注目を集める秘訣は、不確実性を用意することだが、注目を定着させる秘訣は、感情のジェットコースターを用意することだ。ミステリー・トリガーを活用するときには、新しい展開と情報を加えつづけると非常に有効だ。演劇であれ、広告であれ、プレゼンであれ、見せられる側《がわ》はストーリーが解決の方向に進んでいると感じたい。たとえ最終結果が頭の隅で予想できているとしても。

そのためには、新しい情報を送りつづけなければならない。製品のキャンペーンや〈キックスターター〉でアイデアを売りこむときには、改良や更新というかたちで情報を補塡《ほてん》する。ストーリー作りの場合には、パンくずをまいておき、主人公が謎の解決に近づけるような材料を加える。報道機関でさえ、ＭＨ３７０便の物語では新たな進展をもとに感情移入を作り出した（識者の顔ぶれを変えて視点をずらしただけで、謎に変化のないことも多かったが）。

顧客は提示された謎が進歩していると感じられるかぎりは、その謎を好意的に受け止め、サスペンスを感じて注目しつづける。しかし、顧客の注意をつなぎ止めるには、予想がつかないことがやはり不可欠であり、だからこそ数々のすぐれたミステリーには予期せぬ展開があるのだ。

なぜアメリカ人は三月の熱狂《マーチ・マッドネス》を愛するのか――予期せぬ展開

毎年三月の三週間は、何百万というアメリカ人が、テレビ画面と、トーナメントの勝ち上がり予想表と、賭けのオッズ表から離れられなくなる。NCAA（全米大学体育協会）の男子バスケットボール・トーナメントが開催されるからだ。とくに、ファイナル・フォー（六八校が四つに分かれた各地区の優勝校四校）が出そろうころには盛り上がりが最高潮になる。スポーツ専門チャンネルESPNのアナリストだけでなく、ふつうの人たち、果ては大統領に至るまで、どのチームが早々と脱落するのか、予想を裏切って勝ち上がる大穴はどのチームなのか、そしてどのチームが優勝するのか、あれこれと予想するのだ。

このトーナメントは多くの人にとってたんなる娯楽以上の存在だ。アメリカ人がこれに賭ける金額は一二〇億ドルにのぼり、期間中に企業の生産性が低下することで失われる金額は一二億から二〇億ドルと言われている。試合に何千ドル賭けようと、純粋にバスケットボールを楽しむだけであろうと、この三月の熱狂《マーチ・マッドネス》に巻きこまれずにいるのはむずかしい。たとえば、あなたがケンタッキー・ワイルドキャッツの熱烈なファンなら（ぼくの父がそうだ）、そのチームを応援することがアイデンティティの一部になっているはずだ。チームの成功が自分の成功と重なる。さらに、予想が当たれば、職場の賭けに勝つことができる。[18]

きわめて多額の金が動く一大スポーツイベント、ＮＣＡＡバスケットボール・トーナメントには、偉大なミステリーの要素がすべて詰まっている。いい試合のたびにサスペンスがあり、最終的にどのチームがファイナル・フォーに勝ち上がるのかという興味も尽きない。クリフハンガーもある——ひいきのチームをまたコートで見るには一週間待たなければならないなんて、まるで拷問。しかし何より、このトーナメントの期間を最高の三週間にしているのは、番狂わせだ。

番狂わせはスポーツの世界での「予期せぬ展開」にほかならない。誰も予想していないことが起こる。二〇一三年、第一五シードのフロリダ・ガルフコースト大学は、予想に反して強豪ジョージタウン大学を78対68で破り、再び予想を裏切ってサンディエゴ州立大学にも81対71で勝った。二〇一四年は番狂わせの続出したシーズンだった。第一一シードのデイトン大学がエリートエイト〔四地区それぞれの上位二チーム〕に入り、第八シードのケンタッキー大学が決勝戦まで進み、第七シードのコネチカット大学が全米優勝をなしとげた。こうした番狂わせのまえでは、常識的な予想は形《かた》なしだ。ミステリーのどんでん返しと同様に、試合前の予想を覆し、われわれを歓喜させる。弱者が強者に勝つ話が嫌いな人なんていますか？

予期せぬ展開があると、人はどうしても注意を惹かれる。読書しているときの目の動きを追跡したイリノイ大学の研究がある。それによると、予期せぬ展開の箇所では、被験者の目の動きが他の箇所とちがった。目の動きが固定される回数が劇的に増え、それはつまり、予期せぬ展開にびっくりして読み直すことに気を取られ、ほかのことに注意が向かなくなったことを表している。それだけでなく、目の動きの固定時間がより長く続く。予期せぬ展開には人の心をつかむ力があるのだ。[19]

理由のひとつは、予期せぬ展開によって注意が釘づけになるからだが、報酬トリガーの第5章で述べたように、驚きが脳のドーパミン報酬系を活性化させるからでもある。自分の予想や結論が当たりまえではないことを思い知らされ、だからこそ、好きな本や映画で大きなどんでん返しがあると、そこを何度も読み返したり見直したりする。子供のころ、ぼくは『エンダーのゲーム』（早川書房）というSF小説が大好きだった。宇宙を舞台に、子供という弱い存在である主人公が困難を乗り越えていくストーリーにわくわくした。だが、ぼくを恍惚《こうこつ》とさせたい、あの展開はまったく予想できなかった。その瞬間、ぼくは『エンダーのゲーム』に夢中になり、シリーズを手当たり次第に読んだ。あの展開はぼくやほかの大勢の読者の感情を激しく揺さぶり、『エンダーのゲーム』を非常に人気の高いSFシリーズにしたのだ。

とはいえ、予期せぬ展開ならなんでもいいわけではない。『エンダーのゲーム』の予期せぬ展開はぼくに突き刺さったが、二〇〇四年の映画『ヴィレッジ』のそれは見え見えで、ぼくにとっては映画を壊す存在でしかなかった。予期せぬ展開にはきわめて重要なルールがあると思う――「驚き」が必要なのだ。伏線があからさまだと驚きを消してしまう。こうした失敗が起きるのはほとんどの場合、（1）思わせぶりや予兆を盛りこみすぎる、（2）予期せぬ展開の内容をもらす、のどちらかだ。成功の秘訣は、サスペンスを盛り上げるのに必要な手がかりを配置しつつ、一方で、何が起きるのか観客や読者に見破られるほどには手がかりを多くしすぎないバランスにある。

　スティーブ・ジョブズは、驚きを消さずに予期せぬ展開を見せる達人だった。アップルの新製品発表などの大きなプレゼンの最後に、ジョブズは締めくくると思わせておいて、壇上で三つの単語をよく口にした――「最後にもうひとつ《ワン・モア・シング》……」。ジョブズがこのことばを言うと、聴衆は歓喜に沸き、そのなかで彼は驚きの新製品を発表した。二〇一〇年、このやり方でビデオ電話のソフトＦａｃｅＴｉｍｅを発表した。二〇〇五年の「最後にもうひとつ」はｉＰｏｄ Ｓｈｕｆｆｌｅで、のちに大ヒットした。二〇〇六年はｉＴＶ（現在のＡｐｐｌｅ ＴＶ）だった。このときにはもうひとつサプライズがあり、シンガーソングライターのジョン・メイヤーがステージに上がって『ウェイティング・オン・ザ・ワールド・トゥ・チェンジ（世界が変わるのを待っている）』を歌った。たいていの場合、どんな新製品が出てくるのか、世の人々はまったく知らなかった。ジョブズは（いったん解雇されたあとの）二度目のアップル時代、情報もれに対する警戒ぶりが伝説になるほどだった。ある製品の詳細がメディアにもれたときには、未発表だったほかの製品の機能を発表して、もれた情報を無価値にした。

　予期せぬ展開で心に留めておくべきルールはほかにもある――その展開が、驚かす相手にとって意味があり、もっともらしく見えなければならない。前述した破壊トリガーでは、単純さ《シンプリシティ》と驚き《サプライズ》、重要性《シグニフィカンス》が効果的に作用する必要があったが、予期せぬ展開は、いろいろな意味でこの破壊トリガーの延長だ。どんでん返しがあまりにも嘘くさいと、意義を失い、そっぽを向かれる。人はスティーブ・ジョブズが「ワン・モア・シング……」と口にすれば、新しいテクノロジーの製品が発表されると期待したが、もし彼が頻繁にこの公式からはずれたら（たとえば、着ている服のメーカーを発表するとか）、大勢のアップルファンは混乱し、失望しただろう（あの黒いタートルネックのファンなら別だけど）。

ここまで、ミステリー・トリガーを構成する三つの要素——サスペンス、感情移入、予期せぬ展開——について述べてきた。これらはどれも、ミステリー・トリガーを使って注目を集めるうえで重要だ。しかし、最後の要素のクリフハンガーは、たんに人の注目を得るだけでなく、人を呼び戻す力がある。

シカゴ中が熱狂した『カスリーンの冒険』——クリフハンガー

一九一三年、カスリーン熱がシカゴ中を覆った。当時のシカゴ・デイリー・トリビューン紙は、「お若いご婦人がた、愛しい殿方から目を離さぬよう。カスリーンの登場！」と謳《うた》った。美しいブロンド女性カスリーンによる、ジャングルの冒険あり、監獄からの脱出あり、命も危うい場面あり、彼女をつらい目に遭わせようとする悪党との争いありの映画に、市民は夢中になった。[20]

『カスリーンの冒険』は、少なくとも当時はふつうの映画とはちがっていた。アメリカの映画スタジオで制作された二本目の連続映画ということと、もっと重要なのは、クリフハンガーを取り入れたおそらく最初の続き物だったことだ。一三回に分けて上映され、それぞれの回はカスリーン・ヘアが何かから逃げようとしているか、命の危険にさらされる場面で終わることが多かった。ある回の最後は、カスリーンと父親と仲間たちが悪党の古い監獄の鉄格子に鎖でつながれ、ゾウの力を借りて鉄格子をはずそうとしているところだった。続きやいかに……。

続きを見たくてたまらない観客はじりじりした気持ちで二週間後の上映を待った。各回とも、映画館のほか、シカゴ・デイリー・トリビューン紙の紙面で二週間ごとに公開された。公開後二四週間にわたる長い物語は、トリビューン紙の発行部数を一〇パーセント押し上げた。関連本や、長篇に作り直した映画の公開(一九一六年)、コレクション用の絵はがき、カスリーン・カクテル、洋服ブランドなど、数えきれないほどの広がりを見せた。

クリフハンガーとは、ストーリーやアイデアのひとまとまりが終わるときに、宙ぶらりんの謎を残すことを指す。最終回がそのまま次の新番組の冒頭につながることもある。観客が次の回に戻ってこずにはいられないように、サスペンスに浸らせておくのだ。われわれには、未解決の謎を解き明かしたいという完結への衝動があるので、ストーリーに結末がつくまで見届けたくなる。終わっていないストーリーは頭から離れない。

だから、連続映画やテレビの連続ドラマではクリフハンガーは強力なツールとなる。視聴者が『ロスト』を毎回見つづけ、『ハウス・オブ・カード 野望の階段』の新たなシーズンが始まるだろうと予測するのは、クリフハンガーがあるからだ。こうした番組は、各回か各シーズンの最後に新たな謎が登場し、答えを知りたければ翌週か次のシーズンを見るしかない。

ただし、クリフハンガーは一般的なサスペンスを特化したものだ。サスペンスは人の注目を集める要素だが、それに対してクリフハンガーは人を呼び戻す要素である。この呼び戻しは、長期の注目を惹きたい場合にとくに重要で、人やアイデアへの長期的な関心が週単位や月単位、さらには年単位で続くこともある。

何度でも顧客に戻ってもらいたいのは放送作家やミステリー作家だけではない。大学の教授やヨガのインストラクターなど、ものを教える立場の人は、二回目、三回目……と生徒に戻ってきてもらわなければならない。起業家は、自社製品をユーザーに二度三度と使ってもらいたい。営業部員も、見込み客に二度目三度目の面談の約束をもらわなければならない。

クリフハンガーで終わりながら、『カスリーンの冒険』ほど評判にならなかったストーリーはたくさんある。効果のあるクリフハンガーと、そうでないクリフハンガーがあるのはどうしてか？

『カスリーンの冒険』のように注目されるには、三つの戦術が必要だ――（1）新しい謎を見せてから終わる、（2）クリフハンガーの決着をつける、（3）ストーリーをまえに進める。そう、ストーリーは動いていなければならない。これら三つの戦術を同時に実行しないと、つまり、観客を待たせる時間が長すぎると、彼らの好奇心はあっという間に怒りに変わる。

二〇一三年三月、ソーシャルニュースサイト〈レディット〉のユーザー、dont_stop_me_smeeが、友人宅の地下室で見つけた、大人の背丈ほどある金庫の写真を五枚、投稿した。[21] タイトルは「友だちが越していったあとに見つけた巨大金庫。どうやって開けたらいい？」

サイトは騒ぎになった。騒ぎの中心はもちろん「金庫に何が入っているのか?」。ユーザーの投票による得点がすぐさま四万七〇〇〇点集まり、六〇〇〇件のコメントが寄せられた。投稿主が金庫の中身に特化したサブレディット(トピックごとに分かれた小区分)を立てたところ、わずか二日間で六万人以上が集まった。金庫に関する投稿が引きも切らず、サイトのトップページを埋め尽くした。そろそろ金庫の中身が明かされる……はずだった。

数日がたった。しかし何も起きなかった。やがてdont_stop_me_smeeは続報を投稿しなくなり、金庫のことで頭がいっぱいになっていたレディットのユーザーを怒らせたが、それはインターネット・ミームとして生き残った。ほかにも金庫がたくさん投稿され、ランキングのトップに迫るものもあった。最終的に、投稿主は何カ月かの沈黙のあと戻ってきて、金庫の中身を配信した。その写真には一五万五〇〇〇点の投票と一万二〇〇〇件のコメントがつき、サイト史上もっとも人気のある投稿のひとつになった——金庫の中身は、やけに大きいクモ一匹だけだったのだが。ユーザーはただ、どんなにがっかりさせられる答えだろうとそれを知って、サイトの仲間たちと共有したかったのだ。

この事例から得られる教訓は、謎を提示したら、謎解きの期待にかならず応えなければならないということだ。観客を放置していいのは、彼らのサスペンスが怒りに変わるまでのあいだだけだ。

「結末」を示して炎上を消し止めたエアビーアンドビー

二〇一一年、住宅やアパートメントの部屋をネット経由で旅行者に貸し出す人気サービス〈エアビーアンドビー（Ａｉｒｂｎｂ）〉が大きな試練に直面した。サンフランシスコに住むＥＪという女性が、自分のアパートメントがＡｉｒｂｎｂを通じて貸した宿泊客に破壊されたと投稿したのだ。「彼らは鍵のかかったクローゼットの扉に穴を開け、私が隠しておいたパスポートや現金、クレジットカード、祖母から贈られた宝石を持ち去りました。さらにカメラ、ｉＰｏｄ、古いラップトップ、そして写真や日記や、私の人生のすべてが詰まったバックアップ・ドライブを奪っていったのです」[22]

Ａｉｒｂｎｂ のＣＥＯはただちに返答したが、ＥＪの災難の支援に乗り出すというより、まるで法律家が書いた文章をそのままコピーしたような代物だった。ニュースサイトの〈テッククランチ〉は、この文章を「たんなる社交辞令で熱意が感じられない」と評した。ふだんＡｉｒｂｎｂが強調する「関係機関と緊密に連携し」や「登録メンバーの皆さまを何よりも大切にいたします」は絵空事だった。被害者は数日後によりくわしい情報をのせた。それによると、Ａｉｒｂｎｂは彼女の状況に支援の手を差し伸べるよりも、彼女の投稿自体にどう対応するかを優先したという。報道機関がこのニュースを取り上げるたびに、ＥＪの悲劇を取り巻く不確実さとミステリーが増大していった。

一週間後、この危機は終わりを迎える。なぜか？　Ａｉｒｂｎｂの共同創設者でＣＥＯのブライアン・チェスキーが、ＥＪの提起した問題に直接取り組むと言明し、会社の非を全面的に認めたからだ。彼は「今回の件に関して、当社はＥＪさんを失望させてしまいました。そのことを、心から申しわけなく思います」と投稿した。「もっと迅速に対応すべきでしたし、もっと丁寧なコミュニケーションを心がけるべきでした。安心で安全だと感じていただけるような断固とした対応策をとるべきでした。しかし当社は危機への備えができておらず、失態をさらしました。現在、われわれはこの事態の解決に真摯に取り組んでいます」

同じ投稿のなかで、同社が貸し主を財産被害から守るために五万ドルの補償制度を設け、社内に信頼と安全性を強化する特別部門を設置したことも明らかにした。同社がこれまで下してきた決断のなかで最良と言っていい。現在、Ａｉｒｂｎｂは一〇〇億ドル以上の価値を持つ大企業に成長した。

Ａｉｒｂｎｂのあやまちは、危機に際して直接的かつ親身な対応をとらなかったことだった。チェスキーＣＥＯの最初の応答――他人事で、及び腰で、あいまいな物言いに終始――はＥＪの悲劇になんら「解決」も「終結」も与えなかった。終結がなければ、サスペンスを残したまま物語は拡大する。ＥＪはなんと言うだろう？　当局筋の見解は？　Ａｉｒｂｎｂの次の発言はどうなる？

Ａｉｒｂｎｂはミステリー・トリガーを制御できないところまでふくれ上がらせてしまったが、そのあやまちを、ＥＪの災難に直接取り組み、ＥＪと災難の両方にしっかりした解決策と終結の道筋を示すことで、翌週には正すことができた。この終結がミステリー・トリガーのサイクルを打ち止めにし、世間の注目を消散させたのだ。

あなたやあなたの会社が、メディアや世間から次の一手を注目されるような危機に直面した場合、最優先におこなうべきことは、終結を示すことだ。問題の解決と終結がミステリー・トリガーのサイクルを閉じる。応答しない場合や、問題を真正面から見すえず、不充分な応答しかおこなわない場合には、悪い印象のクリフハンガーを残すことになり、人はいつまでも催促し、あなたの危機を書き立てるだろう。

Ａｉｒｂｎｂはすばやい終結を図り、注目を消す方法を学んだ。二〇一四年春、Ａｉｒｂｎｂで貸し出された部屋が乱交パーティに使われたことがわかったとき、同社の対応はすばやかった。二四時間もたたないうちに、貸し主の部屋の鍵を替え、貸し主にホテルを手配し、二万三八一七ドルを送金したのだ。こうした事態に対する訓練がすでにできていた。即座の解決と終結で、放っておけば大きくなりかねないもめごとを鎮《しず》めることができた。[23]

注目を集めたければ、世間をサスペンスの状態に置くべきだ。しかし、危機にみまわれ、注目を早くなくしたいのなら、何よりもまず終結を与えなければならない。謎が解決されれば、人はまた別の謎へと移っていく。

ミステリー・トリガーの勘どころ——人は「謎」の答えを知りたがる

「謎に惹きつけられるのも、その解決を求めるのも、人間の基本的な本能です」。ミステリー作家タナ・フレンチは、ナショナル・パブリック・ラジオのインタビューでこう語っている。[24]まさにそのとおりだ。すぐれたミステリーは人の好奇心をかき立て、答えが見つかるまで落ち着かない気分にさせる。人の心に貼りつき、解決まで関心を惹きつづける。探偵が真犯人を暴くことだけがミステリーではない。ミステリーは日々の暮らしのなかにある未解決の疑問と結びついていることをぜひ知ってほしい。解かれていない謎をみると、それが本のストーリーだろうと、宇宙全体にかかわるものだろうと、答えを知りたくなる。アイザック・ニュートンは自身の人生をこう振り返っている。

> 傍目にどう映るのか知らないが、当人からすれば私は、海辺ですべすべの小石やきれいな貝殻を集めて遊んでいる子供にすぎなかった。真理の大海は発見されないまま私のまえに広がっている。[25]

謎は人間の根本的な部分に働きかけるので、注目にも根本的な影響を及ぼす。「ミステリーはありがたい存在です」と映画監督のスティーブン・ソダーバーグは言った。「人生にとっても、ストーリーにとってもね」。ソダーバーグもニュートンも、われわれの暮らしに謎がいかに大切かをよくわかっていた。だから、ミステリー・トリガーは長期の注目を得るうえできわめて重要なツールなのだ。

最終の第8章では、注目とかかわりのある人間の性質の最後のひとつを取り上げる。その性質は、異色かつ強力で最終的にはまわりの人に力を与えるような方法によって、注目を獲得する。

第８章　承認トリガー
「認知」「評価」「共感」の三欲求を満たす

人気サイトについて歌ったキナ・グラニス

華奢《きやしや》な体に絹のようになめらかな歌声を持つシンガーソングライター、キナ・グラニス。子供のころから、世界中を旅して音楽で生きていきたいと夢見ていた。彼女にはたしかにすばらしい声と才能がある。ギターを鳴らしながら歌う、その艶やかな響きを聞けば、幸せな場所へふわふわと漂う気持ちになる。ノラ・ジョーンズの歌声にも同じ感じがする。

グラニスは、多くのアーティストと同じく、大きなチャンスの到来を待っていた。だがあるとき、みずからチャンスをつかみ取りにいく決断をする。二〇〇七年、「〈ドリトス〉クラッシュ・ザ・スーパーボウル」コンテストに応募したのだ。大賞になれば、視聴者一億人以上のスーパーボウル中継中に、〈ドリトス〉のコマーシャルでデビューするチャンスが与えられる。そんなコマーシャル枠は億万長者でなければ買えはしない。

才能が認められてグラニスはトップテンにランクインしたが、そこからは審査方法が変わり、一般視聴者からの投票になる。自分の曲『メッセージ・フロム・ユア・ハート』とそのミュージックビデオに投票してと世間に訴えなければならない。彼女はそれから毎日、新しい歌をユーチューブで披露しはじめた。そこそこの評判にはなったが、〈ドリトス〉のコンテストでさらに上位に行くまでの力はなかった。
「だから考えたの。私の世界にまだいない、もっとたくさんの人たちのまえに立つにはどうしたらいいかって」。ロサンジェルスのコーヒーショップで紅茶を飲みながら、キナ・グラニスはぼくに言った。グラニスは姉妹ふたりとアイデアを出し合い、〈ディグ〉のことを思いついた。「そのころ、ディグはとても大きくなっていたし、私たちは大ファンだった。それで、ディグを歌にしたらどうかって」

ディグとは、ニュース共有で人気のあるウェブサイトで、当時はインターネットの「ホームページ」的存在だった。ときに一般ユーザーのサイトの成功を左右するほどの勢いがあり、「ディグ効果」が働くと、おもしろいニュースを発信したサイトには大量のアクセスが殺到して、文字どおりサーバーをダウンさせるほどだった。そこでグラニスは、ディグに親しみをこめて『ゴッタ・ディグ（ディグしなくちゃ）』を書いた。人目を惹くあざといことはしていないが――もしそうだったら失敗していたはずだ――曲の歌詞から彼女がディグの世界を理解していることが伝わった。そして、それが何より大事だった。

ディグのファンには退屈かな
ずばりと言う人たちだから
ねえ、聞いてる、ケビン・ローズ？〔ディグの開設者〕
コメントシステムがいかれてるわ！

ディグだって完璧じゃない
だけどどれほどありがたいか
パパがいつも言ってるの
〈スラッシュドット〉〔掲載する記事を編集者が選ぶニュースサイト。ディグは読者の投票で決まる〕よりずっとマシ！[2]

数時間のうちに、その動画はディグチャートのトップに急上昇した。これがグラニスのファン層を拡大し、彼女がドリトスのコンテストで三位以内に入れるように後押しする活動にも波及した。グラニスは広がったファン層に向けて、毎日かならず新しいカバー曲かオリジナル曲を投稿した。どの動画にもひとつの要素が共通していた——ファンとの交流だ。ファンからの質問に答え、創造力に富んだエールをファンに送った。自分以外の人の噂話はしなかった。「ありのままの自分でいようとすることが、結局は私を助けてくれるって学んだわ」。グラニスは言う。

スーパーボウルの日、グラニスは、ほかのふたりのファイナリストとともに開催地のアリゾナ州フェニックスにいた。コンテストの結果は知らされていなかったが、〈ドリトス〉のコマーシャルが始まったとき、流れてきたのは耳慣れたギターの音色と情感のこもった声だった。髪の房を波打たせたこの女性が、九八〇〇万人の視聴者のまえでデビューした瞬間だった。

なぜ、何万もの人がキナ・グラニスを支持したのか？　なぜ、見ず知らずの歌手の卵にひと晩で大スターになるチャンスを与えたのか？

承認を求めるのは人間だけ――承認の三欲求

人間学とメディア論が専門のトマス・デ・ゼンゴティタ博士と、テレビドラマ『アントラージュ★オレたちのハリウッド』の主人公役で有名な俳優エイドリアン・グレニアーは、ファンがグラニスたち有名人を応援する理由を深く理解している。二〇一〇年、この妙な組み合わせのふたりはチームを組み、『ティーンエイジ・パパラッチ』というドキュメンタリー映画を制作した。一四歳のパパラッチ少年の生活と、セレブたちとメディアの争い、われわれの文化でセレブが果たす役割を追求し、批評家から高い評価を受けた。

グレニアーとデ・ゼンゴティタ博士とぼくは、世間がなぜセレブに注目するのかについてじっくりと議論した。これが理由だとひと言で言いきれるものはないが、議論のなかに何度も登場した、鍵となる概念は「承認」だ。

「精神的な要求のなかで、注目はリストのトップに来ます」とデ・ゼンゴティタ博士は言った。「哺乳動物はどれも注目を欲しがります。だが承認を求めるのは人間だけなんです」

博士によると、承認とは、人の心の奥深いところにある、他者から気づかれたい、認められたい、理解されたい、という要求である。「飼っている犬の名前をあなたが忘れても、その犬は侮辱されたとは思いません。飼い主に頭をなでられ、いっしょに遊んでもらえれば大喜びします。しかし、もしあなたが長年の友だちの名前を忘れたら、その友だちはむっとするでしょう」

少なくとも「注目」という文脈では、ぼくは「承認」をこう定義する。承認とはわれわれが生まれながらに持つ「認知」（存在を認める——ぼくの名前知ってる？ ぼくはここにいるよ）、「評価」（価値を認める——おれって特別だろ？ ユニークだろ？ すごいだろ？）、「共感」（感情を共有する——私の気持ち、わかる？ 私を受け止めてほしいの）の要求を包括したものだ。人や商品やアイデアとのつながりが深まるにつれ、認知、評価、共感の三つの要求を満たされたいという欲望も強くなる。

きっとあなたも、承認を形成するこの三つの要求を満たされたいと願ったことがあるだろう。有名になることを思い描いたり、片想いの人の目にとまるように服装を変えてみたり（どちらも「認知」の要求）、上司から、プロジェクトの成功はきみのおかげだと褒められて小躍りしたり（評価の要求）、あるいは、批判せずに黙って自分の話を聞いてくれる人に恋をしたり（共感の要求）。三つの要求が満たされると、信頼の土台になる。評判トリガーの第6章で述べたように、信頼している人の言うことなら、われわれはかならず耳を傾ける。

バージニア大学とウィスコンシン大学による共同研究で、一六人の既婚女性の足首に電極をつけ、電気ショックの実験をおこなった。実験のたびに、電気ショックが来ないことを示す安全信号か、二〇パーセントの確率で来ることを示す警告信号を被験者に見せた。[3]

研究チームの目的は、脅迫状態に置かれた脳の活動量を測ることだった。被験女性たちには、異なるサポートを与えた——まったく初対面の人の手を握る、自分の夫の手を握る、あるいは、誰の手にも触れてはいけない。

実験は被験者を緊張下に置くもので、緊張によって脳の活動量は上昇した。大方の予想どおり、脳の活動量がいちばん高かったのは、被験者が誰の手も握れなかったときで、いちばん低かったのは、夫の手を握っていたときだった。だが、驚かされるのは、脳の活動量は結婚生活の質とも関係のあることだった。穏やかな夫婦関係にある者は、緊張する事態になっても落ち着いていられた。結婚生活に深く満足し、夫との強いきずなを感じている者は、電気ショックの脅威にさらされても脳の活動量はいちばん低かったのだ。

この研究は、強いきずなは緊張する事態から注意をそらし、日々のなかにある安心感に向かわせることを示した。承認の要求を満たしてくれる人や社会、アイデアにわれわれが注目するのは自然なことだ。心地よさを与えてくれるのだから。だからこそ、七つのトリガーのうち、長期の注目を集めるうえでは承認トリガーがもっとも強力なのである。

注目すれば注目される

承認トリガーの基本はシンプルだ――人はなんらかのかたちで自分を認め、評価し、共感してくれる人やアイデアに注目する。誰かが自分を褒めはじめたら、自然にその人に注目する。他者から前向きな刺激を与えられたり、好意的な態度を示されたりすることは、ありがたく、うれしい。そうされたくてたまらないときすらある。簡単に言ってしまえば、あなたが誰かに注目すれば、その人から注目が返されるということだ。一方が注目し、もう一方が注目を返す、これを「返礼の注目」と呼ぶ。返礼の注目は、承認トリガーが持つ力の源《みなもと》である。

キナ・グラニスの場合、彼女が人気を得たことで、ディグのコミュニティと、誰かを有名にできるディグの力が評価されることになった。そしてグラニスのほうも、たくさんの動画を投稿するうちに、自分のファンがどういう人たちなのか、グラニスの誠実だがちょっと変わった人柄をなぜ認めてくれるのかを理解し、ファンに共感するようになった。キナ・グラニスはファンを愛し、ファンも自分たちをキナーズと呼ぶほどに彼女を愛し返した。

この章ではこれから、承認トリガーの発動にかかわる認知、評価、共感の三つの要求について掘り下げていく。なぜ他者からの承認が欲しいのか、人々の承認の要求にどう応えれば、彼らの注目を深いところでつかめるのかを論じてみたい。

まず、認知の要求と、われわれが名声を切望する本当の理由を探ってみよう。

セレブになり損ねた詐欺師夫婦――認知

リチャード・ヒーニーと飯塚マユミは、名声が欲しくてたまらなかった。この夫婦は二〇〇八年、視聴者参加バラエティ番組『ワイフ・スワップ』に出演した。それよりまえには、『サイエンス・ディテクティブ』という似たような番組に企画を売りこんで失敗していた。のちの運命を思えば皮肉だが、ふたりはもっと有名になりたかった。[4]

ヒーニーと飯塚は結局、有名人になるという目標を達成したが、それには大きな代償がともなった。二〇〇九年、彼らは、ファルコンという名の六歳の息子がヒーニーの作っていた気球に乗って空へ飛ばされたと通報した。六歳のファルコンを乗せたまま二〇〇〇メートル以上上昇した気球のニュースに、何百万人もの人が釘づけになった。「気球少年」の物語は大衆の心をとらえた。

いまのわれわれは、ヒーニーと飯塚はたんなる詐欺師で、世間とメディアをだましたことを知っている。息子のファルコンは空に飛んでいったのではない。ずっと屋根裏部屋に隠れていたのだ。ＣＮＮが家族におこなったインタビューのときに、六歳の息子本人が、「屋根裏部屋からわざと出てこなかったのはショーを盛り上げるため」とカメラのまえで発言したために、それまで子供の安否を気づかい、サスペンスに引きこまれていた世間の感情は一気に怒りに変わった。夫婦のでっち上げに裁判所はあまり寛大ではなかった。ヒーニーには九〇日間の服役と四年間の保護観察が科され、飯塚は処罰こそ夫より軽かったもののやはり有罪になった。さらに、四年間はこの事件をもとにいかなるかたちでも金銭を得てはならないと言い渡された。

ヒーニーと飯塚は有名になりたくて極端に走った例だが、周囲からの認知を欲しがる人は決してこの夫婦だけではない。ドイツと中国でおこなわれた調査によると、成人のおよそ三〇パーセントが有名になることを夢見ているという。さらに驚くのは、そのうちの四〇パーセント以上が、いつの日かなんらかのかたちで有名になれると思っていることだ。この割合は、ティーンエイジャーではさらに跳ね上がる。別の調査では、一〇歳から一二歳の子供が、将来の目標のトップに「有名になること」をあげている。[5]

われわれには生まれつき、他者から認知されたいという欲求がある。それはわかるが、なぜ名声まで求めるのだろうか。

答えは「承認」にある。自分を認めて受け入れてもらいたいという欲求があるからだ。バッサー大学の心理学者ダラ・グリーンウッド博士らは、集団への「帰属性」を強く求める人ほど、名声に惹きつけられることを発見した。名声をたんに夢見るだけでも、彼らはいい気持ちになれる。名声が与える知名度とステータスは帰属性を得るための方策にほかならない。[6]

認知は、あなたとあなたのメッセージが存在することへの同意であり、名声は、目立つ何かの達成によって認知量が増大することでもたらされる。単純に言いきってしまうと、多くの人が誰かに認知と受容と帰属性を与えれば、その人は有名になる。承認トリガーは、受け入れられたいという基本的な欲求を利用する。認知を与えるか、認知される機会を与えれば、それはその人にとって注意を向ける強力な誘因になるのだ。

認知への欲求は、『ザ・ヴォイス』や『アメリカン・アイドル』のようなオーディション番組が強く人を惹きつけ、世界中で高い視聴率を誇る理由でもある。審査員に有名人が多いとか、勝ち上がってきた候補者が才能豊かなことだけが理由なのではない。あなたか、あなたの知る誰かが次に認められるかもしれないからだ。とくにこれは、スーパースターになれるかどうかがルックスではなく才能によって決まる『ザ・ヴォイス』に当てはまる。

しかし、認知を生むということは、自分に注目を集めるだけの単純な問題ではない。手をぶんぶん振って「おれ、おれ、おれ！」とわめいたところで、気球少年が世間とメディアから浴びたのと同じ反発にさらされるだけだ（もちろん裁判所からも）。もっと本質的なこと、たとえばあなたがなしとげたことや、あなたが象徴するものに気づいてもらう必要がある。

「何をしたかによって人気は決まります」。バーブラ・ストライサンドなどハリウッドの大勢の人気者たちを陰で支えるPRの大物、ディック・ガットマンは語る。「人気とは、人を楽しませるためにしたことが掛け合わさった結果なんです」[7]。

たとえばジョージ・クルーニーやウィル・スミスのようなセレブは、自身に注目を集めようとはしない。培《つちか》ってきた自分への認知を使って、自身の仕事に注目を向けようとする。だから人は彼らに持続的な注目を払うことができるのだ。どこかへ消えていったスターたちがかつて受け取っていた、あっという間になくなる注目ではなく。

もちろん認知は、相互におこなわれるともっと強力なツールになる。誰かがあなたの仕事ぶりを認めたとき、あなたには、その人が注目してくれたことに感謝して、認知を返す機会が訪れる。こうした相互または返礼の認知は、長く持続する注目につながる。

認知はわれわれの注目をうながす重要な要求だが、認知だけが唯一の要求ではない。仲間から認知されたいと願う気持ちと同じように、自分という人間と、おこなってきた有意義な活動を評価してほしいという欲求もある。これが承認トリガーの二番目の要求、「評価」である。

読者の「アイデンティティ」を尊重して成功したバズフィード――評価

〈バズフィード〉は口コミでの拡散を戦略的に活用した総合ニュースサイトだ。インターネット新聞〈ハフィントン・ポスト〉の創設に加わったジョナ・ペレッティと、ニューメディア・アートの美術館〈アイビーム〉の創設者ジョン・ジョンソンが、共同で二〇〇八年に創設したこのサイトは、毎年飛躍的な伸びを見せ、二〇一一年から二〇一三年のあいだでユーザーは三倍になった。二〇一四年にバズフィードのニュースやエンターテインメント、口コミ・リストなどのコンテンツを訪問した人の数は、月間数千万人にのぼる。どうしてバズフィードがこれほど多くの訪問者を呼びこみ、しかも長くとどまらせるのかを知りたくて、マンハッタンのフラティロン地区にあるオフィスを訪ねてみた。

ジョナ・ペレッティは、突き抜けた天才の面と、学者みたいに博識深い面を併《あわ》せ持った人物だ。童顔のこのCEOは、九〇年代から〈ブラック・ピープル・ラブ・アス！〉のようなサイトで口コミを広げていた（〈ブラック・ピープル・ラブ・アス！〉は、白人カップルが、アフリカ系の人たちにいかに好かれているかを投稿しているふうの、安っぽいパロディ・サイト。顔写真つきのわざとらしいコメントまで並んでいる）。ペレッティはまた、購入するナイキのスニーカーに「sweatshop（搾取工場）」とプリントを入れるように注文し、それをキャンセルしようとしたナイキ窓口とのメールの攻防でも有名である。

彼のオフィスは、三方を透明なガラスの壁に囲まれ、フロア全体のまんなかにある。その部屋にいっしょにいたとき、ペレッティが、成功するための必勝法なんてないけれど、バズフィードの成功には三つの大きな要因があったと話してくれた。要因のひとつは、バズフィードを裏で支える科学、すなわち、コンテンツがウェブ上でどう拡散していくかを計算する内部のバイラル（口コミ）エンジンだ。

「疫学をもとにした単純な計算式ですよ。伝染病の広がりを計算する式は、共有とコンテンツの変化を測る式にも使えるんです」。そのモデルを使って、バズフィードのチームはコンテンツの拡散のしかたを予測し、たくさんの因子を考慮して、口コミにのる確率を高めようとする。ペレッティ自身もそれまでの一〇年間、ネットワークの仕組みと人間行動について学び、「少しでも成功の可能性を上げよう」としてきた。

第二の要因は目新しさ――短期の注目の鍵――だ。「目新しさは、何かを発進させるときにいちばん重要な要素ですね」とペレッティは言う。バズフィードのレポーターたちは四六時中ウェブを巡回し、投稿できる新しいコンテンツを探している。結果として、新しいコンテンツがつねに流れこみ、古いコンテンツと入れ替わっている。

第三の要因は評価であり、注目をつかむ力としてはこれがいちばん強い。ペレッティ曰く、「情報共有に作用するのは知性じゃない。感情です」。彼は例としてミネソタ州民をあげた。バズフィードに、「ミネソタ人がひそかに自慢する三八のこと」という記事が掲載された。ボブ・ディランや〈ジューシールーシー〉（パテのなかにチーズの入ったチーズバーガー）やディスカウント百貨店ターゲットなど、ミネソタの名物に焦点を当てたもので、ページビューは一〇〇万を超えた。だが、ペレッティの好奇心を刺激したのはページビューの回数ではなく、その記事が口コミの勢いにのるまでの過程だった。最初に投稿されたとき、まずミネソタに小さな明かりがぽっとついた。何千人かのミネソタ州民が記事を共有し、それをきっかけに、他の州や外国に住むミネソタ人が堰《せき》を切って集まってきた。記事はミネソタの美点をたんに並べるのではなく、まじめに意見を述べていた。ミネソタ人がこの記事を共有したのは、彼らのアイデンティティの重要な部分を評価する内容だったからだ。

バズフィードには、ユーザーのアイデンティティに響く場がさまざまに用意されている。人気のあるリストを少し紹介すると――。

- アジア人がうんざりする二一の質問
- 移民の親を持つ子供だけがわかる二三の問題
- 九〇年代の雰囲気を完璧にとらえた四八の写真

パターンにお気づきだろうか？　バズフィードはユーザーをよく理解している。だが、もっと重要なのは、ある集団の性質を決めるユニークなアイデンティティや経験を承認しようとする姿勢だ。たしかに、ミネソタ州出身の人の数は全人口からすれば少ないが、彼らはまちがいなく、ミネソタとのかかわりを評価する記事、ひいてはミネソタ出身者のアイデンティティを評価する記事を、ほかのミネソタ人と共有する。

われわれはごく自然に、自分のアイデンティティや、ユニークさ、非凡さを認めてくれるものを探し、それに注意を向ける。言い換えれば、評価を求め、評価してくれる何かに注目するようにできている。つまり、返礼の注目だ。

バズフィードのクイズ〔設問と、回答の選択肢をあげて回答を募る〕とリストがこれほど人気なのは、ユーザーのユニークさと非凡さに光を当ててくれるからだ。サイトの記事はさまざまなアイデンティティを評価してくれる。ミネソタ出身でないとしても、シカゴ市民や、ヒスパニックの文化や、九〇年代に育った人などを評価する記事がたくさん並んでいる。ほぼすべての記事が、なんらかのかたちでサイトユーザーに評価を与えている。とくに人気がある「あなたよりもずっとひどい状況に立ち向かっている一九人」（二〇〇〇万ビュー以上）は、いろいろ問題はあるとしてもあなたの人生がすばらしいことを評価している。もっと悪い人生になっていた可能性だってあるのだから。

なぜわれわれは評価を切望するのか

評価が人の注目を集めるのは、どう評価されるかをみんながつねに心配しているからだ。上司はぼくの成果をちゃんと見てくれるだろうか？　先週バーで出会った、あのすてきな男性／女性は、電話してくれるだろうか？　自分を肯定して評価してほしいという要求はいつでも、人が注目を払う原動力だが、評価を求めていることをわれわれが口にすることはあまりない。自分に注目してほしいとか、人気者になりたいと望むことはタブーなのだ。評価とは、謙虚に頭《こうべ》を垂れ、黙っていい仕事をしていれば、向こうから飛びこんでくるものと思われている。だが、この本のあちこちで述べてきたように、「いいものを作れば、お客は来る」という態度は現代社会では通用しない。

　評価を求める気持ちは万人に共通するが、求める評価の種類は人によってちがう。ある人は自分の名前を新聞で見たがり、別の人は各地で熱狂的な群衆に選挙演説をしたいと願う。霊能者に会って、自分の輝かしい未来を確約してもらいたいと思う人もいるだろう。一方で、世間の注目よりも、親しい友人や恋人からちょっとした褒めことばを聞きたいだけの人も多い。内向的な人なら、自分自身より仕事の成果のほうを評価されたいだろう。自分の作品をみんなは気に入ってくれるだろうか？　ブログの投稿をシェアしてくれるだろうか？

　ソーシャルメディアの使い方からも、評価を求める気持ちが誰にでもあることがうかがえる。二〇一二年、ぼくは「評価社会」と呼ぶ概念についてブログに記事を書いた。そのなかで、ソーシャルメディアが、「いいね！」や、リツイート、「お気に入り」、コメントなどで他者からの評価を求めつづける社会を作ったことについて論じた。われわれは自分のツイートが口コミで拡散すると興奮し、フェイスブックに気の利いた投稿をしたつもりなのに誰からもコメントがつかないとがっかりする。[8]

　リツイートや「いいね！」が登場したことで、以前よりずっと楽に評価を獲得できるようになった。評価社会の進展によって、ステータス・アップデートの多くは、個性や生き方の表現ではなく、「いいね！」やお気に入りの獲得のためにおこなわれるようになった。ニューヨーク・タイムズ紙の記者で友人のジェンナ・ワーザムが、このことをうまく説明している。

> あなたの貢献が重要だとか、おもしろいとか、価値があると評価されると、今後もそれを続けていける社会的証明を得た気持ちになる。でもその結果、人に先んじることばかりを重視する気運が生まれる。華々しく大量にリツイートされたい、目立つところに颯爽《さっそう》と現れて人気をさらいたいという方向に努力してしまうのだ。[9]

フェイスブックに非常に人気があるのは、たんに友だちとつながることができるからではない。自分に注目してもらえるからだ。言い換えれば、フェイスブックに注意を払うのは、評価の要求を満たしてくれるからである。われわれはよく、自分の誕生日にフェイスブックをチェックしたり、婚約を発表した友人に届いた「いいね！」とコメントの数を数えたりする。

自分を評価してくれ、他者にもそううながしてくれる企業や製品、アイデア、団体には、否応なく注目する。知っている人であろうとなかろうと、フォロワーが欲しくてたまらないのは、コンテンツが上出来で、自分の人気が高いと褒められている感じがするからだ。

「〝フォローする〟は魔法の動詞です」。フェイスブック、ツイッター、リンクトインでプロダクト・マネジャーを務めたジョシュ・エルマンは言う。彼によると、このところ多くの企業が、

「友だち申請」ではなく、他者を「フォローする」機能を熱心に取りこもうとしているそうだ。フォローのほうが、評価と注目の両方を大量にもたらしてくれるからだ。エルマンはまた、旧来のメディアでもソーシャルメディアでも、フォローの比重がますます大きくなると予測している。フェイスブックがプロフィールに「フォロワー」の数を加えたのは始まりにすぎない。〈フォースクエア〉などほかのサービスも、近頃投入したアプリにフォロワー機能を追加している。[10]

エルマンは正しい。「友だち」よりも「フォロワー」のほうが評価の機会が増える。フォロワーが多いほど、より多くの評価を得たことになる。自分のツイートを「お気に入り」にしてくれた人全員に注目を返すことはできなくても、彼らのアクションの通知が頻繁に届くなら、ツイッターにはつねに注目するはずだ。ユーザーが評価できる方法を用意しておけば、それが「いいね！」でも「お気に入り」でも、フォロワーでもそうでなくても、ユーザーが製品に与える注目の量を大幅に引き上げることができる。

ただし、評価の要求に応えることだけが承認トリガーを活性化させる方法ではない。評価よりもさらに強く、われわれは他者に共感を求めている。そしてわれわれ自身も他者に共感したい。

サンフランシスコ市全体を巻き込んだメイク・ア・ウィッシュの運動――共感

マイルス・スコットにとって、人生は温かくなかった。生後わずか一八カ月のときに白血病を発症した。放置すれば、白血病細胞が骨髄に広がり、やがて全身をむしばむ。とくに子供には非常につらい病気だ。[11]

マイルスはがんばった。化学療法には三年を要したが、癌は寛解状態になった。難病と闘う子供を支援する非営利団体メイク・ア・ウィッシュは、マイルスの治療中に願いは何かと尋ねていた。そのときの答えはこうだった。

「ぼく、バットキッド〔バットマンの子供版〕になりたい」

メイク・ア・ウィッシュのサンフランシスコ支部は、支援者たちにメールを送り、助っ人を依頼した。依頼内容はシンプルだった――バットキッドを励ますために来てほしい。メイク・ア・ウィッシュは、大好きなスーパーヒーローに変身したマイルスが、二、三時間敵と戦うお膳立てをした。場所としてサンフランシスコが選ばれたのは、マイルスの家族が北カリフォルニアに住んでいたからだ。メイク・ア・ウィッシュは、バットキッドを称賛する最後のシーンのためになんとか数百人が来てくれればいいが……と願っていた。

彼らはソーシャルメディアと大勢の人が共感したときの力を過小評価していた。メイク・ア・ウィッシュからの依頼は野火のように拡散していった。三〇〇人のボランティアどころか、街には一万二〇〇〇人がやって来た。二〇一三年一一月、バットキッドが現れるころには、悪と戦うバットキッドの噂がサンフランシスコ中に広がっていた。

メイク・ア・ウィッシュとサンフランシスコ市は、すばらしいショーの舞台を作り上げた。

バットマン（の衣装を着た俳優）と協力し、バットキッドはサンフランシスコの通りをバットモービル（寄付されたランボルギーニ）で走りまわった。（偽の）爆弾をくりつけられて動けない女性を助け、リドラー役がたくらむ銀行強盗を阻止し、サンフランシスコ・ジャイアンツのマスコット、ルー・シールを悪のペンギン一味から救い出した。サンフランシスコ市の警察本部長がつき添って、バットキッドに悪を倒す方法を伝授し、すべてのミッションが終わったとき、市長が街（ゴッサム・シティ）に入る鍵をプレゼントした。オバマ大統領もツイッターの動画で、ゴッサムを救ったマイルスに祝福のメッセージを送った。

バットキッドの冒険が終わるころには、一万二〇〇〇人以上の人が集まって、マイルス・スコットを激励した。ツイッター上では、バットキッドを応援するツイートが四〇万以上、飛び交った。主要報道機関はこぞってこの話を取り上げた。インドのような遠く離れた国のメディアまで、サンフランシスコ市全体がゴッサム・シティに変身した経緯を伝えたほどだ。

誰も気にとめない話は数多くあるのに、バットキッドはなぜ、これほど人の関心を集めたのだろうか。メイク・ア・ウィッシュの運動はなぜ、アフリカの飢えた子供を救う活動より、注目する価値があると見なされたのか。

答えは「共感」にある。承認トリガーを起動する三つの要求のうちの三番目だ。

「承認の裏側にあるのは理解です」と、デ・ゼンゴティタ博士はグレニアーとぼくに言った。「人間のもっとも深い要求は、セックスでも食べ物でも睡眠でもありません。理解されることです。これはいちばん心地よい感覚で、承認をもっと深くしたものです」

共感とは、他者の要求と懸念を感じ取って思いやりを示す能力のことである。誰かに認められる、あるいはアイデンティティを評価されること以上に、共感は強い結びつきを生み、友だちだろうと家族だろうと有名人だろうと、その人のことばに注意深く耳を傾ける。われわれはマイルス・スコットに同情せずにいられない——癌に罹《かか》ったのが、もしわが子だったら？　だから、メイク・ア・ウィッシュが力を貸してくれるように頼んだとき、あれほど大勢が現地に駆けつけたのだ（ソーシャルメディアで見守っていた人を合わせると数十万人にのぼる）。

「ほかの人々とつながる感覚というものがあります」。インタビュー中にリンクトインのＣＥＯジェフ・ウェイナーは言った。「その感覚に触れ、通じ合えたとき、物事はほぼ瞬間的に広まっていくのだと思います」

共感がこれほど強力なのは、人に生来、他者を理解しつながりたいという要求と、それをかなえる能力が備わっているからだ。個人的に知らない人とのあいだでも。

慈善団体への寄付を求める、次のふたつの手紙を読み比べてみよう。

1　マラウィでは三〇〇万人以上の子供たちが食料不足に苦しんでいます。ザンビアでは深刻な雨不足によって、二〇〇〇年以降、トウモロコシの収穫量が四二パーセントも落ちこみ、三〇〇万人ものザンビア人が飢えに直面しています。また、アンゴラでは人口の三分の一にあたる四〇〇万人が家を追われ、エチオピアでは一一〇〇万人以上が食糧支援を緊急に必要としています。

2　あなたの寄付は、アフリカのマリ共和国で暮らす七歳のロキアに届けられます。この少女はひどく貧しく、深刻な飢えに苦しみ、餓死する怖れすらあります。寄付があれば、ロキアの暮らしをよりよいものに変えることができます。セーブ・ザ・チルドレンは、あなたの援助と寛大なスポンサーからの支援のもとで、ロキアの家族や地域社会の皆さんと力を合わせ、ロキアに食べ物を届け、教育を受けさせ、基本的な医療を提供する活動をおこなっています。

どちらに寄付をしたいと思います？　人間の意思決定にくわしい、ペンシルバニア大学ウォートン校のデボラ・スモール博士は、学生一二一人にテクノロジー製品の利用に関する簡単なアンケートに答えてもらい、謝礼として五ドルずつ渡す実験をおこなった。じつはアンケートは目くらましで、本当の実験は、スモール博士たちが各参加者に渡した封筒のなかにあった。謝礼の五ドルと五ドルの領収書のほかに、寄付を求める手紙が入っていたのだ。[12]

手紙は、いま受け取った五ドルのいくらかを、子供の権利擁護のために国際的ＮＧＯ〔非政府組織〕セーブ・ザ・チルドレンに寄付する呼びかけだったが、内容は二種類あった。学生の半分には、「統計上の犠牲者」が書かれたものが渡された。アフリカの子供たちの窮状を客観的に述べ（「三〇〇万人ものザンビア人が飢えに直面しています」）、寄付を説得しようとする。学生の残りの半分が受け取ったのは、ロキアという少女の短いストーリーと彼女の写真で、「顔のある犠牲者」をつうじて寄付を呼びかけた。

スモール博士が被験者に手渡した手紙の文面は、先にあげた二種類の手紙とまったく同じだ。「統計上の犠牲者」について語った前者を受け取った学生の平均寄付額は一・一七ドルだった。一方、ロキアという「顔のある犠牲者」について語った後者の場合には二・八三ドルで、一四二パーセントも多かった。

スモール博士とチームは、この現象を「顔のある犠牲者効果」と呼ぶ。どこの誰さん、という具体的な情報は共感を強め、寛容と注目を引き出す。だから、ロキアの苦境を直接助けたいと感じる。飢え死にしそうな少女や、すべてを失ってしまった哀れなヘロイン中毒者の話を聞くと、他人事ではなくなってしまうのだ。だが「統計」には、たとえそれがどんなに悲惨な数字であっても共感しにくい。

同じ調査のなかでスモール博士は別の実験もおこなっている。二種類の手紙を学生に渡すところは同じだが、こちらは直前に「なぜ人は、問題を抱えた人たちの統計的数字よりも、問題を抱えた特定の人物に対して強い反応を示すのか」についての講義をおこなった。この講義を受けた学生のうち、統計的数字の手紙を受け取った人の寄付額は、まえの実験のときの一・一七ドルから一・二六ドルに少しだけ増えた。しかし、ロキアの手紙を受け取った学生の寛容さには大きな影響が出た。寄付額は二・八三ドルから一・三六ドルに激減したのだ。

ちがうグループを対象におこなった別の実験では、かわいそうな犠牲者の物語に統計的数字を並べた場合、「顔のある犠牲者効果」が薄れることがわかった。むしろ逆効果だった。統計的数字には、人の寛容な動機を損なう負の効果がある。顔のある犠牲者の話だけを聞いた場合には寄付額の平均は二・三八ドルだったのに、統計情報をつけ加えると一・四三ドルに減ってしまった。

この調査からわかるのは、今後は依頼状から統計情報をはずすべきだ、ということではない。つながりを作る（そして注目を惹く）には、あなた自身かあなたの話に共感させるだけの情報が必要ということだ。とくにこれは、統計的数字ではなく、人についての物語である場合に効果を発揮する。人々にバットキッドを応援させるのはたやすいが、癌に苦しむ、顔も知らない何千人もの子供に共感させるのははるかにむずかしい。

「もしこれが自分の身に起きたら……」と容易に想像できるようにしなければならないのだ。そうすればするほど、人々はもっと深く理解する。清潔な水のない発展途上地域で井戸を掘る活動をしている、非営利団体チャリティ・ウォーターは、ある井戸に寄付をした全員に、その寄付金でできた井戸のおかげで、現地の人たちの生活がどれだけよくなったかを報告している。その井戸から実際に水を飲んでいるところを撮った写真や、水汲みから解放されて学校に行けるようになった少女の動画や、その井戸を見たければ見にいけるように、ＧＰＳで測定した井戸の正確な位置情報を送るのだ。

「私たちは物語の作家です。（将来の寄付者候補が）自分も参加したい、何かの役に立ちたいと思えるような、前向きで、救いのある物語をいつも探しています」。チャリティ・ウォーターの創設者、スコット・ハリソンは語る。「すばらしい物語があれば、人の注意を惹くことができるんです」[13]

われわれは他者からの共感を求めているが、反対に、自分が共感できる相手も求めている。承認トリガーの他の要求と同じく、共感も返礼の共感を生むのだ。ただし、認知、評価、共感の三つの要求すべてを満たし、承認トリガーを活用するのは、言うは易く行うは難しだ。何百万人もの注目を集めなければならない場合はとくに。

だが、アイドルグループのＡＫＢ48のように、承認を広める方法を考え出した人たちもいる。

ＡＫＢ48の根強い人気を保証する「パラソーシャル関係」

日本のアイドルグループＡＫＢ48がステージに立つと、何千というファンが恍惚となって歓声をあげる。シングル曲を発売するたびに、たちまちヒットチャートのトップになる。このグループは二〇〇九年以降、シングル曲が連続二〇作以上チャート一位を獲得している〔二〇一五年一二月時点では連続二九曲一位〕。ＡＫＢ48の人気は、「人気がある」などと言うレベルをはるかに超えている。わずか八年間で、世界有数の売上を誇る音楽グループにのし上がり、二〇一二年の年間総売上高は二億二五〇〇万ドルだった。

このグループがこれほどの人気を得たのはどうしてか？

ＡＫＢ48は一般にイメージするような音楽グループではない。まず、リードボーカルがいない（少なくとも、長期にわたってグループに在籍するリードボーカルは）。また、メンバーの多くは、二〇代なかばになるまえにグループを卒業する。さらに、イーグルスやＵ2、ワン・ダイレクション、ブラック・アイド・ピーズ、アーケイド・ファイアを合わせたよりも、人数が多い。メンバーは全員女性、八〇から九五人ほどのメンバー数（二〇一五年一二月時点で、非正規メンバー、姉妹グループを除いた正規メンバー数は約一三〇人）を持ち、一般大衆向けのポップグループとして世界最大のギネス記録を有している。

人数が多いため、グループはチームＡ、チームＫ、チームＢ、チーム4、チーム8の五つに分かれて活動している。さらに、東京以外の場所に姉妹グループがあり、正規メンバーへの昇格をめざす研究生たちもいる。日本全国だけでなく外国へもコンサートツアーに出かける一方、東京・秋葉原にある本拠地のＡＫＢ48劇場でも毎日のように公演をおこなっている。だから、グループの謳い文句は「会いにいけるアイドル」だ。

「いちばん近いと思うのは、コアな野球ファンですね。大事な試合には何があろうと駆けつける」。芸能界の大物でＡＫＢグループの生みの親、秋元康は、二〇一一年にウォールストリート・ジャーナル紙のインタビューでそう語った。「ＡＫＢ48にも同じ感覚が持たれています」。彼が言うには、ＡＫＢ48のファンはたんにショーを見るだけでなく、好きなメンバーの歌やダンスが上達したとか、髪型が変わったとか、細かいところにも目をとめる。野球ファンと同じように、強い忠誠心と連帯感を示し、気に入りの「選手」を懸命に応援するのだ。

ＡＫＢ48の人気の要因は、アップビートで憶えやすい楽曲と、見た目の愛らしさと、凝った衣装にある。性的な対象としての魅力も要因のひとつではあるが、それは日本文化にかぎったことではない。彼女たちの人気の奥には、見た目や曲のよさだけでは説明できないものがある。

では、ＡＫＢ48をこれほどの人気グループにしたものはいったい何だったのか。

　グレニアーとデ・ゼンゴティタ博士によると、人は自身の個性や価値を映す人物に憧れるという。自分またはなりたい自分の代理として、ある人物、とくに有名人を愛する――ときに憎む――のだ。

「注意を惹くのに懸命なメディアを押しのけて目立つには、世間に好かれる有名人を持ってくるのが手っ取り早いんです。いわゆる、私の価値を映し出してくれる人を」。グレニアーはぼくのインタビューに答えて言った。

「人々はますます、自分が選ぶもの、自分が注目するものによって自己表現するようになっています」。デ・ゼンゴティタ博士はつけ加えた。「有名人の世界に、さまざまな方向から自分を映す。まるで巨大な鏡のようにね」

　自分の価値を体現してくれる有名人を見つけ、生身の人間として見るとき、人はその有名人とのあいだに強いつながりを築く。有名人と友だちになれるどころか、会うことすらほぼ不可能なのに、そんなことは気にしない。多くの人にとって有名人とのつながりは、たとえ一方通行であろうと現実で純粋なものに感じられる。このつながりの感覚が有名人の魅力の大きな部分を占める。だからＡＫＢ48が大成功を収めたのだ。有名人と世間のあいだのこのユニークな関係を表す用語に「パラソーシャル」というものがある。

　パラソーシャル関係は、ＢがＡのことをくわしく知っているのに、ＡはＢのことをまったく知らない状態だ。パラソーシャル関係（またはパラソーシャル交流）でわかりやすいのは、有名人とそのファンの関係である。ジェニファー・ローレンスやキム・カーダシアンのようなスター、バットキッドやロキアのような苦しい境遇に置かれた子供、さらにはアップルのような企業も、注目される側は、注目する個人のことなど知るはずもない。それでもわれわれは、彼らの日常の細かいことをブログやテレビやソーシャルメディアを通じて追いかけるのをやめないのだ。

一九五〇年代にこの「パラソーシャル関係」という用語を生み出した研究者、ドナルド・ホートンとリチャード・ホールは、あることに気づいた。人気俳優はファンとのあいだに親密な雰囲気をかもし出すのがうまい。ファンからの憧れは「一方通行でしかなく」、ファンとの関係は実体のない、ほのめかしにすぎないのにもかかわらず[14]。この種のパラソーシャル関係は、ＡＫＢ48がもっとも得意とするところだ。音楽業界を驚かせた大成功は、パラソーシャル関係の力をうまく利用して、メンバーとファンのあいだにあらゆる場所で深いつながりを築き上げた結果である。

「メンバーはたくさんのバラエティ番組に出演して、個性を前面に出す。だからファンは身近に感じるのよ」。東京を拠点にデジタル・ストラテジストとして活躍する、ぼくの友人モナ・ノムラが教えてくれた。「彼女たちはいつでもファンを、自分は特別だという気にさせてくれる。カメラに目を向けるときにも、その向こうにいるファンを直接見ているような目線なの」[15]

さらにこのグループは、定期的に「握手会」と呼ばれるイベントを開いている――文字どおり、会って握手する会だ。ファンは気に入ったメンバーとじかに会って、触れ合うことができる。これは、メンバーと大勢のファンとの「返礼の注目」である。たとえ数秒しか握手できなくても、ファンは好きなアイドルとじかに会いたくて握手会に出かけていく。憧れの人から、どういうかたちであれ注目してもらえれば幸せなのだ。

ＡＫＢ48の楽曲の歌詞も、このパラソーシャル関係に重要な意味を持つ。非常に人気の高い『ヘビーローテーション』は、本当に好きになった人を想った曲だ。その歌詞は、聞いている人の心に明るくまっすぐに飛びこんでくる。コーラスの「アイ・ウォント・ユー！　アイ・ニード・ユー！　アイ・ラブ・ユー！」は英語で何度もくり返される。こうした歌詞がファンの心に、ＡＫＢ48のメンバーと親しくなれたようなファンタジーをもたらす。メンバーの行動のほとんどはこのファンタジーの強化に向けられ、それがさらにパラソーシャル関係を強める。なお、メンバーと仲よくなれるかもしれないというファンの夢を壊さないために、ＡＫＢ48のメンバーは誰とデートすることも許されない。

パラソーシャル関係はＡＫＢ48のコンサートにも広がっている。ＡＫＢ48をはじめとして、日本のコンサートは欧米とはかなりちがう。観客がはるかに深くかかわるのだ。声をかけ、踊り、メンバーと同時に同じ動きをする――「ヲタ芸」と呼ばれるものだ。群衆が呪文のように唱えるチャントや喝采の熱気はまわりを圧倒する。地元のバスケットボールや野球のチームを、スタジアム中のファンが大声で応援するときの感覚に似ている。

だが、ＡＫＢ48で真にユニークなのは、「総選挙」というシステムだ。気に入りのメンバーを応援する具体的な力がファンに与えられる。最新のシングル曲を購入すると投票権がついてくる。それを、次のシングル曲に参加させたいメンバーに行使するのだ。一二人から二〇人ほどのメンバーが投票によって選ばれる。二〇一三年の「総選挙」では、姉妹グループへの票を含むと二六〇万票が投じられた。これは日本の全人口の二パーセントを超える。[16]

ＡＫＢ48の秘密の公式――ひいては承認トリガーそのものの秘密の公式――は、認知、評価、共感を求めるファンの要求に応える能力の高さである。ＡＫＢ48は、パラソーシャルな関係を多くのファンと同時に結ぶ方法をよく知っている。ぼくはこの現象を「大規模なつながり」と呼ぶ。そして、友人ゲイリー・ベイナチャックほどこのことにくわしい人物はいない。

拡大できないものを拡大する

ニューヨーク市の気持ちのいい四月のある晩、ゲイリー・ベイナチャックからアドバイスをもらった。たぶん一生忘れないと思う。ベストセラーを三冊出し、〈ベイナメディア〉と〈ワイン・ライブラリーＴＶ〉の創設者であるベイナチャックは、冷えた白ワインを飲みながら、ベストセラーの材料について雑談しているときにそれを言った。

ベイナチャックは、ワインを中心にした事業とウェブＴＶのシリーズ番組を大成功させたあと、大金を投じてコンサルティング会社を立ち上げ、『ゲイリーの稼ぎ方』（フォレスト出版）を書いてベストセラー作家になった。さらに、鋭いビジネス感覚を遺憾なく発揮し、タンブラーからツイッターまで、さまざまなメディアに投資している。

そんな彼のアドバイスはシンプルだった――「拡大できないものを拡大しろ」。

テクノロジー業界では、スケーリング（規模の拡大）がよく話題になる。多くの投資家がインスタグラムのようなスタートアップに大金を投じ、従来型の事業に投資しないのは、前者のほうが少ない社員でより早く、より大きく成長できるからだ。スターバックスは多くの地域に点在する店舗に一〇万人規模の従業員を雇っていて、グローバルに展開するには、とてつもない資本とマネジメント能力と時間が必要になる。一方、従業員数が一万にも満たないフェイスブックが株式市場ではるかに高い評価を得ているのは、同じ利益をあげるための人的その他の資源がはるかに少なくてすむからだ。インスタグラムがフェイスブックに約一〇億ドルで買収されたとき、社員は一五人もいなかった。

フェイスブックが株式市場でスターバックスよりも評価が高い理由は、テクノロジーは容易に規模を拡大できるのに対し、人材はそうはいかないからだ。一〇〇〇人が同じ製品を同時に使うことはできるが、一〇〇〇人が同じ人に同時に話しかけることはできない。おそらくこうしたことから、多くの人は、人間関係はスケーラブルでない（拡大できない）と思いこむ。だが、AKB48とベイナチャックはその考えが短慮であることを証明した。

ベイナチャックはファンとの関係を拡大する達人だ。ツイッターのフォロワーが一〇〇万人を超えているのは、彼がフォロワーの心をつかみ、フォロワーを助ける術《すべ》まで心得ているからだ。バイラル（口コミ）の交流のなかでベイナチャックはシンプルなツイートを投稿する。「皆さん、おはよう。さて何か入り用なものは？」。フォロワーのひとりで、モバイル・ニュースのスタートアップ〈サーカ〉のダニエル・ベントレーがすぐに返事をする。「卵を頼む。切らしちゃって」。ほとんどの有名人はこんなツイートは無視するが、ベイナチャックはちがう。ダニエルに住所を尋ね、一時間もしないうちに卵を届けるのだ。二四〇個。ダニエルはこの経験をすぐにブログに書き、話はあっという間に広がった。[17]

ベイナチャックはフォローしてくれる人の大切さを充分認識している。彼らにできるだけの助けを申し出るところにそれが表れている。彼はソーシャルメディアをつうじて大人数のフォロワーやファンと親密になる方法を見つけ出した。ベイナチャックにいま助けを請わなくても、ある日本当に困ったことが起きたら、彼が手を差し伸べてくれる。ソーシャルメディアにしろ、テレビやニュースにしろ、メディアには、人々とパラソーシャルな関係をすばやく築き、まえ向きな(うしろ向きもあるから注意!)行動を展開するのに役立つ力がある。

だから、人との関係を広げ、返礼の注目を拡大する方法のひとつは、少数のファンにまず注目し、承認を与えることだ。それを見ていたほかのファンが、必要な場合にはあなたがファンを直接認めてくれる人だと気づくと、たとえ最初に承認された本人でなくても、あなたの話に耳を傾け、注目を返してくれる。

関係を広げ、返礼の注目を増やす方法はほかにもある。人々に参加する特権を与えるのだ。一九四〇年代から五〇年代にかけて、パンと家庭料理の三大ブランドが、ケーキ・ミックスの王者になろうと熾烈な戦いをくり広げたことがある。戦いの火蓋《ひぶた》を切ったのは、一九四八年にチョコレートケーキ・ミックスを世に出した〈ピルスベリー〉だった。三年後、〈ダンカンハインズ〉から三つの味の商品が売り出され、一カ月もしないうちにケーキ・ミックス市場の半分を押さえた。その後、一九五二年から五五年にかけて〈ベティ・クロッカー〉が五つの味を展開した。[18]

当初、どの商品も売れ行きはぱっとせず、ケーキ・ミックスを家庭の必需品にすることはできなかった。パンケーキ・ミックスのほうはよく売れていたのに、ケーキ・ミックスがどうして売れないのか、三大ブランドは納得がいかなかった。そこで、ベティ・クロッカーの販売元であるジェネラル・ミルズ社は、バーリー・ガードナー博士とアーネスト・ディクター博士に、問題の原因と解決策を突き止めてほしいと依頼した。

答えは「卵」だった。四〇年代と五〇年代のほとんどのケーキ・ミックスには、乾燥して粉にした卵が入っていた——水をかければ、ほらケーキのでき上がり！　しかし、これは市場にアピールしなかった。なんというか……簡単すぎたのだ。家庭のシェフが創造的に腕を振るう余地がどこにもない。料理に参加している感覚をまったく味わえず、主婦としてはうしろめたかった。

両博士とジェネラル・ミルズは、この問題に慎重に取り組み、ある策を思いつく。購入者自身で卵を加えてもらったらどうだろう？　ジェネラル・ミルズは粉末卵を取り除き、それを売りにした。「ベティ・クロッカーのケーキ・ミックスでケーキを手作りしましょう」。そして「……新鮮な卵を混ぜるのはあなたです」

このキャンペーンは予想を超える大成功となった。ベティ・クロッカーはダンカンハインズもピルスベリーもあっという間に追い越し、アイゼンハワー大統領夫人までをも魅了した。以来われわれは、ケーキ・ミックスにもほかの種類のミックスにも自分で卵を割り入れている。

この大昔のエピソードは、マーケティングの世界ではよく知られている。参加と創造的な貢献の感覚が、注目と売上に大きく影響することがわかったからだ。キックスターターや〈ミディアム〉〔ブログの新しいプラットフォーム〕のようなサービスは参加をうながすので、利用者は自分が相手に賛同して承認を与える感覚を味わうことができる。

これは販促キャンペーンにも当てはまる。評判トリガーの第6章で取り上げたビタミンウォーターを思い出してほしい。ビタミンウォーターは、フェイスブックのアプリを通して、消費者に自分好みの味が商品化されるチャンスを与えた。商品の仕様に意見を言える権限を与えることで、ビタミンウォーターは消費者が賢明で信頼に値する存在であることを認めたのだ。誰かのコメントやフィードバックを承認するような、ごく単純な行為ですら、ブランドと消費者のあいだに強いつながりを作る。ベイナチャックは実際に毎日これをおこなっている。

承認を通じて注目を惹きたいなら、そこに貢献する道を用意しなければならない。相手があなたにとって重要であることを、認知と、評価と、共感を通じて承認するのだ。

承認トリガーの勘どころ――世界はかまってくれる人をかまうようにできている

才能あふれるわが友人、キナ・グラニスは、「ドリトス クラッシュ・ザ・スーパーボウル」

コンテストで優勝したあと、ビルボード・ホット一〇〇にランクインし、以来、彼女のユーチューブのチャンネルには一〇〇万人が登録している。人気のある『イン・ユア・アームズ』のミュージックビデオは、その目新しさからわずか二、三日で一〇〇〇万ビューを突破した。この動画は、二八万八〇〇〇個のゼリービーンズをコマ撮りした、舞い落ちる雪や空にかかる虹や鳥たちを背景に、宇宙服姿などさまざまに服装を変えて歌うグラニスを描いている。彼女はまた、有名なトーク番組『エレンの部屋』や『ジミー・キンメル・ライブ！』でも歌っている。

グラニスがこうした機会を得られたのは、承認トリガーをうまく使って熱心なファンを増やしたからだ。ファンたちはグラニスに忠実で、彼女の音楽を応援し、動画を共有し、ファンサイトを作る。スーパースターなら誰でもこうした忠実なファン層を持っている。ジャスティン・ビーバーのファンは「ビリーバー」、レディ・ガガのファンは「リトル・モンスター」と呼ばれる。ビヨンセのファンは「ベイハイブ」だ。彼らスーパースターは、注目を集めたあとに次の一歩をどう踏み出すべきかを知っている。ファンに「自分は承認されている」と感じさせ、いっそう忠実なファンに育てるという、長続きするファン層の築き方を知っている。

キナ・グラニスはどうしてファン層をうまく築けたのか？　聞いてくれる人たちとの関係を「拡大する」能力に長けていたからだ。ドリトスのキャンペーンのあいだ、応援してくれるファンの全員に向けて何度も動画を返したり、感謝の挨拶を投稿したりした。それだけでなく、グラニスのために貢献する機会をファンに与えた。ファースト・アルバムの販促中に、「ストリート・チーム」を結成し、もっとも熱心なファンたちにチーム限定の小箱を送ったのだ。なかにはIDカードと、ID番号が書かれたTシャツ、スワッグ〔絵や文字が書かれ、壁などに垂らす布〕など、応援の投稿や共有に使える材料が入っていた。彼らは世界のあちこちで、ファースト・アルバムの宣伝チラシを街の掲示板や図書館に貼ったり、スワッグを自分のウェブサイトにのせたりして、アルバムの噂を広めていった。グラニスのほうもストリート・チームに特段の注意を払い、彼らの活動に役立つツールを与え、その結果、チームはますますグラニスに忠誠を誓い、新しいファンを増やす活動にも励んだ。

何よりも大きいのは、グラニス自身が成功をファンとのつながりのおかげだと考えていることだ。「カメラのまえに立つのは嫌いなの」。飲み物がなくなりかけたとき、グラニスは言った。「そういうところからも、〝彼女はふつうの人間だ〟、〝スーパースターじゃない〟、〝不器用なのよ。そこに親しみを感じる〟って思われるみたい」。グラニスはファンを認め、ファンを称える。ファンはそれに返礼する。

われわれは誰だって認められたい。長期の注目は、自分を認知し、評価し、理解してくれる人やものを見つけたときに最大になる。それは相手が親しい友人でも、好きな商品でも、トップクラスの有名人でも言えることだ。

かつてニュースサイト〈テッククランチ〉のエディター、アレクシア・ツォツィスがぼくに言ったように、つまりはこういうことなのだ――「世界はね、かまってくれる人をかまうようにできてるの」[19]。

おわりに――この本のもうひとつの目的

一九九三年、起業家としてのぼくのよき助言者《メンター》、マーク・アシュレーは、小さなゲームソフト会社カインソフトの社長になった。〈エクソダス〉というテクノロジーを開発した会社だ。テレビゲームの開発環境でそれを使うと、開発者はセガと任天堂からアーケード・ゲームとして売り出されているスクロール型のアクションゲームを、まもなく発売されるマイクロソフト・ウィンドウズ95のプラットフォームに移植することができる。

二年後、カインソフトは第一回のＥ３〔ゲーム業界の見本市〕に出展することにした。エクソダスを使ってゲームをウィンドウズＰＣに移植するメーカーを見つけるためだ。しかしそこは、たくさんの出展企業が来場者の注目を得ようと競争する場所だから、まだ小さなスタートアップにすぎないカインソフトが割りこむのは容易ではない。アシュレーたちは考えた。カインソフトみたいな聞いたこともない会社がこんなすごいものを作れるとは思っていないゲームメーカーに、どうすれば注目してもらえる？

彼らはユニークな作戦に打って出た。ゲームメーカーを「結婚式」に招待したのだ。見本市の開催前に、カインソフトは美しい装飾をほどこした結婚式の招待状を、おもだったゲームメーカーのＣＥＯに送った。飾り文字のプロが手書きで作った招待状には、セガおよび任天堂のゲームと、ウィンドウズ95が「結婚する」と書かれていた。ついては結婚式にＣＥＯをご招待したい、Ｅ３の会場でお会いしましょう、と。

「八一通の招待状を送ったよ」とアシュレーは言った。「七一社と面談の約束が取れた。すばらしい見本市になったよ。つまらない雑音を吹き飛ばして、見本市の場でＣＥＯと商談するというきわめて具体的な目標を達成するのに、これ以上ないほどの策だったね」

招待状はたしかに注目を惹いた。理由もわかっている。七つのトリガーが功を奏したのだ。結婚式の招待状は、見た目からして強力かつ異色な刺激、すなわち「自動トリガー」だ。ＣＥＯのもとに届くたくさんの書状のなかでも、くっきりと目立つ。さらに、社会人としてのふるまいを教えられてきたわれわれは、結婚式の招待状に注意を払わずにはいられない。招待状には注目を払うべき大事なことが書かれている――「フレーミング・トリガー」だ。こうしてカインソフトはゲームメーカーの注目の火に点火した。

美しい飾り文字でユニークな結婚を案内した招待状そのものも、面談を申しこむときのふつうの形式を裏切っている――「破壊トリガー」。その結果、招待状を受け取ったＣＥＯの八七パーセント以上が招待状を読み、返信し、カインソフトとの商談のためにスケジュールを調整する気になった。ぼくのメンターとチームは、注目の薫火を使ってＣＥＯたちに面談を約束させたのだ。

ゲームメーカーはカインソフトと話しはじめるなり、エクソダスに圧倒された。実際に動作する製品を見てみると、その長所と、カインソフトと組んだときの潜在利益は誰の目にも明らかだった――「報酬トリガー」。そこで多くのゲームメーカーがエクソダスの使用契約にすばやく合意し、ゲームをウィンドウズ95に移植することにした。『ピットフォール マヤの大冒険』や、『アースワームジム』、『ゲックス』など、大ヒット中だったゲームはどれもエクソダスを経由してPCに移植された。やがてエクソダスはマイクロソフトの関心を惹き、マイクロソフトとカインソフトは共同でＤｉｒｅｃｔＸを開発した（これは現在もウィンドウズのゲームに使われている基礎プラットフォーム）。注目の火が赤々と燃える焚き火になった。

カインソフトの成功はすばらしい手本だ。注目を得るトリガーを、単独にしろ、組み合わせるにしろ、どのように使えば、誰も知らない製品やアイデアを何百万の人々に知ってもらえるのかがわかる。彼らがふつうのやり方にしたがっていたら、ＤｉｒｅｃｔＸはおそらく日の目を見なかっただろう。

われわれは何かに注目し、そこから世界を体験していく。誰の注意も惹かなければ、製品や音楽や絵画やレッスン計画やプロジェクトにどれほどの熱意と時間を注ぎこんでも、買ってはもらえない。

本書全体をつうじて、科学的な研究の結果と、注目の達人たちの実際の行動を紹介し、注目を得るトリガーが日々われわれの注目にどう影響しているのかを述べてきた。この本でめざしたのは、七つのトリガーを活用して、あなたのアイデアに関心を集める方法を理解してもらうことだ。この知識があれば、情報だらけの世の中であなたのアイデアを目立たせる可能性が高まるだろう。

じつはこの本には、もうひとつ目的があった。あなた自身の「注目」にも注意を払い、ちょっとした先入観が注目の方向を大きく左右することを意識してほしかったのだ。ここまで読んだかたなら、あるアイデアや信条には惹きつけられるのに、別のものには、たとえ注意を向けるべき重要なことをわかっていても、惹きつけられない理由がわかっているはずだ。

この本で得た知識は、ほかの人への教育や、起業、個人的な人間関係など、あらゆる場面に応用できる。人の注目を得ることだけでなく、あなた自身の生活の質を高めることにも活用してほしい。

あなたは長続きする注目を得るためのツールと知識を手に入れた。

いまこそ使うときだ。

謝辞

この本は、惜しみない支援を注いでくれた大勢の人たちの知識と友情の賜物だ。

まず、最高の著作権エージェント、デイビッド・ビグリヤーノに感謝を申し述べたい。その見識と頭脳と友情がどれほどかけがえのないものだったか、ことばで言い表すことはできない。ザ・ビグにエージェントを務めてもらったぼくは果報者だ。引き合わせてくれたフィリップ・カプラン、本当にありがとう。

ハーパーワン出版は、ぼくが書きたかったテーマへの理解と、実際の本に仕上げるまでのサポートが図抜けてすばらしかった。担当編集者のゲノヴェーヴァ・リョサに特別な感謝を捧げる。率直で的を射た指導のおかげで、本書はいい本から名著になった。

販売戦略の面でお世話になった多くの皆さんに感謝申し上げる。ハーパーワンのメリンダ・マリンは凄腕としか言いようがない。クラウディア・ブトゥット、キャロル・クラインフバート、テリ・レナード、キム・デイマン、ハナ・リベラも同様。とくに執筆初期に大きな力を貸してくれたマーシー・サイモンは、ぼくの英雄になった。マーケティングの達人ライアン・ホリデーは、革新的な発想でこの本を爆発させてくれた。〈デジタルフラッシュ〉のサラ・ウォーカー・サンタナとローラ・ミニョットは、本書の販促ツアーも含め、かかわったイベントすべてを、信じられないほどすばらしい刺激的な体験にしてくれた。

この本を読み、率直な意見を返してくれた友人たち。あなたがたがいたから、ぼくは能力のすべてを注いで、こうして書き上げることができた。ありがとう、ヒラリー・カールズ、マット・シュリヒト、アレックス・ウィルヘルム、ナタリー・ヌータ、ルーク・ライアン、ジュリー・パーン、ライアン・ホリデー、クロエ・コンドン、ミーガン・ベリー、ティナ・ホイ、フィル・リビン、アマンダ・スタイルズ、ミラーナ・ラブキン、クリスティーナ・マシューズ、マーク・ウィッテ、子供のころの担任でいまもやさしいイレーヌ・マクビーティ先生。

インタビューを受けてくれた皆さんに心からの感謝を捧げる。おかげでこの本は桁ちがいに実のあるものになった。ジョン・アームストロング、アラン・バッドリー、ロビン・ベクテル、ケント・バーリッジ、マイク・ブッシュ、スーザン・ケイン、セイヤ・カーペンター、デイビッド・カッパーフィールド、マイク・ダビン、ジョシュ・エルマン、ニール・イアル、ジョー・フェルナンデス、エリ・フィンケル、マーク・フィッツロフ、アダム・ギャザリー、キナ・グラニス、エイドリアン・グレニアー、ディック・ガットマン、スコット・ハリソン、グラント・イマハラ、スーザン・キーザー、フランクリン・レナード、レイチェル・ライトフット、宮本茂、モナ・ノムラ、ドン・ノーマン、アレクシス・オハニアン、ジェレミア・オーヤン、ジョナ・ペレッティ、ダニエル・ピンク、マイケル・ポスナー、スティーブ・ルーベル、ディートラム・ショイフェレ、タリク・ショーカット、マーク・シラム、カーメン・サイモン、スティーブン・ソダーバーグ、ブライアン・ステルター、マイケル・スティーブンス、ジョン・スウェラー、ギャリー・タン、ジーン・テオカリス、ジョージ・ティティンガー、アン・トリーズマン、アレクシア・

ツォツィス、ジェフ・ウェイナー、ブライアン・ウォン、トマス・デ・ゼンゴティタ。多忙なかたばかりで、断られてもしかたなかったのに、インタビューを受けてくれて本当にありがたかった。

シェリル・サンドバーグに特別な感謝を捧げたい。世界を変えようと猛烈なスケジュールで飛びまわっているのに、ぼくのためにいつも時間を空けてくれ、何を質問しても深い知見をもって答えてくれた。地球上でもっとも敬愛する人のひとりで、友だちと呼ばせてもらうのは畏れ多い。

ぼくがこれまでやってこられたのは、起業家としてのメンター、マーク・アシュレーとトロイ・ヘニコフのおかげだ。ふたりには計り知れないほどの恩義がある。トロイは、起業家精神の厳しい稽古をつけてくれた最初の人物だ。その稽古はいまも続いている。マークは、ぼくの会社に最初の仕事をくれただけでなく、信頼と思いやりを与えてくれ、疑問もたくさん突きつけてくれた。ふたりとも、本当にありがとう。

すこぶる有能な〝忍者〟秘書、ハリー・クーパーにお礼を言いたい。ぼくの日常に秩序をもたらし、仕事に集中させてくれた。

最後に、いちばん近しい人たちに感謝したい。ビジネスパートナーであり仕事仲間のマット・シュリヒトとメイジー・ケイザルーニ。きみたちは心の友だ。ヒラリー・カールズ、ナサニエル・マクナマラ、ブランドン・ナイマン、ジェニファー・バン・グローブ、ジェイソン・バプティスト、エイザ・ラスキン、エリザベス・ヤングも。ジュリー、きみはぼくの支えだった。姉のティーラ、両親のアーニーとニドに心からの感謝を捧げる――ぼくを愛し、信じてくれたことに。

日本語版解説

小林弘人（株式会社インフォバーン 代表取締役ＣＶＯ）

本書の原題『Captivology』は、魅了されることを意味する「captivation」という英語をもじった、著者ベン・パーによる造語だ。なお、似ている単語に「captology」というものもある。こちらは、ウェブやソーシャルメディアがいかに人々の態度や行動を変えるのかを研究する学問を指す。すなわち、デジタル・テクノロジー上の説得力についての研究だ。そんな類語を連想させ、権威とご利益がありそうな印象をも与える——すでに本書を読了された方なら、そこで使われている手法の名前を思い浮かべることができるだろう。

本書の主題とは何か。それは、人間の本能に訴えかけ、いつの間にか他者の注意をこちらが目指すものに注がせるための仕組みについてだ。わたしたちがものごとを判断する際に往々にして生じる「錯誤」を意図的に創り出し、受け手をそのまま魅了してしまおうというものだ。パーは、これまでに研究されてきた心理学や認知学の成果に加え、それらを利用したマーケティング手法と多くの事例を手際良く分析し、「注目」がどう生まれてくるのかを教えてくれる。

本解説では、まずパーの経歴や本書の核心部について説明をする。そして、ビジネス・パーソンが本書の内容をどのように活用するべきか、わたしなりの考察を述べてみたい。

著者ベン・パーに注がれた注目

本書の出版後、パーは一躍〝注目の集め方の達人〟として時の人となった。本書はアメリカのストラテジー＋ビジネス誌が選ぶ二〇一五年のベスト書籍（マーケティング部門）に選ばれ、ＡＢＣニュース、ＭＳＮＢＣといった全米の有力ニュース局が取り上げた。ＡＢＣニュースにパーが出演したとき、彼は医者が着るような白衣を身につけて登場した。そこで、彼は注目を集めるための「権威付け効果」について白衣の効能を説く。なんとも人をくった演出だ。そんなパーとは、いったい何者なのか。まずは彼のキャリアをひもといてみる。

現在、パーは創業間もないベンチャー企業の投資に特化する「ドミネートファンド」の共同創設者兼パートナーを務めている。ほかの共同創設者二名はパーと一緒に、二〇一二年にはフォーブス誌が選ぶ「三〇歳以下の三〇人」に選出された。正確にいえば三〇人のなかの一人を１／３ずつ分け合ったわけだ。パーの共同創設者らは、ミュージシャンのためのソーシャルメディア・マーケティングを手がけてきた。つまり、パーも含めてこのファンドの主要パートナー全員が金融業界出身ではないという点が興味深い。

そんなドミネートファンドの投資ポートフォリオは、どのようなものか。彼らの投資先は、たとえば超音波を使ってワイアレス充電を可能にするｕＢｅａｍ、ソーシャルメディアやＤＶＤなどあらゆるスクリーンを繋げてしまうデジタル・サイネージＯＳ開発のＥｎＰｌｕｇなどが名を連ねる。どちらもすでに赤丸急上昇の要注目テクノロジー企業だ。

なぜ、彼らはこのような新進テクノロジー・ベンチャーを見つけることができたのだろうか。

その理由は、投資家としてファンドを創立する以前のパーのキャリアが物語っている。彼は、ウェブ業界で高名なニュースサイト「マッシャブル」に二〇〇八年から在籍し、同サイトの共同編集者としてチームを率いてきた。また、自らテック系ジャーナリストとしても活動してきた。彼がマッシャブルを離れたときは、業界のニュースサイトにその去就をめぐっての記事が出たほどだ。パー曰《いわ》く、彼はこれまで二四〇〇以上の記事をソーシャルメディアに寄稿してきたという。CNET、ビジネス誌Inc.、ニュースサイトCNBCなどに定期的に記事を掲載するほか、FOXニュースやニューヨーク・タイムズなど多くの有名メディアに取り上げられてきた。こうした華々しいキャリアを積み重ねてきたパーだが、意外なことに本書は彼の処女作となる。〝新人〟離れした筆運びにも納得だ。

三つの焚き火と記憶の保管庫

では、本書の核心部に迫ってみるとしよう。

本書におけるパーの主張はシンプルだ。彼が属するテクノロジー業界では次から次へと新しいベンチャー企業が勃興しては消えていく。そんななか、明暗を分けるのは「注目」であると彼は断言する。

注目がなければ、それがどんなに偉大なテクノロジーや理想を掲げていようと資金調達や優れた人材の確保が難しい。そして、注目はベンチャー起業家のみが必要としているものではない。会社員であっても上司への説得、顧客へのアピール、同僚への協力要請など、やはり注目されることは必要不可欠だ。あなたが家庭人であってもそれは変わらないだろう。パートナーや近親者、あるいは友人たちの注目を集め、皆を魅了するにはどうしたらよいのか？

パーは、注目には三種類あるという。「三つの焚《た》き火」という比喩を用いて、人々を魅了するための焚き火をくべるには、「即時」「短期」「長期」の注目を使い分けるべきだと説く。

まず、「即時の注目」は記憶にとどめることすら難しい。彼はそのメカニズムとして「作業記憶」という概念について説明する。作業記憶とは、「あくまで一時的な記憶の保管庫」であり、長期的な記憶に移行する前に、次の違う刺激に場所を与えてしまうものだ。作業記憶に移行する前の段階の「注目」は「感覚」であるとパーは語る。ゆえに「感覚」によって受容した注目は、記憶になる前の数秒で揮発してしまう。それは、強いて言えば電源を切ると消失してしまうデータのようなものだろう。これに対し、作業記憶は、電源を切っても消えないが、かといってデータがその保管庫に留まる時間はさほど長くない。そのため、「長期記憶」として保管される必要がある。「長期記憶」は、ハードディスクドライブにきちんとバックアップ保存されたデータのようだ。

パーは長期記憶に留めてもらうためには、「よく知っていることが鍵となる」と語る。脳は既知なるものは記憶に留めて、毎回考えないでもそれを行えるような近道をつくる、とも。

そのような三種類の注目を集める際に使われる動機付けがある、というパーの主張が、本書の核心部である。彼はそれを「トリガー」と呼ぶ。トリガーには七種類ある。これは人間の本能に訴えかけるものであり、どれも予見や定量化が可能な精神反応をひき起こすのだ。

七つのトリガー概観――性質を知って、注目をつかもう

では、それらのトリガーについて、ひとつずつ見ていこう。

まず、「**自動トリガー**」は、感覚的刺激を与えて注目させるやり方だ。

これらは色やシンボル、音など人間の視覚、聴覚、触覚等に働きかけるものだとパーは言う。それは人間が備える本能を用いて、注目を促す。危険の察知やチャンスを知るために発動される原始的な注目を使うのだ。

この自動トリガーは感覚から働きかける種類のものであり、「即時」の注目に寄与する。前にも述べたが、それは「感覚」の状態であるため、やがて記憶に留められるためにも、この注目は「短期」か「長期」の注目に振り向けねばならない。


次に「**フレーミング・トリガー**」だ。

わたしたちのもつ経験、性質、興味、文化的傾向など、そういったあらゆる文脈が判断基準に及ぼす影響は甚大だ。判断する際に、そんな枠組《フレーム》みを人々は利用している。なにかを好きになるかどうかも、フレームに従うわけだ。

わたしたちは、普段から見慣れたものや経験から得た判断の枠組みを無意識に使っている。そのため、ウェブサイトでは、ある程度確立された「お約束ごと」のデザインがある。ゆえに一般的な工業製品もそうだが、ふだん使うものはわざわざ取扱説明書を読まなくても、「そこ」に「それ」がある、という「精神の構造《スキーマ》」を利用して使いこなすことができる。

パーがいう「フレーミング・トリガー」では、それを誰かの思考や判断基準を錯誤させるために用いる。

例えばフレーミング・トリガー」のひとつの側面に、「思考の惰性」があるとパーはいう。昔からの判断に従いすぎる、という傾向のことだ。その思考の惰性は強固でやっかいな扉だ。無理矢理こじ開けようとすれば、強い拒否にあうだろう。そこを突破するために、パーは「適応」と「議題設定」を用いたらよいことを発見した。

「適応」とは、相手の判断基準に合わせてあげることだ。簡単に言えば、相手の思い込みに沿ったかたちで注目を売り込む。そのためには相手の受容度がどの程度なのかはかる必要がある。また、不安を理解し、その人が大事に思う伝統や規範を知る。これを怠ると、話題によっては予期せぬ過敏な反応を引き出してしまうだろう。加えて、売り込みたい新規のアイデアがこれまでの通念と異なる場合、相手のフレームをいきなり否定してはいけない。受け入れやすい素地から探るべきだろう。

次に「議題設定」は、人々がもともとその事柄を見慣れている、あるいは聞き慣れていると錯覚させることだ。例えば、言葉の言い換えによって、認識の優先順位を変えたりする。また適度な「反復」を繰り返すことで、既視感を抱かせるわけだ。ただし、「議題設定」は議題となるメッセージへの注目や理解が浸透していないときにしか効果を発揮しない。

そんなフレーミング・トリガーは、どうやらパーのなかでは特別なものらしい。それはほかのトリガーが機能するための〝舞台〟をつくるからだと彼は言う。フレーミング・トリガーにより、

「短期」と「長期」双方の注目に影響を与えることができるのだ。

三つめに、いちばんヤバそうな**「破壊トリガー」**が続く。

それは目新しいだけではなく、相手の予想を裏切り、破壊することで注目を集める手法である。破壊トリガーは三種類の要素から成る。パーはそれらの頭文字を取って3Sと呼称している。驚き（サプライズ）、単純さ（シンプリシティ）、重要性（シグニフィカンス）だ。この三つのSを組み合わせることで効果が生じる破壊トリガーは、扱う際には慎重さが要求される。3Sのひとつでも欠けると、ただの破壊となり、無惨な結末が待っているからだ。どうやらこいつは最後の手段に取っておいたほうがよいかもしれない。そして、このトリガーを用いたのなら、直ちに次なるトリガーで長期の注目を集めなくてはならないと言う。

四つめの**「報酬トリガー」**は、気前がよいトリガーだ。その報酬には二種類ある。わかりやすいのは、対象がなにかを達成したら金品や物品などを授ける「外的報酬」。もうひとつが、達成感といった心の満足を授ける「内的報酬」である。

外的報酬については、よく日常で用いられているから読者もなじみがあるだろう。クーポンやマイレージなどがその最たるものだ。さらに、ソーシャルゲーム・アプリの多くは、この外的報酬のメカニズムを駆使し、多くのユーザーを虜《とりこ》にしている。

パー曰く、外的報酬は短期の注目を集めるために有効であり、内的報酬は長期における忠誠を育《はぐく》む特徴をもつという。また、内的であれ外的であれ、報酬システムでは「欲するものを見えるようにしてあげる」ことが効果的だとも。それが抽象的な達成目標なら、獲得したときのイメージを見せてあげることが大切だ。

五つめの**「評判トリガー」**は、わたしたちがなにかについて注目する・しないを判断するとき、評判に依拠するという脳の特性を利用する。もう少し噛み砕いてみよう。脳は何かに注目を振り向けるとき、「情報源」を頼りにする。その情報源には、「専門家」「権威者」「大衆」という三種類がある。わたしたちの注目が向かう先は、知らず知らずのうちにそれら情報源に左右されているのだ。また、パーによれば、長期において注目を集めるための評判は、「一貫性」「個性」「時間」によって構成されている。

六つめの**「ミステリー・トリガー」**は、まだ解明・解決されていない「謎」を用いる。人間なら誰しもがもつ、終わっていない仕事や物語を完結させたいという衝動を巧みに利用したものだ。ここでは、次の四つの要素が必要だという。それは「サスペンス」「感情移入」「予期せぬ展開」「クリフハンガー（がけっぷちの意、転じてハラハラした状態）」だ。

一方で、注目を集めるためだけではなく、「ミステリー・トリガー」によって集めた好ましくない注目の終わらせ方についてもパーは紙幅を割く。

ネットやメディアにおける炎上は、ミステリー・トリガーが駆動する列車のようなものだ。そんなミステリー・トレインを停めるには、謎を消してしまえばいい。自らによるネタバレをもって終結させるのだ。

最後の**「承認トリガー」**は、わたしたちがもつ、他者や社会から認められたいという欲求を用いる。これについては聞き覚えがあるだろう。高名な米の心理学者、アブラハム・マズローの「欲求の五段階説」のなかの「承認欲求」だ。他者から認められたいという、人間の本能に狙いを定めたトリガーだ。

パーによれば、承認とは「認知」「評価」「共感」の三つの要求を満たすもので、「返礼の注目」と呼ばれる仕組みを使う。「返礼の注目」は、注目をしたら、注目しかえすというもので、長期の注目を集めやすい。例えば、フェイスブックの「いいね！」返しやツィッターのリツイート、あるいはフォロー返しなどは、本能が成す所為だったわけだ。

余談となるが、一時期、マーケティング業界で流行した「ゲーミフィケーション」という概念がある。ひと言でいえば、「ゲーム化戦略」というもので、それはユーザーの自発性を引き出し、行為をゲーム化するものだ。「報酬トリガー」のみではなく、「承認欲求」も巧みに利用し、ユーザー獲得などに用いられている。

トリガー（引き金）を引く前に

ここからは、本書の知見をビジネスにどう活用するかについて考えてみたい。

しかし、まず先に、これまで紹介したトリガーは、安易な一般則として落とし込めるものではないことを断っておこう。なぜなら、「自動トリガー」を取ってみても、そこには、驚きを際立たせるための「対比」が必要だからだ。あなたがどのような状況でどこの誰を相手にしているかが具体的にわからなければ、対比を描くことはできない。

また、「フレーミング・トリガー」にしても、注目してほしい相手の認識とその優先順位を理解していなければ、そこに影響を及ぼせない。さらに、注目や理解が進む前に効果を発揮するそれは、仕掛ける時宜を知る必要がある。

強そうな名前だから、「破壊トリガー」を使いたい？　それにはさらに注意が必要だ。本書でも書かれているのだが、相手にとっての重要な価値がそこに含まれていなければ、相手をカンカンに怒らせるだけだ。「報酬トリガー」も右に同じ。相手の欲求を理解し、それを可視化すればうまくいくが、そうでない場合にはスベるだけだ。

ほとんどのトリガーはあなたが置かれた状況や相手によって、具体的な手法が変化する。なので、わたしからのアドバイスは、まず、「相手を知ろう」である。それには「ペルソナ」といって、顧客を具体的かつ存在する人のように描く手法があり、それがもっとも有効だろう。

その上で、次のようなやり方で用いるべきトリガーを検討してみるのがよいだろう。

おそらく、顧客にとって商品購入までのリードタイムが長い商材の場合、多くのトリガーはその組合せによって機能するはず。即時の注意喚起で集めた潜在顧客から、もう少し絞られた顧客へと導く場合には、最初に使われたトリガーと違うものが用いられるべきだ。

そのように顧客の注目の段階によって、トリガーの選択は変わるので、メモに一本の直線を描き、それを顧客の成長段階と重ねて考えたらいいだろう。たとえば、直線の左端は「即時の注目」、右端は「長期の注目」だ。左端には、ＤＭや検索連動型広告のキーワード経由で「即時の注目」を払った状態の顧客がいる。そこから右に線が進むにつれて、「長期の注目」を払った状態へと移行する。直線の左端から右端までのどこでいかなるトリガーを試すのか考える必要がある。次に、用いるべきトリガーに呼応するマーケティング施策を当てはめてみよう。各トリガーを実行する担当が、営業、広報・宣伝……と、部署を横断する場合には、チームで試論してみることがお薦めだ。それによって、まるで見当違いな施策を行っていないかどうかも見えてくるだろう。

クリエイティブが大きく変わる――情報は「露出」から「強弱」へ

これまで、テレビや新聞・雑誌広告・ＯＯＨ（屋外広告）といった従来型メディアに載せるコンテンツは、一度人目を惹いたらそれでオシマイだった。しかし、デジタル・マーケティングは違う。訴求対象によって幾種類ものコンテンツを用意することはざらだ。加えて、それをどのくらいの頻度で、どの配信チャネル（ソーシャルメディア、ポータルサイト等）で流通させたらよいのか設計が必要となる。そこで、コンテンツが顧客の注意を喚起できたかどうかを測定するツールの登場だ。なかでも、「ヒートマップ」や「アイトラッキング（視線追跡）」は「自動トリガー」と相性がよいだろう。それらは人々の視線の軌跡を追い、どこに注目したのか、時系列で追うことができる。後者はウェブやアプリだけではなく、実際の店舗の商品棚や看板の中身に対する「注目」の流れも追える。

また、ＥＣサイトなどは、効果測定の結果、表示させるクリエイティブを随時切り替えている。そこには「完成」という概念はなく、「アップデート」があるのみだ。アメリカのウェブメディアの一部では、「ヘッドライン最適化《オプティマイザー》」ツールを使って、いくつもの見出しをつくり、いちばんウケる見出しの探求に余念がない。

これまでは、コンテンツを頻出させて顧客の目や耳に触れさせる機会を増やすことが重要だと考えられてきた。一方、ウェブやスマホ上では、発信したメッセージに顧客が共感し、さらに友人たちに共有したくなることが理想的である。「露出」よりも、顧客にとって「強いシグナル」を発していることが肝要だ。そのためにも、（a）露出のタイミング、（b）相手にとって価値が高い、（c）瞬時に注目される、この三つが欠かせない。「即時の注目」が測定できる現在、常に〝強い〟コンテンツが作り出せるかもしれない。「自動トリガー」を知ることで、クリエイティブが大きく変わるだろう。

トリガーを構成する要素を使って、あなたと社会を変える

もし、わたしが起業の準備をしていて、七つのトリガーの中からひとつだけ選んで、多忙な億万長者から支援を受けるとしたら、「破壊トリガー」を選ぶだろう。しかし、勘違いしないでほしい。このトリガーをそのまま用いるわけではない。まず、破壊トリガーを使ううえで必要な3Sを思い出してほしい。そのなかでも、「単純さ（シンプリシティ）」に磨きをかけたい。

時折、メディアでプレゼンテーションや執筆時に「こういう機能やレイアウトを工夫したら、より効果的である」という記事を見かける。しかし、装飾的な技巧よりも、そもそも表現する内容に価値がなければ、どんなにスティーブ・ジョブズばりの演出を施そうが、鼻についてイタい

だけだ。

まず、いろいろと狡猾なテクニックを駆使する以前に、簡潔に伝えることを考えたい。

シリコンバレーでは、「ピッチ」といって投資家へのプレゼン時間は、だいたい数分内に行う。じっくりと面談してもらえるか否かがそこで決まるのだ。さらに「エレベーター・ピッチ」といって、三〇秒内（エレベーターに乗っている時間）で紹介しなくてはならない場面もある。日本人なら名刺交換のみに費やしかねない。多忙な重要人物が相手なら超短時間の報告もあながちありえない話ではない。もし、簡潔に伝えられないのであれば、なにかが間違っている可能性が高い。そのアイデアやサービスに触れる前に、長い能書きを聞かないといけないとしたら、それは社会に浸透するのだろうか？

グーグルを見てみよう。あの検索窓のシンプルさはずっと不変である。高度な検索アルゴリズムの存在をおくびにも出さず、他の消えていった検索エンジン会社のように広告を貼るわけでもない。それ以外の同社提供サービスにおいては、時にその簡潔さが見失われ、使いづらいこともある。しかし、検索窓が簡潔なうちは、彼らは自分たちの力とその影響力を理解し、自信に満ちているはずだ。同社の使命である「世界中の情報を整理し、世界中の人々がアクセスし使えるようにしよう」も、検索窓と同じくらい単純明快だ。本当はゲノム解析や量子コンピューター、ロボットから人工知能まで、同社はあらゆる領域に手を染めているが、ビジネスの原点はいたって簡潔である。

繰り返すが、普段から提案したいアイデアについては、余計なものを削ぎ落とし、それでも魅力が残るかどうかについて考えるべきだ。残りのふたつのＳ（驚きと重要性）は、まず単純さがあってこそ元素のように結合し、望む破壊を引き起こしてくれるだろう。

「返礼の注目」に注目だ

あなたがマーケッターなら、覚えておくべきは「自動トリガー」ばかりに傾注することではない。顧客との関係性構築の本質を見極めることである。それについては、「承認トリガー」の章に深い洞察が含まれる。

多くの企業は、テレビや雑誌といった従来のマス媒体を通じた「即時の注目」以外に、もっと長い間にわたり自社ブランドを記憶してほしいと願う。さらに、忠実なファンとして自社から他社に乗り換えないでほしいというのが本音だ。

そのような関係性を、マーケティングでは「エンゲージメントが高い」状態と言う。しかしながら、多くの企業は、顧客側にエンゲージメントを求めるのみで、企業自身は特にその顧客のことを顧みたいわけではない。これは政治家と有権者の関係についても言えるだろう。

たとえば、ソーシャルメディア・マーケティングにおいて、フェイスブックの「いいね！」数やインスタグラムのフォロワー数を指標にし、ただ闇雲にその数を増やすことを目指す施策が散見される。なにかを訴求する場合に対象となる母数は多いに越したことはないが、はたして、それだけで「顧客とのエンゲージメントが高い」状態を作り出せるのだろうか。

あるいは、メディア企業に多額の広告費を払い、自社の商品やサービスを美化した記事や番組を作らせたとしても、そこに顧客の欲求は反映されていない。

少々唐突だが、こうした企業がもし生身の人間だったら、どういうタイプの人間か想像してみてほしい。その人は誰かに報酬を与えて、自分のフェイスブックページに「いいね！」集めをさせ、常に自分のことばかりしか話題にしない。

そんな人がもし実在したなら、あなたは友だちになりたいだろうか？　答えはＮＯだろう。だが、人間ではなく企業となると、そんな行いが大手を振るって許されてしまう。そんななか、相手の欲求を理解し、顧客に「内的報酬」を与える企業がどれだけ存在するだろうか。前述のように、パーの言う「承認トリガー」には「返礼の注目」がある。互いを認知し、注目しあうことで共感を誘い、長期の注目を獲得する。これは注目という言葉を越えている。もはやエンゲージメントが高い状態なのだから。

「返礼の注目」を利用している女性下着メーカー

たとえば、女性下着メーカーのトリンプは、顧客と一緒に商品を開発している。「究極のランジェリー」と名付けられたそのプロジェクトは、顧客との商品開発を二〇〇八年から行っている。商品が完成したら、顧客の中からカタログのモデルとなる女性を選び、ウェブサイトで投票も行っている。

また、高級スポーツカーの代名詞でもあるフェラーリは、同社製品のオーナーを集めて毎年さまざまなイベントを開催している。二〇数年以上続くその活動の内訳は、旅行やサーキット走行、安全な運転の指導などだ。同ブランドは、モデルの新旧問わず多くの同車オーナーたちに「返礼の注目」を行っている。

「報酬トリガー」の章で紹介されるＡＫＢ48の事例も気に留めたい。五〇年代に発見されたという「パラソーシャル関係（交流）」はブランドと顧客についても当てはまるだろう。

パラソーシャル関係とは、あなたがわたしを知らなくても、わたしはあなたをよく知っていますよ、という関係性のことだ。このような「1対N」の交流関係は、ソーシャルメディア時代において、ますます加速する。

「会いに行けるアイドル」ならぬ、「会いに行けるCEO（あるいはブランドの顔）」がいてもいい。実際に、テクノロジー業界で頻繁に行われるようになったハッカソン（プログラマやデザイナーたちがその場に集い、一緒にソフトウェアなどをつくるイベント）では、企業の開発担当者と会い、共創することができる。「承認トリガー」として強力ではないだろうか。

ほかにも、あなたが人事や教育関係の仕事をしているのなら、「承認トリガー」の「内的報酬」という考え方を見直してみよう。なぜ人はそこで働き、もしくは学んでいるのか。そして、彼ら・彼女らはどのような満足を得るのか。規約や評価制度ばかりに偏《かたよ》ることなく、人間の承認欲求に対する解決策を制度に盛り込むことを考えてみたい。

犠牲者以外にも「顔のある犠牲者効果」を

「承認トリガー」の章で触れられる「顔のある犠牲者効果」は、寄付を求める文章の対比により、興味深い結論を導き出す。それは、統計数字を用いて支援が必要な人の窮状を訴える文章よりも、その人たち個々の顔や生活ぶりを描写した文章のほうが、人は支援したくなるというものだ。この「顔のある犠牲者効果」が完璧に機能しているウェブサイトがある。Ｋｉｖａが、そうだ。

同サイトはマイクロクレジットと呼ばれる仕組みを使って、発展途上国の小規模事業者の支援を行う。しかし、それは見返りのない寄付ではない。「ローン」としてわたしたちがお金を貸し付けるわけだ。

ウィキペディアによれば、Ｋｉｖａは世界二一六カ国で六二万人以上がユーザーとなり、およそ二〇〇億円近い金額を、発展途上国の小規模事業者に貸し付けたという。貸し倒れ率も低い。しかし、貸し付けた人たちはなぜ地球の裏側の赤の他人を応援する気になったのだろう。

それは、一度サイトにアクセスしてみれば一目瞭然だ。支援を受けたい人が、自身の顔写真と共に、自らの物語を書いている。その人の信用を担保するために、身近な友人が登場する場合もある。「新しい畑を耕すために、鍬《くわ》を一ダース買うお金を貸してほしい」という男性。「離婚して住む家から追い出された。クリーニングの仕事を続けたいから、仕事場兼住居を借りるためのお金を貸してほしい」という女性。「この人は信用できます、わたしたちとずっと働いてきました。この人の人となりを保証します」という職場の同僚たち等々。読んでいて胸を打たれる事例も少なくない。正確には、この人たちは犠牲者ではない。しかし、顔や声を与えることで、日頃わたしたちがまったく関心を寄せていない遠い国の出来事を、突如として身近なことに感じさせてしまう。

善意の次は、悪意について語ろう。

かつてマイクロソフトは、アメリカの司法当局と複数の州から反トラスト法違反で訴えられ、一〇年以上にわたる係争を抱えていた。当時、同社に対しては世間からの逆風が吹き荒れていた。当時に同社の名前を検索すると、「悪の帝国」などのレッテルを貼った多くの揶揄《やゆ》や批判サイトが容易に見つかった。しかし、入社したばかりの同社の広報担当者が非公式に始めたブログ「チャネル・ナイン」が発足してから、その流れは変わった。

同ブログは、同社のスタッフたちが日々何を考え、どんなプロジェクトに携っているのかについて淡々とインタビュー映像を流しているだけだった。やがて、同ブログは評判となり、多くの敵意溢れるコメントは好意的なものへと転じていった。逆に同社のファンは日ごとに増えていったのだ。その広報担当者はロバート・スコーブルという。後に有名なビデオ・ブロガーとして注目を集めることになる。わたしもかつて彼に会って話をしたことがある。

この事例からうかがえるのは、人々が頭に描くパブリック・イメージは、良くも悪くも幻であるということだ。しかし、実際には、わたしたちのように生活を営む「人間」が存在している。その人は懸命に家族や顧客のために働き、わたしたちと同じ悩みや幸せを感じている。「チャネル・ナイン」はそんな人たちを映し出し、脚本も用意せずに話をさせて、幻をかき消した。そして、周囲との間に「共感」という新たなチャネルを開設したのだ。

このように、「顔のある犠牲者効果」は、悪意の肥大化に対するブレーキにもなり得るだろう。

最後に、あなたが……そう、あなたが何者であれ、そして、なにを企てているにせよ、本書に書かれた「三つの注目」「七つのトリガー」と決して無関係ではないだろう。わたしもいくつかのトリガーを試してみようと思う。その報告はいつかまたどこかで。

二〇一六年二月

Developmental Psychology 48, no. 2 (2012): 315–26.
6. Jeremy Rifkin, *The Empathic Civilization: The Race to Global Consciousness in a World in Crisis* (New York: Penguin, 2009).
7. ディック・ガットマン、著者による電話インタビュー、2013年5月11日。
8. Ben Parr, "Likes, Retweets, Comments & the Rise of the Validation Society," B*en Parr's Entrepreneurial Musings* blog, January 24, 2012, http://benparr .com/2012/01/validation-society/.
9. Jenna Wortham, "Valley of the Blahs: How Justin Bieber's Troubles Exposed Twitter's Achilles' Heel," *Bits* blog, *New York Times*, January 25, 2014, http://bits.blogs.nytimes.com/2014/01/25/valley-of-the-blahs-how-justin-biebers-downfall-exposed-twitters-achilles-heel/.
10. ジョシュ・エルマン、著者によるインタビュー、カリフォルニア州ハーフ・ムーン・ベイにて、2013年6月17日。
11. Carol Kuruvilla, "San Francisco Turns into Gotham City for Batkid," *Daily News*, November 16, 2013, http://www.nydailynews.com/news/national/san-francisco-turns-gotham-city-batkid-article-1.1518454; Bill Chappell, "Holy Empathy! Batkid Lives Superhero Dream in San Francisco," *The Two-Way*, NPR, November 15, 2013, http://www.npr.org/blogs/thetwo-way/2013/11/15/245480296/holy-empathy-batkid-lives-superhero-dream-in-san -francisco.
12. Deborah A. Small, George Loewenstein, and Paul Slovic, "Sympathy and Callousness: The Impact of Deliberative Thought on Donations to Identifiable and Statistical Victims," *Organizational Behavior and Human Decision Processes* 102, no. 2 (2007): 143–53.
13. スコット・ハリソン、著者による電話インタビュー、ニューヨーク市にて、2013年6月7日。
14. Donald Horton and R. Richard Wohl, "Mass Communication and Para-Social Interaction: Observations on Intimacy at a Distance," *Psychiatry* 19, no. 3 (1956): 215–29.
15. モナ・ノムラ、著者によるインスタント・メッセージでのインタビュー、2014年12月18日。
16. Kenneth Maxwell and Andrew Joyce, "The Man Who Made AKB48," *Japan RealTime* blog, *The Wall Street Journal*, December 28, 2013, http://blogs.wsj.com/japanrealtime/2011/12/28/the-man-who-made-akb48/;
Tokyo Hive, "Oricon Reveals 'Artist Total Sales Revenue' Ranking for 2012," December 20, 2012, http://www.tokyohive.com/article/2012/12/oricon-reveals-artist-total-sales-revenue-ranking-for-2012/; Michael Cucek, "Japanese Idol," *Latitude* blog, *New York Times*, June 14, 2013, http://latitude.blogs.nytimes.com/2013/06/14/japanese-idol/?gwh=F315862CCB765F470AA0C90C0F44296F.
17. Daniel Bentley, "I Asked for Eggs," *Medium*, May 15, 2013, https://medium.com/this-happened-to-me/i-asked-for-eggs-c9e6fd3ef792.
18. Susan Marks, *Finding Betty Crocker: The Secret Life of America's First Lady of Food* (New York: Simon & Schuster, 2010).
19. アレクシア・ツォツィス、著者によるインタビュー、サンフランシスコにて、2013年6月19日。

おわりに

1. マーク・アシュレー、著者へのEメールメッセージ、2013年2月9日。

Watching Suspenseful Commercials," *Advances in Consumer Research* 32, no. 1 (2005): 561.
16. Colleen C. Bee and Robert Madrigal, "It's Not Whether You Win or Lose; It's How the Game Is Played," *Journal of Advertising* 41, no. 1 (2012): 47–58.
17. スティーブン・ソダーバーグ、著者によるインタビュー、ニューヨーク市にて、2013年7月17日。
18. Eric McWhinnie, "How Much Will March Madness Cost Corporate America?" *Wall St. Cheat Sheet*, March 13, 2014, http://wallstcheatsheet.com/politics/how-much-will-march-madness-cost-corporate-america.html/; Erik Matuszewski, "March Madness Gambling Brings Out Warnings from NCAA to Tournament Players," *Bloomberg*, March 17, 2011, http://www.bloomberg.com/news/2011-03-17/march-madness-gambling-brings-out-warnings-from-ncaa-to-tournament-players.html.
19. Harry E. Blanchard and Asghar Iran-Nejad, "Comprehension Processes and Eye Movement Patterns in the Reading of Surprise-Ending Stories," *Discourse Processes* 10, no. 1 (1987): 127–38.
20. Emily Nussbaum, "Tune In Next Week," *The New Yorker,* July 30, 2012, http://www.newyorker.com/arts/critics/television/2012/07/30/120730crte_television_nussbaum; Harold MacGrath, *The Adventures of Kathlyn* (Indianapolis: Bobbs-Merrill, 1914).
21. Mike Fenn, "60,000 Redditors Want to Know What's in This Safe," *The Daily Dot*, March 18, 2013, http://www.dailydot.com/society/reddit-whatsinthisthing-locked-safe-new-zealand/.
22. Ben Parr, "Startup Crisis Control: 6 Painful Lessons from Airbnb," *Mashable*, July 29, 2011, http://mashable.com/2011/07/29/airbnb-pr-crisis/; Michael Arrington, "The Moment of Truth for Airbnb as User's Home Is Utterly Trashed," *TechCrunch*, July 27, 2011, http://techcrunch.com/2011/07/27/the-moment-of-truth-for-airbnb-as-users-home-is-utterly-trashed/.
23. Austin Carr, "The Secret to Airbnb's Freakishly Rapid Orgy Response: 'Scenario Planning,' " *Fast Company*, March 17, 2014, http://www.fastcompany.com/3027798/the-secret-to-airbnbs-freakishly-rapid-orgy-response-scenario-planning.
24. NPR, "How to Write a Great Mystery," *Talk of the Nation*, July 28, 2008, http://www.npr.org/templates/story/story.php?storyId=92995184.
25. Mark Alford, "Isaac Newton: The First Physicist," Washington Univ. in St. Louis, 1995, http://physics.wustl.edu/~alford/newton.html.

第8章　承認トリガー

1. キナ・グラニス、著者によるインタビュー、ロサンジェルスにて、2013年6月11日。
2. Kina Grannis, "Gotta Digg," YouTube, December 23, 2007, https://www .youtube.com/watch?v=XLLRsn_nr6s.
3. James A. Coan, Hillary S. Schaefer, and Richard J. Davidson, "Lending a Hand: Social Regulation of the Neural Response to Threat," *Psychological Science* 17, no. 12 (2006): 1032–39.
4. Deirdra Funcheon, "Balloon Boy 2012: Three Years After the Hoax, Falcon Heene Fronts a Metal Band," *New Times Broward-Palm Beach*, December 13, 2012, http://www.browardpalmbeach.com/2012-12-13/news/balloon-boy-2012-three-years-after-hoax-falcon-heene-fronts-a-metal-band/full/.
5. Yalda T. Uhls and Patricia M. Greenfield, "The Value of Fame: Preadolescent Perceptions of Popular Media and Their Relationship to Future Aspirations,"

scott-thompson-at-yahoo-common-sense.html.
27. Brad Tuttle, "Warren Buffett's Boring, Brilliant Wisdom," *Time*, March 1, 2010, http://business.time.com/2010/03/01/warren-buffetts-boring-brilliant -wisdom/.

第7章 ミステリー・トリガー

1. Mark Borkowski, *The Fame Formula: How Hollywood's Fixers, Fakers and Star Makers Created the Celebrity Industry* (London: Pan Macmillan, 2009).
2. "Producing Gone with the Wind" (web exhibition, Harry Ransom Center, Univ. of Texas at Austin, through January 4, 2015), http://www.hrc.utexas.edu/exhibitions/web/gwtw/scarlett/.
3. Jason Abbruzzese, "Embrace the Binge: Netflix Viewers Average 2.3 Episodes per Sitting," *Mashable*, December 13, 2013, http://mashable.com/2013/12/13/embrace-the-binge-netflix-data-shows-viewers-usually-watch-more-than-one-embargo-til-6am/.
4. Bluma Zeigarnik, "On Finished and Unfinished Tasks," in *A Source Book of Gestalt Psychology* ed. Willis D. Ellis (New York: Routledge, 2013), 300–14.
5. James T. Heimbach and Jacob Jacoby, "The Zeigarnik Effect in Advertising," Association for Consumer Research の第3回年次会議の議事録より (1972), 746–58.
6. Malcolm R. Parks and Mara B. Adelman, "Communication Networks and the Development of Romantic Relationships: An Expansion of Uncertainty Reduction Theory," *Human Communication Research* 10, no. 1 (1983): 55–79; Charles R. Berger, "Uncertain Outcome Values in Predicted Relationships: Uncertainty Reduction Theory Then and Now," *Human Communication Research* 13, no. 1 (1986): 34–38; Kathy Kellermann and Rodney Reynolds, "When Ignorance Is Bliss: The Role of Motivation to Reduce Uncertainty in Uncertainty Reduction Theory," *Human Communication Research* 17, no. 1 (1990): 5–75.
7. Anthony Breznican, "Mystifying Trailer Transforms Marketing," *USA Today*, July 9, 2007, http://usatoday30.usatoday.com/life/movies/news/2007-07-08-abrams-trailer_N.htm.
8. Alison Vingiano, "This Is How a Woman's Offensive Tweet Became the World's Top Story," *BuzzFeed,* December 21, 2013, http://www.buzzfeed.com/alisonvingiano/this-is-how-a-womans-offensive-tweet-became -the-worlds-top-s.
9. Vingiano, "This Is How."
10. Jeff Bercovici, "Justine Sacco and the Self-Inflicted Perils of Twitter," *Forbes*, December 23, 2013, http://www.forbes.com/sites/jeffbercovici/2013/12/23/justine-sacco-and-the-self-inflicted-perils-of-twitter/.
11. Matt Singer, "Ten Movie Trailers that Spoil Their Movie," *IFC*, August 5, 2010, http://www.ifc.com/fix/2010/08/ten-movie-trailers-that-spoil.
12. Dalton Ross, "Secrets and Jedis," *Entertainment Weekly*, September 16, 2004, http://www.ew.com/ew/article/0,,698013,00.html.
13. Dolf Zillmann, T. Alan Hay, and Jennings Bryant, "The Effect of Suspense and Its Resolution on the Appreciation of Dramatic Presentations," *Journal of Research in Personality* 9, no. 4 (1975): 307–23.
14. Noël Carroll, "The Paradox of Suspense," in *Suspense: Conceptualizations, Theoretical Analyses, and Empirical Explorations*, eds. Peter Vorderer, Hans J. Wulff, and Mike Friedrichsen (New York: Routledge, 2013), 71–91.
15. Robert Madrigal and Colleen Bee, "Suspense as an Experience of Mixed Emotions: Feelings of Hope and Fear While

8. Stanley Milgram, "Behavioral Study of Obedience," *The Journal of Abnormal and Social Psychology* 67, no. 4 (1963): 371–78.
9. 『現代権力論批判』スティーヴン・ルークス著、中島吉弘訳、未來社、1995 年。
10. 『カリスマは誰でもなれる』オリビア・フォックス・カバン著、矢羽野薫訳、角川書店、2013 年。
11. George Eaton, "Should Pre-Election Opinion Polls Be Banned? A Third of MPs Think So," *New Statesman*, November 13, 2013, http://www.newstatesman.com/politics/2013/11/should-pre-election-opinion-polls-be-banned-third-mps-think-so.
12. Ian McAllister and Donley T. Studlar, "Bandwagon, Underdog, or Projec-tion? Opinion Polls and Electoral Choice in Britain, 1979–1987," *Journal of Politics* 53, no. 3 (1991): 720–41.
13. 『「みんなの意見」は案外正しい』ジェームズ・スロウィッキー著、小高尚子訳、角川文庫、2006 年。
14. Michael Anderson and Jeremy Magruder, "Learning from the Crowd: Regression Discontinuity Estimates of the Effects of an Online Review Data-base," *The Economic Journal* 122, no. 563 (2012): 957–89.
15. Michael Luca, *Reviews, Reputation, and Revenue: The Case of Yelp.com, No. 12-016* (Harvard Business School, 2011).
16. Lance Ulanoff, "Why Sony Won the Format War," *PC*, February 19, 2008, http://www.pcmag.com/article2/0,2817,2264994,00.asp.
17. 『ザ・ソーシャル・アニマル――人と世界を読み解く社会心理学への招待』E．アロンソン著、岡隆訳、サイエンス社、2014 年。
18. Asch,"Opinions."
19. Seth Borenstein, "Conformity Rules: Social Animals Really Do Exhibit Monkey-See, Monkey-Do Behavior, Research Shows," *Buffalo News*, May 5, 2013, http://www.buffalonews.com/20130505/conformity_rules_social_animals_really_do_exhibit_monkey_see_monkey_do_behavior_research_shows.html.
20. Jeanne Theoharis, interview by Gwen Ifill, "Known for Single Act of Defiance, Rosa Parks Trained for Life Full of Activism," *PBS* Newshour, February 7, 2013, http://www.pbs.org/newshour/bb/social_issues-jan-june13 -rosaparks_02-07/.
21. Marisa Taylor, "Vitaminwater Gets Facebookers Brainstorming on a New Flavor," *Digits* blog, *The Wall Street Journal*, September 8, 2009, http://blogs.wsj.com/digits/2009/09/08/vitaminwater-gets-facebookers-brainstorming -on-a-new-flavor/.
22. Kate Pickert and Adam Sorensen, "Inside Reddit's Hunt for the Boston Bombers," *Time*, April 23, 2013, http://nation.time.com/2013/04/23/inside-reddits-hunt-for-the-boston-bombers/.
23. Gonzalo De Polavieja and Gabriel Madirolas, "Wisdom of the Confident: Using Social Interactions to Eliminate the Bias in Wisdom of the Crowds" (paper, Cornell Univ. Library, June 30, 2014), http://arxiv.org/abs/1406.7578.
24. Genevieve Roberts, "Ben & Jerry's Builds on Its Social-Values Approach," *New York Times*, November 16, 2010, http://www.nytimes.com/2010/11/17/business/global/17iht-rbofice.html;"Ben Cohen & Jerry Greenfield," *Entrepreneur*, October 10, 2008, http://www.entrepreneur.com/article/197626.
25. Jay Newton-Small, "The Rise and Fall of Elizabeth O'Bagy," *Time*, September 17, 2013, http://swampland.time.com/2013/09/17/the-rise-and-fall-of-elizabeth-obagy/.
26. James Stewart, "In the Undoing of a C.E.O., a Puzzle," *New York Times*, May 18, 2012, http://www.nytimes.com/2012/05/19/business/the-undoing-of-

角川書店、2006 年。
18. ピンク、著者によるインタビュー。
19. Robert Weisman, "An Iconoclast's Ideas for Redefining Management," *Boston.com*, May 9, 2004, http://www.boston.com/business/articles/2004/05/09/an_iconoclasts_ideas_for_redefining_management/.
20. Amy Sawitta Lefevre, "Bangkok 'Smoking Kid' Lights Up Internet with Quit Message," *Reuters*,June22,2012, http://www.reuters.com/article/2012/06/22/net-us-thailand-smoking-idUSBRE85L0E420120622; Ogilvy & Mather Bangkok, "Smoking Kid—Best of #OgilvyCannes 2012 / #CannesLions," YouTube video, June 6, 2013, https://www.youtube.com/watch?v=g_YZ_PtMkw0.
21. バーリッジ、著者によるインタビュー。
22. Maryellen Hamilton and Suparna Rajaram, "The Concreteness Effect in Implicit and Explicit Memory Tests," *Journal of Memory and Language* 44, no. 1 (2001): 96–117.
23. Dan Ariely, Emir Kamenica, and Dražen Prelec, "Man's Search for Meaning: The Case of Legos," *Journal of Economic Behavior & Organization* 67, no. 3 (2008): 671–77.
24. タリク・ショーカット、著者による電話インタビュー、2013 年 6 月 25 日。
25. Julie Jargon, "At McDonald's, Salads Just Don't Sell," *The Wall Street Journal*, October 18, 2013, http://online.wsj.com/news/articles/SB10001424052702304384104579139871559464960.
26. Keith Wilcox et al., "Vicarious Goal Fulfillment: When the Mere Presence of a Healthy Option Leads to an Ironically Indulgent Decision," *Journal of Consumer Research* 36, no. 3 (2009): 380–93.
27. Ayelet Fishbach and Kristian Ove R. Myrseth, "The Dieter's Dilemma: Iden-tifying When and How to Control Consumption," in *Obesity Prevention: The Role of Brain and Society on Individual Behavior*, ed. Laurette Dube et al. (London: Elsevier, 2010), 353–64.

第 6 章　評判トリガー

1. Josh Levs, "J. K. Rowling Revealed as Secret Author of Crime Novel," *CNN*, July 16, 2013, http://www.cnn.com/2013/07/14/world/rowling-secret-book/; Alex Hern, "Sales of 'The Cuckoo's Calling' Surge by 150,000% After JK Rowling Revealed as Author," *New Statesman*, July 14, 2013, http://www.newstatesman.com/2013/07/sales-cuckoos-calling-surge-150000-after-jk-rowling-revealed-author.
2. 『サイエンス日本語版』2006 年 2 月 10 号 Vol. 311 p854「人工的な〝文化の市場〟における成功の不平等性と予測不能性に関する実験的研究——新曲のダウンロードに際して動向情報の有無で状況はどのように変わるか」。
3. Jan B. Engelmann et al., "Expert Financial Advice Neurobiologically 'Offloads' Financial Decision Making Under Risk," *PLoS One*, 4, no. 3 (2009): e4957.
4. 『影響力の武器——なぜ、人は動かされるのか［第三版］』ロバート・B．チャルディーニ著、社会行動研究会訳、誠信書房、1991 年。
5. "2014 Edelman Trust Barometer," Edelman, http://www.edelman.com/insights/intellectual-property/2014-edelman-trust-barometer/.［日本語版サイト http://www.edelman.jp/sites/jp/pages/insights.aspx］
6. Hajo Adam and Adam D. Galinsky, "Enclothed Cognition," *Journal of Experimental Social Psychology* 48, no. 4 (2012): 918–25.
7. K. Anders Ericsson, et al., eds, *The Cambridge Handbook of Expertise and Expert Performance* (Cambridge, UK: Cambridge Univ. Press, 2006).

107%," *AdWeek*, July 27, 2010, http://www.adweek.com/adfreak/hey-old-spice-haters-sales-are-107-12422.
19. Rick Kissell, "It's Official: 'Game of Thrones' Is HBO's Most Popular Series Ever," *Variety*, June 5, 2014, http://variety.com/2014/tv/ratings/its-official-game-of-thrones-is-hbos-most-popular-series-ever-1201214357/.
20. Ken Tucker, "Why Is Game of Thrones So Popular?" *BBC*, April 7, 2014, http://www.bbc.com/culture/story/20140407-why-people-love-game-of-thrones.

第5章　報酬トリガー

1. Leslie A.Perlow, *Sleeping with Your Smartphone: How to Break the 24/7 Habit and Change the Way You Work* (Boston: Harvard Business, 2012).
2. Doug Aamoth, "Study Says We Unlock Our Phones a LOT Each Day," *Time*, October 8, 2013, http://techland.time.com/2013/10/08/study-says-we-unlock-our-phones-a-lot-each-day/.
3. ケント・バーリッジ、著者による電話インタビュー、2014年4月16日。
4. Cash, Hilarie, Cosette D. Rae, Ann H. Steel, and Alexander Winkler, "Internet Addiction: A Brief Summary of Research and Practice," *Current Psychiatry Reviews* 8, no. 4 (2012): 292.
5. Brian A. Anderson, Patryk A. Laurent, and Steven Yantis, "Value-Driven Attentional Capture," *Proceedings of the National Academy of Sciences* 108, no. 25 (2011): 10367–71.
6. Richard M. Ryan and Edward L. Deci, "Intrinsic and Extrinsic Motivations: Classic Definitions and New Directions," *Contemporary Educational Psychology* 25, no. 1 (2000): 54–67.
7. Jessica Guynn, "L.A. Startup Looks for the Most Interesting Engineers in the World," *Los Angeles Times*, December 1, 2011, http://latimesblogs.latimes.com/technology/2011/12/la-startup-is-looking-for-the-most-interesting -engineers-in-the-world.html.
8. ダニエル・ピンク、著者による電話インタビュー、2014年6月16日。
9. Timothy A. Judge et al., "The Relationship Between Pay and Job Satisfaction: A Meta-Analysis of the Literature," *Journal of Vocational Behavior* 77, no. 2 (2010): 157–67.
10. Gregory S. Berns et al., "Predictability Modulates Human Brain Response to Reward," *Journal of Neuroscience* 21, no. 8 (2001): 2793–98.
11. ブライアン・ウォン、著者による電話インタビュー、2014年4月17日。
12. Chou, Yu-kai, "The Six Different Contextual Types of Rewards in Gamification," *Yu-kai Chou Gamification*. November 11, 2013. http://www.yukaichou.com/marketing-gamification/six-context-types-rewards-gamification.
13. Leslie Scrivener, "Terry's Running for the Cancer Society," *Montreal Gazette*, April 28, 1980;
Leslie Scrivener, *Terry Fox: His Story*, rev. ed. (New York: McClelland & Stewart, 2010). 『ぼくは希望に向かって走る―愛のドキュメント』レスリー・シュライブナー著、井上篤夫・中川裕訳、集英社文庫コバルトシリーズ、1982年。
14. ピンク、著者によるインタビュー。
15. James K. Harter et al., "Causal Impact of Employee Work Perceptions on the Bottom Line of Organizations," *Perspectives on Psychological Science* 5, no. 4 (2010): 378–89.
16. シェリル・サンドバーグ、著者による電話インタビュー、2013年5月13日。
17. 『本当に欲しいものを知りなさい――究極の自分探しができる16の欲求プロフィール』スティーブン・リース著、宮田攝子訳、

and-effective-campaign-to-grudgingly-sell-stuff; Kyle Stock, “Patagonia's ‘Buy Less’ Plea Spurs More Buying,” *Bloomberg Business Week*, August 28, 2013, http://www.businessweek.com/articles/2013-08-28/patagonias-buy-less-plea-spurs-more-buying.
3. Marilyn Boltz, Matthew Schulkind, and Suzanne Kantra, “Effects of Back-ground Music on the Remembering of Filmed Events,” *Memory & Cognition* 19, no. 6 (1991): 593–606.
4. Judee K. Burgoon and Jerold L. Hale, “Nonverbal Expectancy Violations: Model Elaboration and Application to Immediacy Behaviors,” *Communications Monographs* 55, no. 1 (1988): 58–79.
5. Scott Goldthorp, “The 2012 Rosenthal Prize for Innovation in Math Teaching: Hands-On Data Analysis,” *MoMath*, 2012, http://momath.org/wp-content/uploads/RosenthalPrize2012_Winning_Lesson_Plan.pdf; Evelyn Lamb, “Award-Winning Teachers Put Math on Hands and Heads,” *Roots of Unity* blog, *Scientific American*, May 3, 2013, http://blogs.scientificamerican.com/roots-of-unity/2013/05/03/math-on-hands-and-heads-rosenthal-prize/.
6. Mark A. McDaniel et al., “The Bizarreness Effect: It's Not Surprising, It's Complex,” *Journal of Experimental Psychology: Learning, Memory, and Cognition* 21, no. 2 (1995): 422–35.
7. Tony Thwaites, Lloyd Davis, and Warwick Mules, “Advertisement,” in *Introducing Cultural and Media Studies: A Semiotic Approach* (Houndmills, Basingstoke, Hampshire: Palgrave, 2002), 50–52.
8. Farhad Manjoo, “Invincible Apple: 10 Lessons from the Coolest Company Anywhere,” *Fast Company*, July 1, 2010, http://www.fastcompany.com/1659056/invincible-apple-10-lessons-coolest-company-anywhere.
9. Jürgen Huber, Michael Kirchler, and Matthias Sutter, “Is More Information Always Better?: Experimental Financial Markets with Cumulative Information,” *Journal of Economic Behavior & Organization* 65, no. 1 (2008): 86–104.
10. ジョン・スウェラー、著者によるスカイプでのインタビュー、2013年5月29日。
11. スウェラー、著者によるインタビュー。
12. ジェレミア・オーヤン、著者によるインタビュー、電話インタビュー、2013年5月14日。
13. レイチェル・ライトフット、著者によるインタビュー、カリフォルニア州サンブルノにて、2013年4月12日。
14. Barb Dybwad, “When Videos Buffer, Viewers Leave . . . in Droves [STATS],” December 11, 2009, *Mashable*, http://mashable.com/2009/12/11/online-video-buffering/.
15. Lisa Belkin, “Moms and Motrin,” *Motherlode* blog, *New York Times*, November 17, 2008, http://parenting.blogs.nytimes.com/2008/11/17/moms-and-motrin/.
16. Seth Stevenson, “The Creatures from the Sandwich Shop,” *Slate*, February 23, 2004, http://www.slate.com/articles/business/ad_report_card/2004/02/the_creatures_from_the_sandwich_shop.html.
17. Jane Levere, “A Guy's Guy Tired of Plain Old Soap? Old Spice Is Counting on It,” *New York Times*, August 1, 2003, http://www.nytimes.com/2003/08/01/business/media-business-advertising-guy-s-guy-tired-plain-old-soap-old -spice-counting-it.html.
18. マーク・フィッツロフ、著者による電話インタビュー、2013年7月13日。Brenna Ehrlich, “The Old Spice Social Media Campaign by the Numbers,” *Mashable*, July 15, 2010, http://mashable.com/2010/07/15/old-spice-stats/; David Griner, “Hey Old Spice Haters, Sales Are Up

10. Alhan Keser, "Why Joshua Bell Failed in the Subway," *Alhan Keser* blog, No-vember 22, 2012, http://web.archive.org/web/20130806230315/http://alhan.co/why-joshua-bell-failed-in-subway/.
11. Press Association, "Rush Hour Traffic Tops Poll of Everyday Stresses," *The Guardian*, October 31, 2000, http://www.theguardian.com/uk/2000/nov/01 / transport.world.
12. キーザー、著者によるインタビュー。
13. Adam Wooten, "International Business: Wrong Flowers Can Mean Death for Global Business," *Deseret News*, February 4, 2011, http://www.deseretnews.com/article/705365824/Wrong-flowers-can-mean-death-for-global-business .html.
14. Frank Luntz, *Words that Work: It's Not What You Say, It's What People Hear* (New York: Hyperion, 2007).
15. Tommy Christopher, "How Fox News, CNN, and MSNBC Covered Chris Christie 'Bridgegate' on Wednesday,"*Mediaite*, January 9, 2014, http://www.mediaite.com/tv/how-fox-news-cnn-and-msnbc-covered-chris-christie-bridgegate-on-wednesday/.
16. Lynn Hasher, David Goldstein, and Thomas Toppino, "Frequency and the Conference of Referential Validity," *Journal of Verbal Learning and Verbal Behavior* 16, no. 1 (1977): 107–12.
17. 1と4が嘘。初回のシュガーボウルでチューレーンが勝った相手はテンプル大(20-14)。ニューヨークとシカゴを除けば、アメリカの最高層ビルはアトランタのバンク・オブ・アメリカ・プラザ。
18. Wesley G. Moons, Diane M. Mackie, and Teresa Garcia-Marques, "The Impact of Repetition-Induced Familiarity on Agreement with Weak and Strong Arguments," *Journal of Personality and Social Psychology* 96, no. 1 (2009): 32–44.
19. Rachel Feintzeig, Mike Spector, and Julie Jargon, "Twinkie Maker Hostess to Close," *The Wall Street Journal*, November 16, 2012, http://online.wsj.com/news/articles/SB10001424127887324556304578122632560842670.
20. Michael Lynn, "Scarcity Effects on Value: A Quantitative Review of the Commodity Theory Literature," *Psychology & Marketing* 8, no. 1 (1991): 43–57.
21. Theo M. M. Verhallen and Henry S. J. Robben, "Scarcity and Preference: An Experiment on Unavailability and Product Evaluation," *Journal of Economic Psychology* 15, no. 2 (1994): 315–31.
22. Associated Press, "Hostess: Twinkies Demand at Record High," *The Huffington Post*, July 18, 2013, http://www.huffingtonpost.com/2013/07/18/hostess-twinkies-demand_n_3615900.html.
23. Stephen Worchel, Jerry Lee, and Akanbi Adewole, "Effects of Supply and Demand on Ratings of Object Value," *Journal of Personality and Social Psychology* 32, no. 5 (1975): 906–14.
24. ジョシュ・エルマン、著者によるインタビュー、カリフォルニア州ハーフ・ムーン・ベイにて、2013年6月17日。

第4章　破壊トリガー

1. Nicholas Carlson, "This Post Has All the Black Friday Stats You Need to Sound Smart in Meetings," *Business Insider*, December 13, 2013, http://www .businessinsider.com/2013-black-friday-stats-2013-12.
2. Jeff Rosenblum, "How Patagonia Makes More Money by Trying to Make Less," *Fast Company*, December 6, 2012, http://www.fastcoexist.com/1681023/how-patagonia-makes-more-money-by-trying-to-make-less; Kyle Stock, "Patagonia's Confusing and Effective Campaign to Grudgingly Sell Stuff," *Bloomberg Business Week*, November 25, 2013, http://www.businessweek.com/articles/2013-11-25/patagonias-confusing-

170–83.
26. Kate McCulley, "How I Survived a Mugging," *Adventurous Kate's Solo Female Travel Blog*, October 12, 2010, http://www.adventurouskate.com/how-i-survived-a-mugging/.
27. Carles Escera et al., "Neural Mechanisms of Involuntary Attention to Acoustic Novelty and Change," *Journal of Cognitive Neuroscience* 10, no. 5 (1998): 590–604;
Fabrice B. R. Parmentier, "Towards a Cognitive Model of Distraction by Auditory Novelty: The Role of Involuntary Attention Capture and Semantic Processing," *Cognition* 109, no. 3 (2008): 345–62; Dennis P. Carmody and Michael Lewis, "Brain Activation when Hearing One's Own and Others' Names," *Brain Research* 1116, no. 1 (2006): 153–58.
28. マイケル・ポスナー、著者による電話インタビュー、2013 年 7 月 3 日。
29. E. Colin Cherry, "Some Experiments on the Recognition of Speech, with One and with Two Ears," *Journal of the Acoustical Society of America* 25, no. 5 (1953): 975–79.
30. Anne M. Treisman, "The Effect of Irrelevant Material on the Efficiency of Selective Listening," *American Journal of Psychology* 77, no. 4 (1964): 533–46.
31. Noelle Wood and Nelson Cowan, "The Cocktail Party Phenomenon Revisited: How Frequent Are Attention Shifts to One's Name in an Irrelevant Auditory Channel?" *Journal of Experimental Psychology: Learning, Memory, and Cognition* 21, no. 1 (1995): 255–60.
32. Megan Garber, "Ghost Army: The Inflatable Tanks that Fooled Hitler," *The Atlantic*, May 22, 2013, http://www.theatlantic.com/technology/archive/2013/05/ghost-army-the-inflatable-tanks-that-fooled-hitler/276137/; *The Ghost Army*, directed by Peter Coyote (Arlington, VA: PBS Distribution, 2013), DVD.

第 3 章　フレーミング・トリガー

1. Sarah Everts, "How Advertisers Convinced Americans They Smelled Bad," *Smithsonian.com*, August 2, 2012, http://www.smithsonianmag.com/history-archaeology/How-Advertisers-Convinced-Americans-They-Smelled-Bad-164779646.html.
2. ディートラム・ショイフェレ、著者による電話インタビュー、2014 年 2 月 5 日。
3. Elizabeth F. Loftus and John C. Palmer, "Reconstruction of Automobile Destruction: An Example of the Interaction Between Language and Memory," *Journal of Verbal Learning and Verbal Behavior* 13, no. 5 (1974): 585–89.
4. Marianne Bertrand and Sendhil Mullainathan, "Are Emily and Brendan More Employable than Lakisha and Jamal? A Field Experiment on Labor Market Discrimination" (working paper, Univ. of Chicago, Graduate School of Business, 2002).
5. Will Wei, "How Pandora Survived More than 300 VC Rejections," *Business Insider*, July 14, 2010, http://www.businessinsider.com/pandora-vc-2010-7.
6. Robert Strohmeyer, "The 7 Worst Tech Predictions of All Time," *TechHive*, December 31, 2008, http://www.techhive.com/article/155984/worst_tech _predictions.html.
7. Gene Weingarten, "Pearls Before Breakfast," *The Washington Post*, April 8, 2007.
8. Nina Verdelli, "The Violin and the Street," *Citizen Brooklyn*, n.d., http://www.citizenbrooklyn.com/topics/fashion/the-violin-and-the-street/.
9. スーザン・キーザー、著者による電話インタビュー、2013 年 7 月 26 日。

Society of London, Series B, Biological Sciences 320, no. 1200 (1988): 437–87.
11. Michael Aagaard, "How to Design Call to Action Buttons that Con-vert," *The Landing Page & Conversion Rate Optimization Blog*, Un-bounce, May 22, 2013, http://unbounce.com/conversion-rate-optimization/design-call-to-action-buttons/.
12. 『心理学が教える人生のヒント』アダム・オルター著、林田陽子訳、日経ＢＰ社、2013年。
13. N. Yoshioka, "[Epidemiological Study of Suicide in Japan—Is It Possible to Reduce Committing Suicide?]" *Nihon Hoigaku Zasshi* 52, no. 5 (1998): 286–93; ［吉岡尚文著（秋田大学医学部）、日本法医学雑誌］
Keith W. Jacobs and James F. Suess, "Effects of Four Psychological Primary Colors on Anxiety State," *Perceptual and Motor Skills* 41, no. 1 (1975): 207–10; Robert E. Strong et al., "Narrow-Band Blue-Light Treatment of Seasonal Affective Disorder in Adults and the Influence of Additional Nonseasonal Symptoms," *Depression and Anxiety* 26, no. 3 (2009): 273–78.
14. Cliff Kuang, "Infographic of the Day: What Colors Mean Across 10 Cultures," *Fast Company*, April 26, 2010, http://www.fastcompany.com/1627581/infographic-day-what-colors-mean-across-10-cultures.
15. Patricia Valdez and Albert Mehrabian, "Effects of Color on Emotions," *Journal of Experimental Psychology: General* 123, no. 4 (1994): 394–409.
16. Anton J. M. de Craen et al., "Effect of Colour of Drugs: Systematic Review of Perceived Effect of Drugs and of Their Effectiveness," *British Medical Journal* 313, no. 7072 (1996): 1624–26.
17. Lauren I. Labrecque and George R. Milne, "Exciting Red and Competent Blue: The Importance of Color in Marketing," *Journal of the Academy of Marketing Science* 40, no. 5 (2011): 711–27.
18. Mark Wilson, "Why the Security Bug Heartbleed Has a Catchy Logo," *Fast Company*, April 11, 2014, http://www.fastcodesign.com/3028982/why-the-security-bug-heartbleed-has-a-catchy-logo.
19. Gráinne M. Fitzsimons, Tanya L. Chartrand, and Gavan J. Fitzsimons, "Automatic Effects of Brand Exposure on Motivated Behavior: How Apple Makes You 'Think Different,' " *Journal of Consumer Research* 35, no. 1 (2008): 21–35.
20. 『ファスト＆スロー——あなたの意思はどのように決まるか？（上・下）』ダニエル・カーネマン著、村井章子訳、ハヤカワ・ノンフィクション文庫、2014年。
21. アメリカCBSテレビドラマ『ビッグバン☆セオリー／ギークなボクらの恋愛法則』、監督マーク・センドロウスキー、スーパー！ドラマＴＶ（CS310）で日本語吹き替え版が放送、シーズン4第16話『オタク式同棲の法則』、2011年2月17日米国放送。
22. Lawrence E. Williams and John A. Bargh, "Experiencing Physical Warmth Promotes Interpersonal Warmth," *Science* 322, no. 5901 (2008): 606–7.
23. Simon Storey and Lance Workman, "The Effects of Temperature Priming on Cooperation in the Iterated Prisoner's Dilemma," *Evolutionary Psychology* 11, no. 1 (2013): 52–67.
24. ChrisEccleston and Geert Crombez, "Pain Demands Attention: A Cognitive-Affective Model of the Interruptive Function of Pain," *Psychological Bulletin* 125, no. 3 (1999): 356–66.
25. Judee K. Burgoon, "Relational Message Interpretations of Touch, Conversa-tional Distance, and Posture," *Journal of Nonverbal Behavior* 15, no. 4 (1991): 233–59; Glen P. Williams and Chris L. Kleinke, "Effects of Mutual Gaze and Touch on Attraction, Mood, and Cardiovascular Reactivity," *Journal of Research in Personality* 27, no. 2 (1993):

11. William James, "Attention," in *The Principles of Psychology* (New York: Dover Publications, 1950).『心理学（上・下）』W. ジェームズ著、今田寛訳、岩波文庫、1992 年（抄訳）。
12. Stephen Silverman, "Beyoncé Releases Surprise Self-Titled Album," *People*, December 13, 2013, http://www.people.com/people/article/0,,20765913,00 .html.
13. Andrew Hampp and Jason Lipshutz, "Beyonce Unexpectedly Releases New Self-Titled 'Visual Album' on iTunes," *Billboard*, December 13, 2013, http://www.billboard.com/articles/columns/the-juice/5827398/beyonce-unexpectedly-releases-new-self-titled-visual-album-on.
14. Bob Lefsetz, "Beyonce's Album," *Lefsetz Letter* blog, December 16, 2013, http://lefsetz.com/wordpress/index.php/archives/2013/12/16/beyonces-album/.
15. Nicholas Carlson, "Inside Pinterest: An Overnight Success Four Years in the Making," *Business Insider*, May 1, 2012, http://www.businessinsider.com /inside-pinterest-an-overnight-success-four-years-in-the-making-2012-4.
16. Tom Cheshire, "In Depth: How Rovio Made Angry Birds a Winner (And What's Next)," *Wired*, March 7, 2011, http://www.wired.co.uk/magazine/archive/2011/04/features/how-rovio-made-angry-birds-a-winner.
17. スウェラー、著者によるインタビュー。
18. 『ニンテンドー・イン・アメリカ――世界を制した驚異の創造力』ジェフ・ライアン著、林田陽子訳、早川書房、2011 年。

第2章　自動トリガー

1. Daniela Niesta Kayser, Andrew J. Elliot, and Roger Feltman, "Red and Romantic Behavior in Men Viewing Women," *European Journal of Social Psychology* 40, no. 6 (2010): 901–8.
2. J. A. Maga, "Influence of Color on Taste Thresholds," *Chemical Senses* 1, no. 1 (1974): 115–19.
3. Yorzinski, Jessica L., Michael J. Penkunas, Michael L. Platt, and Richard G. Coss, "Dangerous Animals Capture and Maintain Attention in Humans," *Evolutionary Psychology* 12, no. 3 (2014): 534–48.
4. R. Reed Hunt, "The Subtlety of Distinctiveness: What von Restorff Really Did," *Psychonomic Bulletin & Review* 2, no. 1 (1995): 105–12.
5. Nicolas Guéguen, "Color and Women Hitchhikers' Attractiveness: Gentlemen Drivers Prefer Red," *Color Research & Application* 37, no. 1 (2012): 76–78.
6. Andrew J. Elliot and Daniela Niesta, "Romantic Red: Red Enhances Men's Attraction to Women," *Journal of Personality and Social Psychology* 95, no. 5 (2008): 1150–64.
7. Dan McGrady, "How We Improved Our Conversion Rate by 72%," *Dmix* blog, 2011, http://web.archive.org/web/20140413033138/http://dmix.ca/2010/05/how-we-increased-our-conversion-rate-by-72/.
8. "B2B Landing Page Optimization Lifts Lead Generation by 32.5%—Within Strict Branding Guidelines," WiderFunnel Marketing Conversion Opti-mization, http://www.widerfunnel.com/proof/case-studies/sap-landing-page -optimization (accessed September 12, 2014).
9. Hans-Peter Frey et al., "Beyond Correlation: Do Color Features Influence Attention in Rainforest?" *Frontiers in Human Neuroscience* 5 (2011): 36.
10. Roger T. Hanlon and John B. Messenger, "Adaptive Coloration in Young Cuttlefish (Sepia officinalis L.): The Morphology and Development of Body Patterns and Their Relation to Behaviour," *Philosophical Transactions of the Royal*

原注

はじめに

1. Richard Alleyne, "Welcome to the Information Age—174 Newspapers a Day," *Telegraph* (London), February 11, 2011, http://www.telegraph.co.uk/science/science-news/8316534/Welcome-to-the-information-age-174-newspapers-a -day.html.
2. アダム・ギャザリー、著者による電話インタビュー、2013年7月23日。
3. Rachel Emma Silverman, "Workplace Distractions: Here's Why You Won't Finish This Article," *The Wall Street Journal*, December 11, 2012.
4. Larry D. Rosen et al., "An Empirical Examination of the Educational Impact of Text Message–Induced Task Switching in the Classroom: Educational Im-plications and Strategies to Enhance Learning," *Psicología Educativa* 17, no. 2 (2011): 163–77.
5. Eyal Ophir, Clifford Nass, and Anthony D. Wagner, "Cognitive Control in Media Multitaskers," P*roceedings of the National Academy of Sciences* 106, no. 37 (2009): 15583–87.
6. Sanbonmatsu, David M., David L. Strayer, Nathan Medeiros-Ward, and Jason M. Watson, "Who Multi-Tasks and Why? Multi-Tasking Ability, Perceived Multi-Tasking Ability, Impulsivity, and Sensation Seeking," *PloS One* 8, no. 1 (2013): e54402.
7. エイドリアン・グレニアーとトマス・デ・ゼンゴティタ、著者によるインタビュー、ニューヨークにて、2013年7月16日。

第1章　注目の三段階

1. Joshua New, Leda Cosmides, and John Tooby, "Category-Specific Attention for Animals Reflects Ancestral Priorities, Not Expertise," *Proceedings of the National Academy of Sciences* 104, no. 42 (2007): 16598–603.
2. Addie Johnson and Robert W. Proctor, "Memory and Attention," in *Attention: Theory and Practice* (Thousand Oaks, CA: Sage Publications, 2004), 191–225.
3. Stefanie J. Krauth, et al., "An In-Depth Analysis of a Piece of Shit: Distribution of Schistosoma mansoni and Hookworm Eggs in Human Stool," *PLoS Neglected Tropical Diseases* 6, no. 12 (2012): e1969; Ross Pomeroy, "An In-Depth Analysis of a Piece of $%&@," *RealClearScience*, December 27, 2012, http://www.realclearscience.com/journal_club/2012/12/27/an_in-depth_analysis_of_a_piece_of__106431.html.
4. Luis Carretié, et al., "Automatic Attention to Emotional Stimuli: Neural Correlates," *Human Brain Mapping* 22, no. 4 (2004): 290–99.
5. *The Mind*, directed by George Page (Alexandria, VA: PBS Video, 1988).『七秒しか記憶がもたない男――脳損傷から奇跡の回復を遂げるまで』デボラ・ウェアリング著、匝瑳玲子訳、ランダムハウス講談社、2009年。
6. Kent C. Berridge and Terry E. Robinson, "What Is the Role of Dopamine in Reward: Hedonic Impact, Reward Learning, or Incentive Salience?" *Brain Research Reviews* 28, no. 3 (1998): 309–69.
7. アダム・ギャザリー、著者による電話インタビュー、2013年7月23日。
8. ジョン・スウェラー、著者によるスカイプでのインタビュー、2013年5月29日。
9. Ronald Gallimore et al., "The Effects of Elaboration and Rehearsal on Long-Term Retention of Shape Names by Kindergarteners," *American Educational Research Journal* 14, no. 4 (1977): 471–83.
10. アラン・バッドリー、著者による電話インタビュー、2013年5月21日。

［著者］

ベン・パー（Ben Parr）

シカゴ生まれ。シリコンバレーの戦略ベンチャーキャピタル DominateFund の共同創業者およびマネージング・パートナー。本書でも紹介された「長期の注目獲得」にかんする並外れた知見と経験を活かし、新興テクノロジー企業（uBeam、EnPlug など）にプロダクトブランディングやメディア戦略などのコンサルティングを行う。前職はニュースサイト Mashable 共同編集者。同メディアを CNN やニューヨーク・タイムズを抑えて「ツイッター上の影響力世界第 1 位メディア」（Klout 調べ）に育て上げた。2012 年、フォーブスの「世界を変える 30 歳以下の 30 人」（30 under 30）に選出。現在はサンフランシスコ在住だが、筋金入りのシカゴ・ベアーズファン。

［日本語版解説］

小林弘人（こばやし・ひろと）

1965 年生まれ。株式会社インフォバーン代表取締役 CVO。94 年「ワイアード・ジャパン」を創刊、黎明期より日本にインターネット文化を広める。以降「サイゾー」「ギズモード・ジャパン」など、紙とウェブ両分野で有力メディアを多数立ち上げる（サイゾーは事業売却）。98 年創業のインフォバーンは、国内外企業のデジタルマーケティング全般を支援。オウンドメディア化とコンテンツ・マーケティングの先駆となる。著書に『新世紀メディア論』『ウェブとはすなわち現実世界の未来図である』など。海外の先端メディア、ビジネス動向の紹介者としても知られ、監修を務めた『フリー』『シェア』はベストセラーに。

［訳者］

依田 卓巳（よだ・たくみ）担当：「はじめに」〜第 3 章

翻訳家。東京大学法学部卒。訳書に『アップル vs. グーグル』『マイクロソフトを辞めて、オフィスのない会社で働いてみた』（以上、新潮社）、『インサイド・アップル』（早川書房）、『ザ・コピーライティング』（ダイヤモンド社・共訳）など多数。

依田 光江（よだ・みつえ）担当：第 4 章〜第 6 章

お茶の水女子大学卒。外資系コンピュータ会社勤務を経て、長年産業翻訳に従事。訳書に『子どもの UX デザイン』（BNN）、『リーンソフトウェア開発と組織改革』（アスキー・メディアワークス）など。

茂木 靖枝（もぎ・やすえ）担当：第 7 章〜「謝辞」

英語とコンピュータを学びにイギリスへ留学。帰国後、金融系システム会社などの勤務を経て、現在は翻訳業と会社員を兼務。

アテンション「注目」で人を動かす7つの新戦略

2016年3月7日　第1刷発行

著　者　ベン・パー
訳　者　依田 卓巳・依田 光江・茂木 靖枝
解　説　小林 弘人

発行者　土井 尚道
発行所　株式会社　飛鳥新社
〒101-0003
東京都千代田区一ツ橋2-4-3　光文恒産ビル
電話（営業）03-3263-7770　（編集）03-3263-7773
http://www.asukashinsha.co.jp

装幀　小口 翔平（tobufune）

印刷・製本　中央精版印刷株式会社

落丁・乱丁の場合は送料当方負担でお取替えいたします。
小社営業部宛にお送りください。

ISBN 978-4-86410-456-2

編集担当　富川直泰